GARY R. RENARD

DIE LIEBE

vergisst niemanden

ANTWORT AUF DAS LEBEN

Aus dem Amerikanischen von
Kendra Gettel

Amerikanische Originalausgabe:
Love Has Forgotten No One. The Answer to Life

Deutscher Erstdruck im AMRA Verlag
Auf der Reitbahn 8, D-63452 Hanau
Hotline: + 49 (0) 61 81 – 18 93 92
Service: Info@AmraVerlag.de

Herausgeber & Lektor	Michael Nagula
Fachliche Beratung	Armin Rott
Einbandgestaltung	FranklDesign
Layout & Satz	Birgit Letsch
Druck	CPI books GmbH

ISBN Printausgabe 978-3-95447-036-5
ISBN eBook 978-3-95447-037-2

Inhalt

Für Karen L. Renard

Ich danke dir,
dass du mir durchs Leben geholfen hast.

Vorwort

I n diesem Buch geht es um Spiritualität, *echte* Spiritualität, nicht das, was in den letzten zwei Jahrzehnten in den angesagten Medien so als Spiritualität durchgegangen ist. Spiritualität ist durch die ganzen Lebenshilfe-Angebote vollkommen vernebelt worden. Wenn Sie am Ende dieses Buches angekommen sind, werden Sie nicht nur den Unterschied zwischen beiden kennen, sondern auch wissen, warum nur eines von beiden Sie glücklich machen kann.

Es gibt spirituelle Wege, die Ihnen eine Menge Zeit ersparen werden, und andere, die das nicht werden. Diejenigen, die Ihnen Zeit ersparen, werden Sie mit der Idee bekannt machen, das Ego aufzulösen, und Ihnen zeigen, wie es geht. Das »Ego« ist dabei etwas, das bedeutende Lehren wie der Buddhismus und das spirituelle Meisterwerk *Ein Kurs in Wundern* detailliert und in auffallend ähnlicher Weise beschreiben. Sie werden feststellen, dass es viel mehr Gemeinsamkeiten zwischen Buddhismus und *Ein Kurs in Wundern* gibt als zwischen Christentum und *Ein Kurs in Wundern*, obwohl der *Kurs* sich in christlichen Begriffen an sein westliches Publikum wendet.

Ohne auf die Unterscheidungen und Mechanismen einzugehen, die zur Auflösung des Egos nötig sind – was später kommen wird –, können wir an dieser Stelle festhalten, dass das Ego sowohl die Idee als auch die Erfahrung darstellt, wir hätten uns von unserer Quelle getrennt und es gäbe dieses Etwas, das eine persönliche Existenz angenommen hat, eine eigene Identität, die *nicht eins* mit ihrer Quelle ist. Und wir glauben, dieses Etwas sei echt. Eine spirituelle Disziplin, die schnell zum Ziel führt, konzentriert sich darauf, dieses auf der Idee der Trennung basierende Ego aufzulösen.

Wenn man das falsche Ich – und nichts anderes ist ja das Ego – auflösen würde, bliebe nur das wahre Ich übrig. Man muss sich nicht anstrengen, um sein wahres Selbst zu sein. Man muss sich nicht entwickeln. Das wahre Selbst ist *jetzt schon* perfekt. Was getan werden muss, ist, die Blockaden aus dem Weg zu räumen, welche die Erfahrung und den Ausdruck dieser Perfektion verhindern. Übrigens hat diese Perfektion nicht mit irgendetwas in dieser Welt zu tun, sondern mit etwas, das nicht von dieser Welt ist.

Es gibt Menschen, darunter eindeutig geniale und hoch geschätzte Wissenschaftler, die Ihnen sagen werden, dass Sie sich »mit Ihrem Ego anfreunden« sollten. Das ist echt süß. Der Haken bei der Sache ist allerdings, dass das Ego kein Interesse an einer Freundschaft mit Ihnen hat. Ihr Ego will Sie umbringen. Wie *Ein Kurs in Wundern* – der der Psychologin Helen Schucman von Jesus diktiert wurde (in diesem Buch »J« genannt) – erklärt: »Daher wird das Ego dich besonders dann angreifen, wenn du liebevoll reagierst, weil es dich als lieblos bewertet hat und du seiner Bewertung zuwiderläufst. Das Ego wird deine Beweggründe angreifen, sobald sie mit seiner Wahrnehmung von dir eindeutig nicht mehr übereinstimmen. Genau an diesem Punkt wird es unvermittelt von Argwohn zu Bösartigkeit wechseln, da seine Ungewissheit sich vermehrt hat.«[1]

Dies ist kein Buch, das versucht, etwas zu spiritualisieren, was nicht spiritualisiert werden kann. Es ist ein Buch über die Rückkehr nach Hause zum reinen Geist. Es handelt von der Wirklichkeit. Diese Wirklichkeit ist Liebe, und zwar mit Sicherheit nicht die Form von Liebe, die von der Welt normalerweise dafür gehalten wird. Hier ist eine Liebe gemeint, die nicht erklärt, sondern nur erfahren werden kann. Sie ist das Ziel, auf das die großen

Mystiker uns im Verlauf der Geschichte immer wieder weise hingewiesen haben. Sie wussten, dass man es nicht erklären kann. Es ist allerdings möglich, diese Wirklichkeit zu erfahren, auch wenn wir noch scheinbar hier als Körper unterwegs sind. Wir sind *keine* Körper, aber es fühlt sich definitiv so an und sieht so aus. Es ist nicht meine Aufgabe, die Erfahrung der Menschen zu leugnen, dass sie Körper sind. Es ist nur meine Aufgabe, zu zeigen, dass diese Erfahrung *nicht echt* ist. Genauso verhält es sich mit unserer Erfahrung von Zeit. Wir erleben Zeit als linear und meinen, wir würden unser Leben erschaffen, während wir am Leben sind. Diese Erfahrung ist genauso falsch. In Wahrheit ist alles holographisch. Alles ist schon geschehen. Und wenn es schon geschehen ist, dann können wir es nicht währenddessen erschaffen. Wir haben nicht die Möglichkeit, die Dinge neu zu kreieren. Das haben wir schon zu Beginn der Zeit getan. Alles, was danach scheinbar passiert ist, war schon beschlossene Sache. Den meisten Menschen gefällt diese Vorstellung nicht, doch sie ist Teil eines Denksystems, das ihnen enorm viel Zeit ersparen könnte, wenn sie es innerhalb ihrer illusorischen Existenz auch verstehen und anwenden würden.

Wir werden uns nicht immer aussuchen können, was wir erleben, aber wir werden immer die Wahl haben, *wie* wir es erleben. Die Essenz dieser Wahl liegt in einer bestimmten Art von Vergebung; dieselbe Art von Vergebung, die große Meister wie Buddha und Jesus angewendet haben. Auch hier ist nicht die Art von Vergebung gemeint, die die Welt normalerweise im Sinn hat. Wenn wir sie einmal gelernt haben und anwenden, *löst* sie das Ego *auf* und führt uns zurück zu unserem wahren Zuhause, eins mit unserer Quelle. Das ist spirituelles Leben auf der Überholspur, denn es spart Zeit – viel Zeit. Es erspart einem auch unzählige Leben, die eigentlich nur eine Reihe von Träumen sind. Nur, dass wir sie als Wirklichkeit sehen. Die Antwort auf das Leben liegt darin, die falsche Erfahrung, ein scheinbar getrenntes Wesen, ein räumliches Wesen zu sein, durch die wahre Erfahrung zu ersetzen. Diese Erfahrung ist, reiner Geist zu sein, der keineswegs nur nicht-räumlich ist, sondern jenseits des ganzen Universums von Zeit und Raum steht. Und es ist diese Erfahrung, auf die große spirituelle Traditionen abzielen. Sie gibt buchstäblich die Antwort auf das Leben und seine schwierigsten Fragen.

Zu dieser Erfahrung der Wirklichkeit zu gelangen, des perfekten Einsseins mit Gott, erfordert rigorose Kompromisslosigkeit. Dieses Buch macht keine Kompromisse, was die Lehre des *Kurses* angeht, denn meine Lehrer machen da nicht mit, und so kann ich es auch nicht. Wie der *Kurs* ganz klar auf Seite 66/67 des Handbuchs für Lehrer sagt: »Die Welt versucht sich in tausend Kompromissen und wird tausend weitere versuchen. Kein einziger kann für GOTTES Lehrer akzeptabel sein, weil kein einziger für GOTT akzeptabel sein könnte.«[2]

In diesem Sinne berichtet der folgende Text von wahren Ereignissen, die zwischen Ende 2006 und Anfang 2013 stattgefunden haben. Mit Ausnahme meiner Erzählung und Anmerkungen ist er in Form eines Dialoges gehalten, der drei Beteiligte hat: **Gary** (das bin ich) sowie **Arten** und **Pursah**, zwei aufgestiegene Meister, die mir körperlich erschienen sind. Meine Erzählung ist nicht eigens gekennzeichnet, es sei denn, sie unterbricht den Dialog. In diesem Fall habe ich mit »ANMERKUNG« darauf hingewiesen. Die vielen kursiv geschriebenen Wörter zeigen eine Betonung durch den jeweiligen Sprecher an.

Es ist nicht unbedingt erforderlich, zu glauben, dass mir die aufgestiegenen Meister erschienen sind, um von den Inhalten der verschiedenen Kapitel zu profitieren, und mir persönlich ist es egal, was Sie denken. Ich kann jedoch die extreme Unwahrscheinlichkeit dessen bezeugen, dass ein ungebildeter Laie wie ich dieses Buch ohne die Inspiration meiner Lehrer hätte schreiben können. Jedenfalls überlasse ich es Ihnen, liebe Leser, was Sie über die Herkunft des Buches denken.

Ich habe mir alle Mühe gegeben, alles richtig zu machen, bin aber nicht perfekt, und so ist dieses Buch es auch nicht. Wenn es auf diesen Seiten inhaltliche Fehler irgendwelcher Art geben sollte, können Sie allerdings sicher sein, dass Sie von mir stammen und nicht von meinen Besuchern. Die Wiedergabe der Gespräche folgt außerdem im Großen und Ganzen einer einfach zu folgenden Zeitlinie aus meinem »realen Leben«, ist jedoch manchmal auch nicht linear, sondern holographisch. An einigen wenigen Stellen werden Dinge, die schon früher gesagt wurden, erst später im Buch erwähnt, und umgekehrt. Über diese oder alle anderen Dinge in Zusammenhang mit diesen Büchern würde ich nie eine Entscheidung ohne Führung von meinen Lehrern treffen.

Alle Bezüge auf *Ein Kurs in Wundern* (EKIW) einschließlich der einführenden Zitate am Beginn jedes Kapitels sind im Quellenverzeichnis am Ende des Buches aufgeführt. Meine grenzenlose Dankbarkeit gebührt der Stimme des *Kurses,* deren Identität in diesem Buch erörtert wird.

Ich möchte vier Menschen danken, die dieses Buch möglich gemacht haben: meiner ersten Buchungsagentin Sue Borg, deren Arbeit so gut war, dass ich die Gelegenheit hatte, an vielen Orten öffentlich zu sprechen und immer noch Zeit zu haben, von meinen Lehrern zu lernen; Jan Cook, meiner Freundin und zweiten Buchungsagentin, einfach nur ein Engel; meiner früheren Frau, Karen L. Renard, die nicht nur zu einer meiner Lehrerinnen, sondern auch einer engen Freundin geworden ist; und einer weiteren Person, der Sie auf diesen Seiten begegnen werden, wenn die Identität Artens in diesem Leben enthüllt wird.

DLVN (*Die Liebe vergisst niemanden*), wie manche Menschen dieses Buch bereits nennen, enthält viele Zitate aus der offiziellen Version von *Ein Kurs in Wundern,* die vermerkt sind, um Ihnen zu helfen, sich mit dem *Kurs* zu beschäftigen, wenn Sie das möchten. Die Zitate zu Beginn jedes Kapitels sind kursiv geschrieben, auch wenn dies im *Kurs* selbst nicht der Fall ist. Die Herausgeber und ich möchten den Mitgliedern der *Foundation for Inner Peace* in Mill Valley, Kalifornien, den ersten Herausgebern des *Kurses,* sowie der *Foundation for A Course in Miracles* in Temecula, Kali-

11

fornien, für ihre jahrzehntelange wichtige Arbeit danken, die *Ein Kurs in Wundern* für die Welt zugänglich gemacht hat. Eine Bestellmöglichkeit für die offizielle Version des *Kurses* ist am Ende des Buches angegeben.

Abschließend möchte ich die Gelegenheit nutzen, Gloria Wapnick und Kenneth Wapnick, den Gründern der *Foundation for A Course in Miracles*, meinen aufrichtigen Dank auszusprechen. Ein großer Teil dieses Buches baut auf ihrer Arbeit auf. Schon sehr früh wurde ich von Arten und Pursah dahingehend geführt, mich mit den Lehren der Wapnicks zu beschäftigen, und so spiegelt dieses Buch zwangsläufig die Erfahrung dessen wieder, was ich von ihnen gelernt habe.

– **Gary Renard**

die Wärme der kalifornischen Sonne genießend
und nur fünf Stunden entfernt von Hawaii

Ich habe dargelegt, dass die grundlegenden Konzepte,

auf die in diesem Kurs Bezug genommen wird, keine Grade

kennen. Bestimmte fundamentale Konzepte können nicht in Form

von Gegensätzen verstanden werden. Es ist unmöglich,

sich Licht und Dunkelheit oder alles und nichts als nebeneinander

bestehende Möglichkeiten vorzustellen. Sie sind entweder ganz wahr

oder ganz falsch. Es ist für dich unerlässlich zu begreifen, dass dein

Denken so lange unberechenbar sein wird, bis du dich fest dem

einen oder anderen verpflichtet hast.[3]

EIN KURS IN WUNDERN

1

Was wärst du lieber?

Du bist, wie Gott dich schuf, und so auch jedes Lebewesen, auf das du schaust, der Bilder ungeachtet, die du siehst. Was du als Krankheit und als Schmerz, als Schwäche, Leiden und Verlust erblickst, ist nur die Versuchung, dich als wehrlos und in der Hölle wahrzunehmen. Gib dem nicht nach, dann wirst du jeden Schmerz in jeder Form, wo er auch immer auftritt, einfach verschwinden sehen wie Nebel vor der Sonne.[1]

Ende 2006 war ich verheiratet und lebte in Maine. Ende 2007 würde ich geschieden sein und in Kalifornien leben. 2006 war das ereignisreichste Jahr meines Lebens gewesen. Ich hatte allerdings keine Ahnung, dass 2007 es noch übertreffen würde! Ich hätte es auch gar nicht für möglich gehalten.

Ich hatte meine lieben Lehrer und aufgestiegenen Meister, Arten und Pursah, die mir als Mann und Frau erschienen, zuletzt im August 2005 gesehen. Sie hatten mich im Laufe von zwanzig Monaten elf Mal besucht, um mir das Material für unser zweites Buch, *Unsterblich: Wie wir den Kreislauf von Leben und Tod durchbrechen*, durchzugeben. (Ich fügte meinen Teil der Erzählung und Anmerkungen ein und tat mein Bestes, die Gespräche wiederzugeben.) Gegen Ende ihres letzten Besuches fragte ich, ob ich sie jemals wiedersehen würde. Ihre Antwort überraschte mich: *Über-*

lege dir in einem Jahr, ob du das Leben, was du führst, wirklich willst.
Willst du weiterhin Autor sein?

Sie wussten etwas, das ich nicht wusste. Das folgende Jahr und einige weitere Monate sollten sehr hart werden. Nicht genug damit, dass mein Terminkalender derart voll mit Reisen und Vorträgen war, dass jeder andere damit schon genug zu tun gehabt hätte, und ich obendrein all die anderen Dinge versuchte zu schaffen, die ein aktiver Autor so tut, ich wurde auch noch zum Ziel einer Hetzkampagne. Mehrere sogenannte spirituelle Lehrer hatten aus Neid einen Feldzug zur Vernichtung meiner Arbeit gegen mich begonnen.

Einen davon hatte ich für einen Freund gehalten. Ich hatte ihm schon öfter einen Gefallen getan. Das traf mich sehr und wurde eine der größten Vergebungslektionen meines Lebens. Ich brauchte einige Monate, um mit der Geschichte fertig zu werden. Zu meinem Glück scheiterte der Feldzug, wahrscheinlich weil er so diametral im Gegensatz zu allen spirituellen Prinzipien stand, für die besagte Lehrer angeblich standen. Die Menschen mögen einfach keine Heuchelei. Diese Lehrer hatten nur ein Lippenbekenntnis zur Liebe abgelegt, ließen sich aber von Neid leiten.

Ich dagegen war einfach mein bekanntes unvollkommenes Selbst. Die Menschen hatten den Eindruck, mich zu kennen, weil ich so viel in der Öffentlichkeit unterwegs war. Nie hatte ich mich als etwas anderes als menschlich präsentiert. Sowohl meine Persönlichkeit als auch meine Geschichte waren dieselben geblieben und hatten jahrelanger genauer Überprüfung standgehalten. Es gab keine Beweise für die hasserfüllten Behauptungen gegen mich, nur Meinungen. Und diese Meinungen sollten sich als Stimmen einer extremen Minderheit herausstellen. Am Ende hielten die meisten Menschen zu mir, und das sollte sich in den kommenden Monaten und Jahren noch oft bestätigen.

༄ •• ༄

Ungefähr ein Jahr nach Arten und Pursahs letztem Besuch zum zweiten Buch leitete ich einen Intensivworkshop am Omega Institute in Rhinebeck im US-Bundesstaat New York. Dort war ein wunderbarer Mann dabei, ein Vietnam-Veteran namens Joe, der mir erzählte, wie mein Buch *Die Illusion des Universums* ihn zu *Ein Kurs in Wundern* geführt hatte. *Die Illusion des Universums* hatte ihm geholfen, den *Kurs* zu verstehen und auf sein Leben anzuwenden, was ihn wiederum in die Lage versetzt hatte, die grauenhaften Dinge zu vergeben, die er in Vietnam gesehen hatte. Das bereitete auch den jahrzehntelangen Albträumen ein Ende, die er seither gehabt hatte. Joe sagte, er wolle das Buch anderen Vietnamveteranen weiterempfehlen. In diesem Moment war meine Antwort auf Arten und Pursahs Frage klar. *Ja, natürlich will ich diese Arbeit weiter machen. Was sollte ich mir mehr wünschen?*

Nachdem ich mit den Angriffen der anderen Lehrer fertig geworden war, saß ich einige Monate später im Wohnzimmer meiner Wohnung in Auburn in Maine. Es war der 21. Dezember 2006, und ich hatte schon so eine Ahnung, was geschehen würde. Eine persönliche Krise in meinem Leben war überstanden, und die nächste stand vor der Tür, also erwartete ich einen Besuch meiner Freunde. Die aufgestiegenen Meister hatten gesagt, es würde meine Entscheidung sein, ob sie mir wieder erschienen. Sie wollten, dass ich dafür die Verantwortung übernahm. Sie hatten mir beigebracht, dass ich die Ursache war und keine Wirkung, und sie erwarteten von mir, dies auch zu leben – und nie wieder Opfer dieser Welt zu sein. Diesmal war es meine Wahl, und ich wusste, sie würden für mich da sein, wenn ich es wollte. Ich wurde nicht enttäuscht. Auf einmal erschienen Arten und Pursah auf ihrem Lieblingssofa, das ich schon bald durch meine Scheidung verlieren würde. Bis meine Exfrau es mir zurückgeben würde.

GARY: Ich wusste, ihr kommt heute! Und mir haben auch Leute E-Mails geschrieben, in denen sie vermuteten, ihr würdet heute kommen.

16

ARTEN: Es gibt wohl keine Flucht vor unserem Ruhm, oder?

PURSAH: Sind die Paparazzi schon draußen? Spaß beiseite, du hast eine sehr schwierige Zeit hinter dir.

GARY: Das kannst du laut sagen. Wärt ihr wohl geneigt, mir zu erklären, warum ihr mich nicht davor gewarnt habt, dass ich mehr Sch... abbekommen würde als irgendein anderer Lehrer von *Ein Kurs in Wundern vor mir*?

ARTEN: Entschuldige bitte, aber hatten wir dir nicht gleich von Anfang an gesagt, dass wir dir nicht zuviel über deine persönliche Zukunft verraten würden, um dir deine Gelegenheiten zur Vergebung zu lassen?

GARY: Oh, das hatte ich vergessen. Schon gut. Aber Jesus, ich sage euch, es war nicht leicht.

PURSAH: Also Gary, komm Jesus nicht mit »leicht«. Er ist den Weg bis zum Ende gegangen, und du hast auch schon ein gutes Stück geschafft. Jesus hat gezeigt, dass mit Gott nichts unmöglich ist, nicht einmal die vollkommene Abwesenheit von Schmerz. Du hast es in letzter Zeit gut gemacht mit deiner Vergebungsarbeit, auch wenn du dich hier beschwerst, also verhalt dich doch einfach wie die Enten.

GARY: Na gut, ich nehme die Herausforderung an. Wie ist das mit der Ente?

ARTEN: Eine Ente sieht nicht hinter sich. Es fällt ihr schwer, also macht sie sich normalerweise nicht die Mühe. Sie sieht nur, was genau vor ihrer Nase ist, und ignoriert, was hinter ihr passiert. Alles, worauf es ankommt, ist, was gerade jetzt passiert. Es gibt kein Nachdenken über die Vergangenheit.

GARY: Du meinst, die Vergangenheit sollte gar nicht mehr in meinem Bewusstsein sein – alles, woran ich denken sollte, ist, womit ich jetzt zu tun habe. Dann wird die Zukunft sich um sich selbst kümmern.

ARTEN: Ja, aber wir reden nicht davon, es dabei bewenden zu belassen, wie manche der gängigen spirituellen Lehren es tun. Jeder Versuch, im Jetzt zu bleiben, muss scheitern, solange der

Schüler nicht eine gewisse Arbeit geleistet hat. Das liegt daran, dass da etwas in deinem Geist ist, dass dich daran hindert, im gegenwärtigen Augenblick zu *bleiben*. Die meisten spirituellen Lehren wissen noch nicht einmal davon, geschweige denn, dass sie einem beibringen, was man dagegen tut. Genauso wenig wissen die populären Lehrer des *Kurses* davon oder bringen einem bei, wie man das ändern kann, denn sie haben den *Kurs* noch gar nicht richtig gelernt.

PURSAH: Wir werden es so ausführlich behandeln, dass du nie wieder derselbe sein wirst wie vorher.

ARTEN: Wie J, der Meister, in seinem *Kurs* sagt: »Der einzig gänzlich wahre Gedanke, den man in Bezug auf die Vergangenheit haben kann, ist, dass sie nicht da ist.«[2]

GARY: Toll. Aber in dieser Illusion von Zeit: Über welchen Zeitraum wollt Ihr mich denn dieses Mal besuchen? Ich habe einen vollen Terminkalender, wisst ihr. Wenn ihr an bestimmten Tagen kommen wollt, muss ich meine Agentin anrufen.

ARTEN: Wie lange wir wiederkommen hängt davon ab, wie gut und schnell du arbeitest. Wir werden dich vor einige Herausforderungen stellen. Bei all deinen Reisen wirst du vielleicht nicht immer mit ihnen Schritt halten können. Dein Vergebungsprozess sollte freilich kürzer werden. Du hast ja schon während unserer letzten Besuche festgestellt, dass dein Vergeben bereits fortgeschritten ist und schneller geht. Und so wird es dieses Mal auch sein. Schließlich wirst du gar keine Worte mehr brauchen und es einfach automatisch tun. Das ist sehr fortgeschritten. Für den Augenblick halten wir einfach fest, dass du schnell lernen wirst, und in nicht allzuferner Zukunft wirst du lernen, *automatisch* zu vergeben, was vor deiner Nase auftaucht. Du wirst dich in einem Zustand voller Vertrauen und Freude wiederfinden, Eigenschaften eines Lehrers Gottes.[3] Du wirst voller Dankbarkeit gegenüber deinem Schöpfer sein, der dich nicht geschaffen hat, um ein Körper zu sein, sondern so wie Er. Du wirst an den Punkt gelangen, wo du dich einfach in Gott entspannen kannst.

GARY: Mensch, ich wäre wirklich gern entspannter und dankbarer für all die Dinge, die mir in den letzten Jahren geholfen haben; ihr wisst schon: J, der *Kurs,* du, Pursah, *Just for Men,*[a] Viagra ...

PURSAH: Und du solltest den Menschen dankbar sein, die dich in den letzten paar Monaten herausgefordert haben. Indem du ihnen vergeben hast, sind sie deine Retter geworden.

GARY: Nun ja, einer von ihnen hat eingelenkt und sich sogar öffentlich bei mir entschuldigt. Aber ich habe so meine Zweifel, ob die anderen beiden Idioten je ihren Hintern hochkriegen werden. War nur Spaß. Alles ist möglich. Aber ich weiß genau, was ihr meint. Indem ich ihnen vergeben habe, bin ich derjenige, dem in Wahrheit vergeben worden ist, und so gesehen sind sie tatsächlich meine Retter. Ich könnte ohne sie gar nicht nach Hause kommen.

> *Die Art von Vergebung, von der wir sprechen und die dein Ego auflöst, wird dir erlauben, im endlosen Jetzt zu bleiben.*

PURSAH: Richtig, lieber Bruder. Wie du sie siehst oder über sie denkst wird bestimmen, wie du über dich selbst denkst und letzten Endes, was du glaubst zu sein: ein Körper oder reiner Geist. Was wärst du lieber? Etwas Vergängliches, das zum Sterben verdammt ist, oder etwas Ewiges, das nicht sterben *kann?* Und welche Erfahrung du machst, hängt davon ab, wie du über andere denkst! Im *Kurs* gibt J dir den guten Rat: »Vergiss dies nie, denn in ihm wirst du dich selbst finden oder verlieren.«[4]

GARY: Und indem ich alles vergebe, was mir begegnet, plus Erinnerungen oder Gedanken aus der Vergangenheit, die mir in den Sinn kommen, bin ich davon frei. Aber es ist eine bestimmte Art von Vergebung, die J verwendet hat. Die meisten Menschen verstehen sie nicht wirklich.

---

[a] *Just for Men* ist in den USA ein sehr verbreitetes Haarfärbemittel. – *Die Red.*

ARTEN: Die Art von Vergebung, von der wir sprechen und die dein Ego auflöst, wird dir erlauben, im endlosen Jetzt zu bleiben. Vergangenheit und Zukunft werden vergeben sein. Und wie es im *Kurs* heißt: »... wenn sie vergeben ist, ist sie vergangen.«[5]

GARY: Moment, wartet mal! Ich habe mein Aufnahmegerät noch nicht an.

ARTEN: Mach dir darüber keine Gedanken. Wir möchten dieses Mal nicht, dass du irgendetwas aufnimmst. Du kannst dir Notizen machen, womit du ja auch schon angefangen hast, und außerdem hast du ein sehr gutes Gedächtnis. Darüber hinaus kannst du uns nun schon sehr gut hören, wenn wir zwischen unseren Besuchen mit dir reden oder dir bei geschlossenen Augen Wörter zeigen. Wir werden dich also korrigieren, wenn du beim Schreiben einen Fehler machst, der gravierend genug ist.

GARY: Mann, ich weiß nicht. Es klingt so viel schwieriger, als was ich gewohnt bin. Ich meine, von mir kommen die Erzählungen und Anmerkungen, und ich verleihe den Büchern eine persönliche Note, indem ich den Menschen mitteile, was in meinem Leben so vor sich geht. Ich gebe so eine Menge persönlicher Erfahrung weiter. Aber es ist mir eine echte Hilfe gewesen, unsere Gespräche vom Band abtippen zu können. Jetzt sagt ihr mir, dass ich das nicht mehr machen kann.

PURSAH: Wir sagen dir, dass du es nicht mehr tun *musst*. Es wird in Ordnung gehen. Du wirst schon sehen.

GARY: Und warum keine Aufnahmen?

PURSAH: Ganz einfach. Deine Entscheidung, mit dieser Arbeit weiterzumachen, bedeutet, dass noch mehr Bücher erscheinen werden. Also lass uns einfach jede Frage von vornherein ausschließen, die die Leute über eventuelle Aufnahmen stellen könnten. Du schaffst es jetzt ohne Aufnahmen. Und die Menschen sollten sich darauf konzentrieren, was wir zu sagen haben, und nicht auf so oberflächliche Fragen wie die, ob die Aufnahmen echt sind, wo wir doch die ganze Zeit versuchen, ihnen klarzumachen, dass *nichts* echt ist außer Gott, nicht einmal sie selbst!

Du hast auch sehr gut auf alle möglichen Fragen geantwortet. Seit Jahren stellen dir die Leute nun Fragen über dich, Arten und mich, und du hast sie alle beantwortet, genau wie wir dir geraten haben.

ANMERKUNG: Seit ihrer ersten Reihe von Besuchen bis ins späte Jahr 2001 habe ich Arten und Pursah wie den Heiligen Geist zu mir sprechen hören, auch wenn diese Form der Kommunikation nicht immer so gewesen ist, wie die meisten es sich vorstellen. Obwohl ich oft eine hörbare Stimme vernommen habe, lief die Kommunikation die meiste Zeit anders ab, besonders nach dem zweiten Buch. Wenn ich wach war und meine Augen geschlossen hatte, ob im Sitzen oder im Bett kurz vor dem Einschlafen, sah ich Wörter, als würde ich ein Buch lesen. Dies ist mit die klarste Art inspirierter Kommunikation, die ich bisher empfangen habe.

ARTEN: Es ist nichts falsch daran, Fragen zu beantworten, und es bedeutet auch nicht, in die Defensive zu gehen. Du gibst einfach nur Informationen heraus, um falsche Informationen zu korrigieren. Ist es nicht eigenartig, dass manche Menschen denken, es sei in Ordnung, wenn sie dich in Form von Fragen angreifen, die im Grunde Aussagen sind – die dir vorwerfen, ein Lügner zu sein, ohne es beweisen zu können –, aber gleichzeitig stellen sie es so dar, als würde etwas mit dir nicht stimmen, wenn du die Fragen beantwortest! Wie überaus *praktisch*. Es ist doch auf der Ebene der Form so: Wenn du den Leuten nicht von deinen Erfahrungen erzählst, dann denken sie sich einfach etwas aus.

Es gibt noch einen Grund, warum wir dir geraten haben, auf Fragen zu antworten. In vierzig oder fünfzig Jahren, wenn Schüler des *Kurses* auf die heutigen Geschehnisse mit weniger Emotionen zurückblicken, als die meisten Menschen sie heute aufbringen, werden sie sehen, dass du Antworten auf diese Fragen hattest, und zwar in der Regel gute.

PURSAH: Du bist in den letzten Jahren ein weltweit bekannter Lehrer geworden. Warum erklärst du uns nicht als Wiederholung für deine Leser einige der Höhepunkte von dem, was J vor 2.000 Jahren gelehrt hat – und in *Ein Kurs in Wundern* immer noch lehrt – und was die Welt bis auf ein paar Menschen damals nicht verstanden hat und bis auf ein paar Menschen heute immer noch nicht versteht.

GARY: Ja klar, aber ich werde versuchen, mich kurz zu fassen, denn ich habe auch ein paar Fragen an *euch*. Also, als Erstes muss man verstehen, dass es nur zwei Dinge gibt, von denen nur eines wahr ist. *Wahr* ist Gott oder der Himmel oder deine Quelle oder Zuhause oder die Wirklichkeit oder wie man es auch immer nennen will. Aber ganz egal, wie man es nennt, es ist vollkommen. Wie *sowohl* die Bibel als auch *Ein Kurs in Wundern sagen:* Gott ist vollkommene Liebe. Diese vollkommene Liebe verändert sich nicht und nimmt auch nicht verschiedene Formen an. Sie ist totale Stille. Wenn sie sich verändern oder verschiedene Formen annehmen würde, würde sie sich weiterentwickeln, und wenn sie das täte, wäre sie nicht vollkommen. Aber die Wirklichkeit ist *jetzt schon* vollkommen, sie muss sich nicht mehr verbessern. Und sie ist unser aller Wirklichkeit. Diese vollkommene Liebe kann nicht gelehrt oder erklärt werden, aber erfahren, auch wenn wir hier und in einem Körper zu sein scheinen.

Wenn Gott vollkommene Liebe ist, dann kann er gar nichts anderes als lieben. Wenn er irgendetwas anderes tun könnte, *wäre* er ja nicht vollkommene Liebe, oder? Das ist ein wichtiger Punkt, wenn es um das Verständnis der nondualen Natur des *Kurses* geht.

Aber dann ist da noch dieses andere Etwas, das glaubt hier zu sein. Es ist gar nicht wirklich hier, aber denkt, es wäre es. Dieses Etwas hat sich von seiner Quelle abgetrennt und eine eigene, individuelle Identität angenommen. Das nennen wir das Ego. Und das Ego ist überwiegend unbewusst. Es ist unter der Oberfläche. Mit unserem bewussten Geist erkennen wir nur einen kleinen Teil davon, und der größte Teil ist vor uns verborgen. Und in diesem verborgenen Teil steckt dieses unermessliche Schuldgefühl über die scheinbare Abspaltung von Gott. Das ist, was man die Ursünde nennen könnte – nicht, dass es so etwas wie Sünde *wirklich* gäbe, es ist nur die Vorstellung, getrennt zu sein. Daraus ist das Bewusstsein entstanden, denn um ein Bewusstsein zu haben, braucht man mehr als eins: ein Subjekt und ein Objekt. Dann hat man etwas, dessen man sich bewusst sein kann. In der Wirklichkeit gibt es kein Subjekt und kein Objekt, nur vollkommenes Einssein.

Um eine lange Geschichte kurz zu machen: Man muss sich nicht abmühen, das zu sein, was man schon ist. Unser wahres Selbst ist jetzt schon perfekt und unveränderlich. Alles, was wir tun müssen, ist das falsche Ich aufzulösen, das denkt, es habe sich von seiner Quelle abgespalten – das falsche Selbst, das glaubt, es sei schuldig.

PURSAH: Und wenn Gott reine, absolut vollkommene Liebe ist, wie könnte es dann überhaupt so etwas wie diesen Gedanken der Trennung geben?

GARY: Aha! Das ist eine Fangfrage. *Ein Kurs in Wundern* besagt, dass die volle Erkenntnis der Sühne »die Einsicht [ist], dass *die Trennung nie stattgefunden hat.*«[6]

Mit anderen Worten: Die Trennung ist eine Wahnvorstellung, ein Traum, eine Projektion eines Universums von Zeit und Raum. Und die Antwort auf diese Wahnvorstellung können wir nicht alleine nur mit unserem Intellekt finden, den das Ego oft dazu benutzt, um dafür zu sorgen, dass wir hier scheinbar feststecken. Die Trennung ist eine irrige Erfahrung. Und die *wahre* Antwort auf die Trennung liegt darin, sie durch eine *wahre* Erfahrung zu ersetzen, nämlich die des vollkommenen Einsseins mit Gott. In diesem Zustand bist du nicht länger ein getrenntes Wesen, sondern eins mit der ganzen Schöpfung, und diese Erfahrung ist die Antwort auf das, was wir Leben nennen. Es geht so weit, dass es in dieser Erfahrung keine Fragen mehr gibt, sondern nur noch die Antwort. Dann kehrst du für eine Weile hier in die falsche Erfahrung der Trennung zurück und stellst fest, dass du die Fragen geträumt hattest! Denn in der Wirklichkeit existieren diese Fragen gar nicht. Sie ist die Erfahrung vollkommener Liebe, die eins mit unserer Quelle ist und unsere dauernde Wirklichkeit wird, wenn wir den Körper zum letzten Mal und endgültig ablegen.

PURSAH: Gut, Bruder. Und wie kommt man an diese Erfahrung?

GARY: Nun, erst einmal muss mal aufhören, sich selbst als Opfer zu sehen. Wenn diese Welt von Gott geschaffen wäre, wären wir Opfer Gottes. Wir wären das Opfer einer Macht außerhalb unserer Selbst, die uns etwas angetan hat. Die Welt wurde allerdings nicht von Gott geschaffen, und in einer der frühen Lektionen im Übungsbuch des *Kurses* heißt es: »Ich bin nicht das Opfer der Welt, die ich sehe.«[7] Das ist übrigens der Grund dafür, warum es so wichtig ist, den Text des *Kurses* zu verstehen, denn sonst versteht man das Übungsbuch nicht richtig. Die Menschen legen ihre eigenen Interpretationen in die Übungsbuchlektionen hinein und biegen sie sich meistens passend zur gängigen New-Age-Weltanschauung zurecht. Aber der *Kurs* gehört nicht zum New-Age-Kram – er ist einzigartig. Er lehrt eben nicht dieselben Dinge wie die spirituellen Lehrer, die zurzeit so ungemein beliebt sind. Und er sagt gleich am Anfang des Übungsbuches: »Eine theoretische Grundlage, wie sie das Textbuch liefert, ist der notwendige Rahmen, um den Übungen in diesem Übungsbuch Bedeutung zu verleihen.«[8] Die meisten Lehrer des *Kurses* haben ihn noch gar nicht richtig gemacht und verstehen seine Bedeutung nicht wirklich. Oder, falls doch, dann sagen sie es niemandem.

Die Mehrzahl der spirituellen Systeme versucht, Körper, Geist und Seele zu harmonisieren. Sie alle haben ihre Berechtigung, aber der *Kurs* hat einen ganz anderen Ansatz. Mit dem *Kurs* lernt man, wie man den Geist dazu nutzt, *zwischen* dem

Körper, dem größten Symbol des Egos für die Trennung, und dem reinen Geist, der im *Kurs* als vollkommenes Einssein beschrieben wird, zu wählen. Der reine Geist ist dabei nicht zu verwechseln mit der Vorstellung von einer individuellen Seele, die immer noch auf der Idee der Trennung beruht.

Der *Kurs* lehrt, dass die Welt eine Projektion ist, die aus unserem eigenen kollektiven unbewussten Geist kommt. Was in unserem Geist auf metaphysischer Ebene ganz gewaltig vorhanden war – nämlich die grauenhafte unbewusste Schuld, die wir aufgrund der Trennung von unserer Quelle hatten –, wurde verleugnet und nach außen projiziert.

Jeder Psychologe wird dir sagen, dass auf Verleugnung Projektion folgt. Denn wenn man etwas verleugnet, muss man ja irgendwo damit hin. Wenn etwas erst einmal verleugnet ist, wird es unbewusst, und der *Kurs* spricht Bände über Verleugnung. Man vergisst also, dass man etwas verleugnet hat, und wenn es dann nach außen projiziert wird, denkt man, die Projektion, die man sieht, sei die Realität. Man vergisst, dass man sie selbst gemacht hat, weil man sie verleugnet! Es ist also die eigene Projektion, aber man ist sich dessen nicht bewusst. Weiter lehrt der *Kurs*: »Wahrnehmung wird durch Projektion erzeugt.«[9] Das heißt, wir haben gemacht, was wir sehen, und diese Tatsache dann wieder vergessen, und deshalb nehmen wir das Sichtbare als Realität hin. Wir vergessen, dass es eine Fehlschöpfung unsererseits darstellt. Um es mit Js Worten zu sagen: »Ist es nicht sonderbar, dass du glaubst, zu denken, du habest die Welt gemacht, die du siehst, sei Arroganz? Gott hat sie nicht gemacht. Dessen kannst du sicher sein. Was kann ER von den Vergänglichen, den Sündigen und Schuldigen, von den Angstvollen, den Leidenden und Einsamen wissen und von dem Geist, der in einem Körper lebt, der sterben muss? Du klagst IHN nur des Wahnsinns an, wenn du denkst, ER habe eine Welt gemacht, wo solche Dinge Wirklichkeit zu haben scheinen. ER ist nicht verrückt. Doch nur Verrücktheit macht eine Welt wie diese.«[10]

ARTEN: Du und dein Freund J müsst aufhören, so zurückhaltend zu sein. Also, du hast gesagt, ein Teil des Ausweges besteht darin, aufzuhören, sich selbst als Opfer zu sehen, und somit offensichtlich die Verantwortung für seine Erfahrung zu übernehmen. Magst du uns ein bisschen genauer verraten, wie das geht?

GARY: Naja, man kann es nicht durch schlaues Denken schaffen oder dadurch, sein eigener Lehrer zu sein. Man muss auf das Denksystem des Heiligen Geistes hören anstatt auf das eigene. Die Wahrheit ist einfach und beständig, aber das Ego nicht. Das Ego ist hochkompliziert und *will,* dass die Vorstellung von der Trennung überlebt, weil es sich dadurch besonders fühlen kann. In dieser Welt geht es nämlich besondere Beziehungen ein, die entweder besondere Liebes- oder besondere Hassbeziehungen sind, und ich bin mir sicher, dass wir darüber noch reden werden. Die Sache ist die, dass das Ego Komplikationen liebt, weil sie als Nebelwand vor dem einen echten Problem und der einen echten Lösung fungieren.

Das eine echte Problem ist der Glaube, wir hätten uns von Gott getrennt, und die einzige echte Lösung ist, diesen Glauben an die Trennung aufzulösen und nach Hause zurückzukehren. Um uns nach Hause zurückzuführen, gibt uns der Heilige Geist die schlichte Wahrheit anstelle der verworrenen Behauptungen des Egos. Aber das Ego gibt nicht auf. Es ist wie der Terminator[b] – es kommt einfach dauernd wieder. Die Wahrheit, die das Ego auflöst, wird allerdings letzten Endes gewinnen, weil der Heilige Geist vollkommen ist und das Ego nicht.

Jeder kann das, was der Heilige Geist sagt, verstehen und anwenden. Der *Kurs* sagt, es sei *einfach,* und das nicht nur einmal. Er benutzt das Wort 158 Mal! Ich habe in der *Konkordanz* nachgesehen. Noch dazu leitet der *Kurs* weder uns noch seine Lehrer, einschließlich aufgestiegener Meister, an,

---

b Bekannt aus James Camerons gleichnamigen Kinofilmen: eine unzerstörbare Kampfmaschine aus der Zukunft, die sich in der Gegenwart bemüht, die Geburt des Rebellenanführers gegen die Maschinenherrschaft zu verhindern. – *Die Red.*

originelle Ideen zu haben. Stattdessen sagt er: »Raffiniertes Denken ist *nicht* die Wahrheit, die dich frei machen wird, du aber bist frei von dem Bedürfnis, dich darin zu betätigen, wenn du bereit bist, es loszulassen.«[11] Und er sagt auch – Moment, lasst mich nachsehen: »Der Kurs gibt lediglich eine andere Antwort, nachdem eine Frage einmal aufgeworfen worden ist. Allerdings versucht diese Antwort nicht, auf Einfallsreichtum oder Raffinesse zurückzugreifen. Das sind Attribute des Egos. *Der Kurs ist einfach.* Er hat nur eine Funktion und ein Ziel. Nur darin bleibt er gänzlich beständig, weil nur dies beständig sein *kann*.«[12]

> *Du veränderst die Erfahrung deiner selbst, indem du die Art veränderst, wie du andere Menschen betrachtest.*

ARTEN: Das ist wahr. Aber du hast mir noch nicht den Schlüssel gegeben. Auf der Grundlage deiner Worte: Was ist es am *Kurs*, das deine Erfahrung verändert?

GARY: Du veränderst die Erfahrung deiner selbst, indem du die Art veränderst, wie du andere Menschen betrachtest.

PURSAH: Ganz genau. Vergebung ist eine Veränderung dessen, wie man die Dinge betrachtet, seien es nun Situationen, Ereignisse oder andere Menschen. Aber es ist nicht leicht.

GARY: Ich sage den Leuten nie, es sei leicht, anderen zu vergeben. Nein, es ist sogar ziemlich ätzend, weil sie es nämlich nicht verdienen.

PURSAH: Auf der Ebene der Form scheint das wahr zu sein, aber nach einer Weile wird einem klar, dass *man selbst* derjenige ist, dem jedes Mal vergeben wird, wenn er einem anderen vergibt.

GARY: Das liegt daran, dass es in Wirklichkeit nur einen von uns gibt.

ARTEN: Ja. Es mag den Anschein haben, als seien die Menschen getrennt, denn sie sehen eine Projektion, die auf der Idee der

Trennung beruht, aber das ist nur eine Täuschung. Ganz egal wie oft sich das Ego aufzuteilen scheint, es ist nur eine Illusion. Tatsächlich gibt es nur ein Wesen, das denkt, es habe sich von seiner Quelle abgespalten. Ja, es erscheint als viele, aber in Wahrheit ist da immer nur einer, und das bist du. Es sieht allerdings so aus, als würde sich der Geist weiter aufspalten. Dann projiziert er diese neuen Abspaltungen, was dazu führt, dass mehr und mehr Menschen hier in der Projektion auftauchen. Aber das ist alles nichts als Schall und Rauch. Es gibt immer nur ein Ego, egal wie viele Bilder man sieht.

GARY: Das würde erklären, warum man am Anfang nur ein oder zwei Menschen hat, wie Adam und Eva, und irgendwann scheinen es dann Milliarden zu sein. Ich habe mich immer gewundert, wie Reinkarnation da reinpasst. Ich meine, wenn es am Anfang nur zwei Menschen waren, wie kann es dann sein, dass sich scheinbar Milliarden reinkarnieren, wenn der Geist sich nicht weiter teilt? Das wäre ja gar nicht möglich. Und ich sage »scheinbar reinkarnieren«, denn es ist ja alles eine Illusion, oder besser gesagt ein Traum, der einfach wahr zu sein scheint. Natürlich *scheinen* Ereignisse in einem Traum zu passieren, aber das heißt nicht, dass sie *wirklich* geschehen.

PURSAH: Glaubst du an Reinkarnation?

GARY: Nein, aber in einem anderen Leben habe ich das.

ARTEN: Du hast gesagt, du veränderst die Erfahrung deiner selbst, indem du die Art veränderst, wie du andere Menschen betrachtest. Wir müssen das noch deutlicher machen. Wir haben ja sinngemäß schon dieses sehr wichtige Gesetz des Geistes aus dem *Kurs* zitiert: »Wie du über ihn denkst, wirst du über dich selbst denken.«[13]

Es ist Zeit, hier ein bisschen konkreter zu werden. Aber erst einmal: Wie geht es deiner Hand?

ANMERKUNG: Eine Woche, bevor A&P (wie ich sie für mich manchmal nenne) mich wieder besuchten, war meine Hand eines

Morgens beim Aufwachen völlig taub und unbrauchbar gewesen. Ich ging zu einem Neurologen und bekam die Diagnose »Schädigung des Nervus radialis«. Es hieß, dass das viele Schreiben und ständige Signieren von Büchern den Schaden hervorgerufen habe. Der Arzt sagte, die Heilung könne bis zu einem Jahr dauern, wenn es sich denn überhaupt bessern würde. Ich war entschlossen, dafür zu sorgen, dass die Hand schnell heilte.

Die Symptome kamen zu einem guten Zeitpunkt, wenn es so etwas im Zusammenhang mit dem Auftauchen von Symptomen denn gibt. Ich hatte um Weihnachten herum einen Monat frei, bevor ich wieder viel reisen und Vorträge halten würde. Ich hatte beschlossen, mich von diesen Beschwerden nicht beeinträchtigen zu lassen, und war mit meiner Frau Karen sogar in New York gewesen, um die Weihnachtszeit dort zu genießen, obwohl ich meine rechte Hand kaum benutzen konnte.

Ich begann das anzuwenden, was ich sowohl von *Ein Kurs in Wundern* als auch meinen zwei aufgestiegenen Freunden über Heilung gelernt hatte. Die Hand wurde besser, tat aber immer noch weh, und an dem Abend, als Arten und Pursah wieder auftauchten, hatte sie ungefähr die Hälfte ihrer früheren Kraft zurückerlangt. Ich machte Notizen, so gut ich konnte, obwohl sie manchmal wie das Gekritzel eines Kleinkindes aussahen.

GARY: Sie wird besser.

Ich mache, was mir beigebracht worden ist.

ARTEN: Gut. Bei unserem vierten Besuch in dieser Reihe werden wir über Heilung sprechen, natürlich nicht nur für dich, sondern auch für deine Leser. Du hast noch drei Wochen, bevor es wieder an die Front geht. Arbeite weiter geistig mit deiner Hand, und dann sprechen wir bei unserem vierten Besuch darüber, wie es gegangen ist, wenn wir es schaffen, beim Thema zu bleiben.

PURSAH: So, und nun zurück zum Thema, das auf der Hand liegt ... Das sollte jetzt keine Anspielung sein. Es gibt einige fundamentale Fehler, die Menschen bei der Anwendung des *Kurses* machen. Einer der Gründe dafür ist, dass sie sich nicht daran erinnern, was *reiner Geist* wirklich *ist*. Noch ein Fehler ist, dass sie sich auf die Illusion konzentrieren anstatt auf die Wirklichkeit.

GARY: Was meinst du damit?

PURSAH: Wenn die Leute mit dieser Art von Arbeit anfangen, konzentrieren sie sich oft darauf, dass das Leben eine Illusion ist, und das ist *nicht* das, worauf man sich konzentrieren sollte. Wenn es wahr ist, dass du dich so sehen wirst, wie du die anderen siehst, und es *ist* wahr, dann wirst du dich am Ende unbewusst selbst als Illusion sehen, wenn du durchs Leben gehst und andere Menschen und die Welt als Illusion betrachtest. Du wirst dich leer und unwichtig fühlen, was dich wiederum depressiv machen wird. Denke daran, dass dein unbewusster Geist alles, was du über andere denkst, als eine Botschaft über *dich* auffasst. Das liegt daran, dass – obwohl du dir dessen nicht bewusst bist – dein unbewusster Geist alles weiß, einschließlich der Tatsache, dass es nur einen gibt, der denkt, er sei da. Deshalb ist alles, was du denkst, eigentlich eine Botschaft von dir an dich, über dich. So wird dein unbewusster Geist es sehen. Und aus dem Grund wirst du von anderen ganz bestimmt nicht denken wollen, dass sie Illusionen sind; sonst wirst du dasselbe über dich denken.

Nicht nur Schüler hier in den USA machen diesen Fehler. Auch Menschen in anderen Teilen der Welt denken so, beispielsweise in Indien, weil Hinduismus und Buddhismus schon immer gelehrt haben, dass die Welt, die wir sehen, eine Illusion ist – oder Vergänglichkeit, wie die Buddhisten sagen. Und um die Sache noch zu verschlimmern gibt es in Indien dieses Kastensystem, in dem ein Drittel der Bevölkerung als wertloser denn Tiere angesehen wird. Sie haben keine Rechte und werden nie welche haben. Stell dir einmal vor, was es in der Psyche eines Landes anrichtet, ein Drittel seiner Bevölkerung als etwas zu betrachten, was wertloser ist als ein Mensch!

Zum Glück gibt es in Indien auch viele Menschen, die eine Idee anwenden, welche wir von ihnen übernommen haben. Du siehst und hörst es in vielen Unity-Kirchen hierzulande. Ich meine die Bedeutung des Wortes *Namaste:* »Die Göttlichkeit in mir verneigt sich vor der Göttlichkeit in dir.« Das ist definitiv ein Schritt in die richtige Richtung, *aber* er geht nicht weit genug.

Wenn du sagst: »Die Göttlichkeit in mir verneigt sich vor der Göttlichkeit in dir«, dann begrenzt du die betreffende Person auf einen winzigen Ausschnitt von Zeit und Raum. Du machst Individualität wahr. Und du stellst auch eine Trennung zwischen euch beiden her: ein Subjekt und ein Objekt. Was J dagegen getan hat, war über den Körper *hinwegzusehen.* Nicht dass die Augen seines Körpers nicht scheinbar andere Körper wahrnahmen. Aber ihm war klar, dass sein Sehen nicht von den Augen seines Körpers kam und dass er nicht wirklich in einem Körper war. Er wusste, dass das, womit er sah, sein Geist war. Wie er im *Kurs* sagt, lassen wir »im Geist Revue passieren [...], was vergangen ist«.[14] Könnte es übrigens eine bessere Definition davon geben, einen Film zu sehen? Er ist schon gedreht worden, und alles ist schon fertig und vorbei. Und du siehst ihn dir jetzt an. Und ein Teil dessen, was du siehst, ist dein Körper! Dein Körper ist nur ein Teil derselben Projektion wie die ganzen anderen Körper, die du siehst.

Anstatt denjenigen, mit dem du zu tun hast, auf einen kleinen Ausschnitt von Zeit und Raum zu begrenzen, willst du über den Körper hinwegsehen und tun, was Jesus getan hat. Du willst den anderen als unbegrenzt ansehen. Anstatt zu denken, dass die anderen ein Teil des Ganzen sind, denke lieber, dass sie *das Ganze* sind. Wenn du das tust, wird es dich vom Fokus auf die Illusion wegbringen und zu einem sehr erfreulichen Ergebnis führen. Es wird funktionieren. Es wird dir viele Leben Arbeit ersparen. Indem du andere als alles siehst, als nichts weniger als Gott, wirst du dich auf diese Weise schließlich selbst so erfahren. So hat J es geschafft. Er sah überall das Gesicht Christi. Im *Kurs* ist J nichts Besonderes. Er sagt, dass du ihm gleichwertig bist und das auch erfahren wirst. Der schnellste Weg zu dieser Erfahrung ist, die Wirklichkeit des reines Geistes in jedem zu sehen, dem du begegnest.

GARY: Okay. Ich betrachte also jeden, dem ich begegne, als dasselbe wie Gott. Das ist das vollkommene Einssein, von dem der *Kurs* spricht. In unserem natürlichen Zustand sind wir nicht anders als Gott, und es ist keine Arroganz, so zu denken. Es ist Arroganz zu denken, dass wir auf irgendeine Art von Gott getrennt sein könnten. Die Wahrheit ist, dass wir nicht von Gott getrennt sein können, außer in Träumen. Deshalb könnte man auch sagen, dass der *Kurs* die Idee von einem Universum von Zeit und Raum nimmt und dahingehend weiterentwickelt, dass dies ein Traum ist, aus dem wir erwachen werden, und dieses Erwachen ist Erleuchtung.

> *Der Schlüssel liegt darin, jeden als das Ganze zu sehen.*

ARTEN: Sehr gut. Der Schlüssel liegt darin, jeden als das Ganze zu sehen. Damit tust du etwas, das nur sehr wenige Menschen in der Geschichte vor dir getan haben, und es wird deine Erleuchtung beschleunigen. Dein Unbewusstes wird verstehen, dass – wenn *die anderen* vollkommenes Einssein mit Gott sind – es bedeutet, dass *du* vollkommenes Einssein mit Gott sein musst. Sogar J musste daran arbeiten, aber am Ende zahlte sich seine Wachsamkeit aus.

GARY: Mann, ich vermute mal, wenn *er* daran arbeiten musste, dann muss das wohl jeder.

ARTEN: Allerdings. Und das bringt uns zu dem Thema, was spirituelle Sichtweise wirklich ist. Das Ego liebt Unterschiede. Wie kann man Urteile haben, wenn es keine Unterschiede gibt? Wie kann es Krieg, Mord und Gewalt geben, wenn es keine Unterschiede gibt? Das Ego will also, dass du denkst, die ganze von dir wahrgenommene Trennung sei wahr. Das ist es, was es für dich echt macht – dein Glaube daran. Das ist es, was ihm seine Macht verleiht. Das ist es, was ihm Macht über dich verleiht. Das Ego lechzt nach Gegensätzen und beschwatzt dich dazu, in der Welt an sie zu glauben. Der Heilige Geist dagegen sieht Gleichheit. Ja, der Heilige Geist wird Gegensätze benutzen, um sein Denksystem dem des Egos gegenüberzustellen. Aber das ist die angemessene Verwendung von Gegensätzen, denn einer ist wahr und der andere nicht.

Der Heilige Geist denkt nicht in Begriffen von Trennung. Er sieht überall Ganzheit. Und mit »sehen« meine ich die Art des Heiligen Geistes zu denken. Es ist die Art, wie du *denkst*, die spirituelle Sichtweise ausmacht. Es hat überhaupt nichts mit den Augen des Körpers zu tun, auch wenn du in der Welt Symbole für den reinen Geist sehen kannst. Dennoch bleiben sie nur Symbole. Die Wirklichkeit kann nicht mit den Augen des Körpers gesehen, sondern muss durch den Geist erfahren werden.

Wenn du zum reinen Geist zurückkehren willst, dann denke wie der Heilige Geist. Der Heilige Geist sieht über den Körper hinaus, der ein falsches Bild ist, und denkt an die Wahrheit, die hinter dem Schleier der Illusion liegt. Diese Wahrheit ist vollkommenes Einssein und Unschuld, genau dasselbe wie Gott. Und so über andere Menschen zu denken, *ist* spirituelle Sichtweise.

Und jetzt erzähl uns einen Witz.

ANMERKUNG: Schon lange erzählte ich in meinen Workshops Witze. Vor Jahren hatte ich Humor als einen wichtigen Teil meiner Vorträge entdeckt. Er brachte eine spaßige Auflockerung in das, was ansonsten ziemlich schwer zu verarbeitende Lehren sein könnten. Manchmal dachte ich mir einen Witz aus, und manchmal kamen sie von anderen. Die Leute wussten, dass ich Witze mochte, und bei meinen Reisen um die Welt erzählten sie mir ihre Lieblingswitze. Die erzählte ich dann weiter. Sie stellten das perfekte Gegenmittel zu einem Problem dar, das im *Kurs* beschrieben ist: »In die Ewigkeit, wo alles eins ist, kam eine winzig kleine Wahnidee geschlichen, und GOTTES SOHN vergaß, über sie zu lachen.«[15] In meinen Workshops ist Lachen erlaubt, damit wir alle lernen und dabei auch noch Spaß haben können.

Gary: Okay. Colonel Sanders, Gründer der Imbisskette Kentucky Fried Chicken, besucht den Papst. Während des Treffens sagt er zum Papst: »Papst, ich habe beschlossen, der Kirche eine Milliarde Dollar zu spenden.« Der Papst erwidert: »Du liebe Güte, das ist aber sehr großzügig. Sie müssen sehr erfolgreich sein. Darauf sagt Colonel Sanders: »Es gibt nur eine Bedingung. Sie müssen das Vaterunser ändern. Anstatt ›Unser tägliches Brot gib uns heute‹ muss es heißen: ›Unser tägliches Huhn gib uns heute.‹«

Der Papst entgegnet: »Ich weiß nicht, das ist eine gewaltige Änderung. Eine solche Entscheidung kann ich nicht alleine treffen. Ich werde mich mit meinen Kardinälen beraten müssen. Wir brauchen eine Telefonkonferenz. Ich sage Ihnen was – kommen Sie morgen wieder, nachdem ich mit den Kardinälen gesprochen habe, und ich gebe Ihnen Bescheid.«

Nachdem Sanders gegangen ist, ruft der Papst die Kardinäle an und sagt: »Leute, ich habe eine gute und eine schlechte Nachricht. Welche wollt ihr zuerst hören, die gute oder die schlechte?« Einer der Kardinäle sagt: »Verrate uns die gute.« »Gut«, sagt der Papst, »wir bekommen bald eine Spende in Höhe von einer Milliarde Dollar.« Die Kardinäle sind begeistert. Aber dann sagt einer von ihnen: »Heh, Moment. Was ist denn die schlechte Nachricht?« Und der Papst sagt: »Also, es sieht so aus, als würden wir unseren Vertrag mit *Wonder Bread*[c] verlieren.«

---

[c] *Wonder Bread* (dt. »Wunderbrot«) ist eine in Nordamerika weit verbreitete Toastbrotmarke. Ins Leben gerufen 1921, warb die Firma in den 1930ern mit einem noch heute berühmten Slogan: »Das Beste seit geschnitten Brot.« – *Die Red.*

PURSAH: Der ist gut. Nun sollten wir wohl erwähnen, dass es noch andere Wege gibt, die dazu beitragen, das Ego aufzulösen. Wie du weißt, ist der wirkungsvollste die Vergebung, und auf sie werden wir noch zurückkommen. Ein weiterer wäre, *dem Heiligen Geist die Führung zu überlassen.* Das ist viel entscheidender, als du vielleicht denkst, und das nicht nur, weil das Urteilsvermögen des Heiligen Geistes deines übersteigt. Ja, der Heilige Geist kann alles sehen, was jemals geschehen ist, vom Anfang der Zeit bis zu ihrem Ende. Aber es gibt einen noch wichtigeren Grund. Wie der *Kurs* im Handbuch für Lehrer lehrt, befreit es dich von Schuld, wenn du dem Heiligen Geist die Führung überlässt.

Wendest du dich an eine höhere Macht als dich selbst um Hilfe, anstatt auf deine eigenen Begabungen und Fähigkeiten zu vertrauen, schwächst du die Idee der Trennung in deinem Geist, anstatt sie zu verstärken. Wenn du die Dinge alleine machst, verstärkst du die Idee der Trennung in dir. Dem Heiligen Geist die Führung zu überlassen ist der Ausweg. Nimm dir einfach jeden Morgen zehn Sekunden und sage: »Heiliger Geist, übernimm du heute die Führung über alle meine Gedanken und Handlungen.« Natürlich ist das, was du tust, ein Ergebnis dessen, was du denkst. Dein Augenmerk sollte also auf dem liegen, was du auf der Ebene deines Geistes, der Ursache, denkst, und nicht auf dem, was du tust, denn das ist die Folge. Innerhalb des Traumes gibt es nicht wirklich Ursache und Wirkung. Es ist alles Wirkung. Die Ursache ist der Projektor im Geist, und da ist es, wo die Arbeit getan werden muss.

Noch ein Weg, das Ego aufzulösen, ist die ursprüngliche Form des Gebetes, über die in *Das Lied des Gebets* gesprochen wird, das bisher als ergänzende Schrift herausgegeben wurde, aber nun, in der dritten englischen, von der *Foundation for Inner Peace* herausgegebenen Ausgabe von *Ein Kurs in Wundern* mit enthalten ist.[d] Du solltest es bei Gelegenheit noch einmal lesen.

---

d   Im Deutschen weiterhin unter dem Titel *Das Lied des Gebets* als Ergänzung zu *Ein Kurs in Wundern* erhältlich. – *Die Red.*

Die ursprüngliche Form des Gebets war still. Wenn J vor 2.000 Jahren das Vaterunser sprach, dann war das nicht das Gebet. Es war die Einleitung, wie eine Anrufung oder Einladung Gottes. Die Version in der Bibel ist natürlich keine sehr gute Übersetzung, und noch dazu wurde es von der Kirche im Laufe der ersten Jahrhunderte verändert. Du wirst eine treffendere Version des Vaterunser im *Kurs* finden, im Textbuch auf Seite 350. Würdest du sie uns gern vorlesen?

GARY: Ja. Sie hat mir schon immer gefallen. Aber ihr sagt, es ist nur eine Art Einleitung – ein Weg, sich geistig auf die Verbindung mit Gott vorzubereiten. Das wahre Gebet geschieht, wenn man still wird, sich mit Gott in vollkommenem Einssein verbindet und sich in Gottes Liebe verliert. Es ist wie ein Zustand von Dankbarkeit und vollendeter Fülle, denn im vollkommenen Einssein hat man alles. In der Ganzheit kann nichts fehlen.

PURSAH: Du hast es erfasst. Also, wie wäre es, wenn du jetzt vorliest, und dann werde ich dich bitten, uns noch etwas vorzulesen, wonach wir für ein paar Minuten still werden und uns mit Gott in vollkommenem Einssein verbinden, was einen weiteren Weg darstellt, die Trennung aufzuheben.

GARY: Gut, hier ist es ...

Vergib uns unsere Illusionen, VATER, und hilf uns, unsere wahre Beziehung zu DIR zu akzeptieren, in der keine Illusionen sind und in die keine je eindringen können. Unsere Heiligkeit ist die DEINE. Was kann in uns sein, das Vergebung braucht, wenn die DEINE vollkommen ist? Der Schlaf des Vergessens ist nur der Unwille, uns an DEINE Vergebung und DEINE LIEBE zu erinnern. Lass uns nicht in Versuchung geraten, denn die Versuchung des SOHNES GOTTES ist nicht DEIN WILLE. Und lass uns nur das empfangen, was DU gegeben hast, und nur das in den Geist annehmen, den DU erschaffen hast und den DU liebst. Amen.[16]

PURSAH: Sehr schön. Und nun lies noch deinen Lieblingsteil aus *Der Vergessene Gesang*. Das wird dir eine gute Vorstellung davon vermitteln, was in dieser Meditation unsere Absicht ist, abgesehen von einer weiteren guten Beschreibung von spiritueller Sichtweise. Das ist die Erfahrung, die du willst, wenn du eins mit Gott wirst und dich in Gottes Liebe verlierst.

GARY: Toll. Ich lese ...

Jenseits des Körpers, jenseits der Sonne und der Sterne, hinter allem, was du siehst, und doch irgendwie vertraut, wölbt sich ein Bogen goldenen Lichts, der sich, während du schaust, zu einem großen, leuchtenden Kreis ausdehnt. Und der ganze Kreis füllt sich mit Licht vor deinen Augen. Der Rand des Kreises löst sich auf, und was darin ist, wird nicht mehr zurückgehalten. Das Licht breitet sich aus und bedeckt alles, dehnt sich unendlich aus und leuchtet immerdar, ohne dass irgendwo eine Grenze oder Unterbrechung wäre. Darin ist alles in vollkommener Kontinuität verbunden. Und es ist unvorstellbar, dass irgendetwas außerhalb sein könnte, denn es gibt keinen Ort, wo dieses Licht nicht wäre.

Das ist die Schau des GOTTESSOHNES, der dir wohl bekannt ist. Hier ist der Anblick dessen, der seinen VATER erkennt. Hier ist die Erinnerung an das, was du bist: ein Teil davon, mit allem in dir und so sicher mit allem verbunden, wie alles in dir verbunden ist.[17]

PURSAH: Und nun werden wir für fünf Minuten still sein und uns dankbar als vollkommenes Einssein mit Gott verbinden. Wir lieben Dich, Vater. Gott ist.

ANMERKUNG: Ich ließ los und versuchte, mich mit Gott zu verbinden. Ich hatte das Gefühl, mich auszudehnen und jede Vorstellung irgendwelcher Grenzen oder Beschränkungen hinter mir zu lassen. In meinem Geist waren keine Worte mehr, nur der Gedanke an ein wunderschönes, reines weißes Licht, das sich in alle Ewigkeit ausdehnte. Es gab keinerlei Spannung, nichts, was mich hätte aufhalten können. Genau genommen gab es gar kein »Ich«. Anstatt selbst zu denken, war es, als würde ich von Gott *gedacht*. Und dieser Gedanke war vollkommen.

Weil er vollkommen war, war er ganz, erfüllt und vollständig. Er war unverletzlich und unsterblich, etwas, das von der Welt in keiner Form berührt oder bedroht werden konnte. Man kann im vollkommenen Einssein nicht angegriffen werden, weil es nichts gibt, das einen angreifen könnte. Also ist da ein Gefühl vollkommener Sicherheit und Angstfreiheit. In diesem Zustand ist Dankbarkeit ziemlich passend. *Das Lied des Gebets* ist ein Lied der Dankbarkeit. In der Gegenwart meines Schöpfers war ich glücklich. Mir war danach, »Danke, danke« zu sagen, aber ich wollte keine Worte eindringen lassen, sondern nur in der Erfahrung bleiben.

Es gab nichts, was dort hätte fehlen können. Es gab keinen Mangel. Und auch der Tod war unmöglich. Der Tod stand für das Gegenteil des Lebens, aber wie *Ein Kurs in Wundern* deutlich macht: »... was allumfassend ist, kann kein Gegenteil haben.«[18] Da war eine Konstanz, die es im Universum von Zeit und Raum nicht gibt, die aber die zugrunde liegende Erfahrung im Zustand der vollkommenen Wirklichkeit darstellt, die absolute Stille ist. Die Art von Ausdehnung, die stattfindet, ist eine gleichzeitige Ausdehnung des Ganzen und hat nichts mit einer Bewegung gemein. Außerdem gab es keine Zeit. Ich hatte den Eindruck, als gäbe es kein »Nächstes«, sondern nur die Erfahrung selbst ohne irgendeine Notwendigkeit, dass etwas folgt. Es war außerordentlich, es war reine Freude, es war Gott.

Ich blieb eine Weile lang in dieser Erfahrung. Ich weiß nicht genau, für wie lange. Ich fühlte mich schwerelos und hatte kein Bedürfnis, in den Raum zurückzukehren, von dem ich dachte, ich sei in ihm. Dann hörte ich Artens Stimme, und ich wusste, es war Zeit, unser Gespräch fortzusetzen.

ARTEN: *Ein Kurs in Wundern* ist keine Religion. Es ist nichts, woran man glauben oder für das man missionieren müsste. Du musst niemanden davon überzeugen, dass es der richtige Weg ist. Letzten Endes ist Spiritualität immer eine persönliche Angelegenheit. Es ist etwas, das zwischen dir und dem Heiligen Geist oder Jesus oder J oder Y'shua oder wie auch immer du es nennen willst stattfindet. Es spielt keine Rolle. Es führt schließlich zu einer persönlichen Erfahrung unserer engen Beziehung mit Gott. Wie ein perfekter, kosmischer Orgasmus, der unmöglich mit Worten zu beschreiben ist.

Es gibt in *Ein Kurs in Wundern* nicht viele Regeln, was beweist, dass er keine Religion ist. Man wird lediglich gebeten, die Anweisungen im Übungsbuch zu befolgen. Man soll zum Beispiel nicht mehr als eine Übungsbuchlektion am Tag machen. Also sollte es mindestens ein Jahr, wenn nicht länger dauern, das Übungsbuch durchzuarbeiten.

GARY: Zu mir kam einmal ein Typ und meinte ganz stolz: »Ich habe das Übungsbuch in sechs Monaten gemacht.«

ARTEN: Ja, manche Leute können sich noch nicht einmal an *eine* Regel halten. Und es gibt noch eine ungeschriebene Regel, die für dich offensichtlich sein sollte. Sie lautet: Wenn es um den *Kurs* geht, dann musst du ihn machen. Wenn du ihn nicht machst, kannst du auch nicht den Nutzen daraus ziehen, ihn zu machen. Der *Kurs* erfordert eine gewisse Arbeit. Darum heißt einer seiner Teile ja auch *Übungs*buch. Der *Kurs* ist eine spirituelle Disziplin. Er verlangt etwas von seinen Schülern, aber er bietet dafür auch eine Menge. Für alles, das es sich lohnt zu haben, lohnt es sich zu arbeiten, und Erleuchtung ist mehr als lohnend.

GARY: Auf der anderen Seite gibt es ein Paradox. Nun, eigentlich ist im *Kurs* von mehreren Paradoxa die Rede, aber ich meine das hier: Ich dachte immer, es würde eine gewaltige Anstrengung bedeuten, der Welt so zu vergeben wie J. Aber was ich immer mehr lerne, ist, dass es mehr Zeit braucht, Menschen zu verurteilen, als ihnen zu vergeben. Mit der Zeit wird Vergebung so sehr zu einem Teil von einem, dass man am Ende gar nicht mehr viel darüber nachdenken muss. Sie wird immer mehr zu einer automatischen Reaktion. Im Laufe der Jahre braucht man also immer weniger Zeit dafür. Aber wenn man seine Zeit darauf verwendet, Menschen zu verurteilen, muss man eine Geschichte erfinden, warum sie Vergebung nicht verdient haben. Es würde viel schneller gehen, den Mistkerlen einfach zu vergeben.

Pursah: Sehr wahr, Bruder. Und wo wir gerade über Vergebung sprechen, lass uns noch einmal erwähnen, welche Art von Vergebung wir meinen. Die auf Newtons Weltbild von Subjekt und Objekt beruhende, alte Art von Vergebung bringt nichts – die Art, bei der man Menschen vergibt, weil man denkt, sie hätten wirklich etwas getan. Sie erhält nur die Idee der Trennung im unbewussten Geist aufrecht.

Wahre Vergebung macht die Menschen frei, weil sie in Wahrheit nichts getan haben und weil du derjenige bist, der sie überhaupt erst erfunden hat. Was du siehst, ist *deine* Projektion eines Universums von Zeit und Raum. Du hast die Verantwortung dafür übernommen, es dir ausgedacht zu haben, und es hat dir deine Macht zurückgegeben. Jetzt hast du dich an die Stelle der Ursache gesetzt und nicht länger an die der Wirkung. Das ist die Umkehrung des Denkens, von der der *Kurs* spricht.

Sie erlaubt dem Heiligen Geist auch, das zu heilen, was in den tiefen Schluchten deines unbewussten Geistes versteckt ist: die Schuld, von der du keine Ahnung hattest und die sich bis zum ursprünglichen Gedanken an die Trennung von Gott zurückverfolgen lässt. Dieser ist der sogenannte Sündenfall, die wirkliche Ursache deines Ärgers. Aber dann schiebst du den Grund für deinen Ärger auf etwas außerhalb von dir, denn dorthin hast du ihn projiziert. Du denkst also, du bist verärgert, weil du nicht genug Geld für deine Rente hast oder weil die Terroristen dein Flugzeug in die Luft jagen, und du vergisst, dass es überhaupt nicht die Projektion ist, die dich aufregt, sondern ihre Ursache im Geist. Und die Lösung liegt in deiner Vergebung dieser illusorischen Projektion, was deinen kleinen Teil der Arbeit darstellt, bei der du dem Heiligen Geist erlaubst, sich um den großen Teil der Arbeit zu kümmern: die Heilung, die du zwar nicht sehen, aber erfahren kannst.

> *Wir müssen uns darauf besinnen, dass wahre Liebe jedem und alles vergibt, ausnahmslos.*

Wenn du vergibst, wird es von daher fundamentale Veränderungen in deinem Geist geben, und schließlich wird deine Erfahrung sich verändern. Du wirst allmählich von der Erfahrung, ein Körper zu sein, zu der Erfahrung dessen wechseln, was du wirklich bist, und zwar Liebe und reiner Geist. Im *Kurs* ist beides synonym, weil es auf der Ebene des Geistes dasselbe ist wie Gott.

Arten: Vielleicht würde es auch helfen, dich noch einmal daran zu erinnern, dass diese Liebe *vollkommene* Liebe ist. Sie ist nicht das, was die Welt sich unter Liebe vorstellt. Diese Liebe ist nicht nur vollkommen, sondern wie sowohl die Bibel als auch *Ein Kurs in Wundern* sagen: Vollkommene Liebe vertreibt die Angst. Es kann nicht gleichzeitig vollkommene Liebe und Angst geben. Vollkommene Liebe ist allumfassend. Sie ist eine Art von Liebe, die man niemandem vorenthalten kann, denn sonst erfährt man sie nicht für sich selbst. Wenn sie nicht allumfassend ist, ist sie nicht wahr.

Es gibt hier etwas, das es wert ist, wiederholt zu werden. Wenn du den Menschen sagst, sie sollen Liebe anstelle von Angst wählen, was ein oberflächlicher Hinweis ist, solange er nicht viel gründlicher erklärt wird, werden die meisten von ihnen denken, du meinst *ihre Art* von Liebe. Aber das ist nicht, wovon der *Kurs* spricht. Er spricht von der vollkommenen Liebe Gottes. Die Vorstellung der Welt von Liebe ist das, was der

Kurs besondere Liebe nennen würde, denn sie gilt eben nicht jedem, sondern nur den besonderen Menschen, die du ausgesucht hast. Die meisten Menschen haben in ihrem Leben auch besondere Hassbeziehungen, die sie sich ausgesucht haben, um ihre unbewusste Schuld hineinprojizieren zu können. Und natürlich kann man beides haben, nämlich in einer Hassliebe-Beziehung. Im Fall von besonderer Liebe und besonderem Hass ist es offensichtlich sehr viel einfacher, denen zu vergeben, von denen man denkt, man liebe sie, und sehr schwer, denen zu vergeben, von denen man denkt, man liebe sie nicht. Wir müssen uns darauf besinnen, dass *wahre* Liebe jedem und alles vergibt, ausnahmslos. Sie weiß, was Menschen wirklich sind. Sie sind keine echten Menschen. Sie sind vollkommene Liebe, die genauso ist, wie sie von Gott geschaffen wurde.

Sie glauben vielleicht, Menschen zu sein. Und sie glauben vielleicht sogar, intelligent zu sein. Aber lass mich dir etwas sagen, Gary: Intelligenz ohne Liebe ist nichts. Die Art von wahrer Liebe, über die wir sprechen, ist also nicht die Liebe der Menschen, sondern die Liebe des Heiligen Geistes. Der Heilige Geist steht auf dieser Ebene für Gott. Er ist die Erinnerung an das, was du bist. Der Heilige Geist sieht überall Unschuld, weil er jeden als gleich mit sich selbst ansieht. Aus diesem Grund ist Vergebung die großartige Lernhilfe des Heiligen Geistes. Sie führt zur Erfahrung vollkommener Liebe. Und diese ist die Erfahrung, *das Ganze* zu sein. Wie der *Kurs* sagt: »GOTT ist nicht willens, dass SEIN SOHN sich mit weniger als allem zufrieden gibt.«[19]

GARY: Ihr habt mir Vergebung auf viele verschiedene Arten erklärt, die alle zueinander passen. Für mich besteht sie immer noch aus drei verschiedenen Schritten, die im Laufe der Zeit zu einem werden, weil man sich so sehr daran gewöhnt, sie anzuwenden.

Erstens muss man aufhören, auf die Welt zu reagieren, denn das macht sie wahr. Man muss *aufhören,* mit dem Ego zu denken. Wenn man sich dabei erwischt, jemanden oder etwas zu verurteilen oder zu verachten – oder auch nur anfängt, sich ein bisschen unwohl, ängstlich oder gar wütend zu fühlen –, kann man sicher sein, dass es das Ego ist. Der Heilige Geist würde das nicht tun. Man muss also seine Gefühle genauso beobachten wie seine Gedanken. Wir neigen sogar wesentlich mehr dazu, unsere Gefühle auszuagieren als irgendetwas anderes. Unsere Gefühle sind allerdings ein Ergebnis davon, was wir denken.

Wenn man aufhört, mit dem Ego zu denken, kann man anfangen, mit dem Heiligen Geist zu denken. Man kann nicht beides gleichzeitig. Beide stehen für zwei in sich geschlossene und einander völlig ausschließende Denksysteme. Man wechselt also vom Ego zum Heiligen Geist, und das ist dann der Heilige Augenblick.

Was würde der Heilige Geist in einer Situation raten? *Hör auf, sie wahr zu machen.* Deine Urteile und Reaktionen machen sie wahr, aber jetzt kannst du den Grund dafür erkennen, warum du die anderen als schuldig siehst. Er liegt darin, dass du willst, dass sie schuldig sind und nicht du. Um die Projektion aufzulösen, nimmst du die Projektion zurück. Du erkennst, dass die Schuld nicht in den anderen liegt, sondern in dir, abgesehen davon, dass sie auch in dir nicht wirklich ist, denn das ganze Konzept von Schuld hat sich das Ego ja erst ausgedacht, um sie wahr zu machen.

Der zweite Schritt ist, einzusehen, dass das Ego die ganze Sache erfunden hat und dass das, was du siehst, nicht wahr ist. Es gibt kein Universum von Zeit und Raum. Es gibt nur eine Projektion eines Universums von Zeit und Raum. Dementsprechend bist du nicht sein Opfer. Es liegt keine Macht darin, ein Opfer zu sein, aber viel Macht darin, die Ursache von etwas zu sein.

Der dritte Schritt besteht darin, anderen Geistes über die Projektion zu werden. Du wählst noch einmal, wie der *Kurs* es im letzten Abschnitt des Textbuches sagt. Du übersiehst den Körper und entscheidest dich, im Sinne des Heiligen Geistes zu denken. Du hörst auf, die Sache wahr zu machen, und siehst durch den Schleier hindurch die Wahrheit. Diese ist Unschuld, weil Gott überall ist. Niemand ist schuldig, und das schließt dich mit ein. Alles wird in Frieden dem Heiligen Geist übergeben. Wenn du die Vergebung länger anwendest, wirst du merken, dass es immer schneller geht, denn ihre Wahrheit wird zu einer Gewissheit.

Außerdem gewöhnst du dich so sehr an die Idee, dass die Welt *von dir* kommt anstatt *hinter dir her* zu sein, dass es immer unmöglicher für dich wird, auf sie in der gewohnten Weise zu reagieren. Dann ist Vergebung gerechtfertigt.

PURSAH: Sehr schön, Bruder. Du hattest gute Lehrer. Und natürlich erfährst du auf dem Weg immer mehr, dass *du* derjenige bist, dem wirklich vergeben wird. Indem du mit Urteilen aufhörst und es durch Vergebung ersetzt, kannst du deine eigene Befreiung fühlen.

GARY: Ja. Es ist wie bei dem buddhistischen Sprichwort, das sagt, über jemanden zu urteilen ist wie Gift zu schlucken und dann darauf zu warten, dass jemand anderes stirbt. Jede Verurteilung ist in Wahrheit Selbstverurteilung, und jede Vergebung ist in Wahrheit Selbstvergebung.

ARTEN: Amen. Und da es darum geht, davon wegzukommen, die Dinge mit dem Ego zu sehen – dem Teil deines Geistes, der an Trennung glaubt und Trennung sogar will, weil er sich dann besonders fühlt –, und dazu überzugehen, die Dinge mit dem Heiligen Geist zu sehen – der nur an Gott und Sein Reich glaubt –, können wir anfangen, unser Bewusstsein wirklich konstruktiv einzusetzen. Weil wir ja gelernt haben, dass Bewusstsein nichts anderes als Trennung ist, sollten wir noch einmal betonen, dass der einzig wirklich konstruktive Gebrauch von Bewusstsein darin besteht, es zu benutzen, um mit dem Heiligen Geist *anstelle* des Egos zu denken. *Das* ist die Vorstellung des *Kurses* von freiem Willen. Ganz egal wie kompliziert das

Leben zu werden scheint, ganz egal wie viele Milliarden von Menschen und Millionen an Wahlmöglichkeiten es zu geben scheint, es gibt immer nur zwei Dinge, zwischen denen man sich entscheiden muss, und nur eines davon ist wirklich. Diese Wirklichkeit ist die Liebe. Und die Liebe vergisst niemanden. Indem du dem Heiligen Geist folgst, wirst du dahin geführt, diese Wirklichkeit zu erleben.

GARY: Und auf dem Weg dahin wirst du noch ein paar andere Dinge erleben. Du wirst dich inspirierter fühlen, weniger wie ein Körper und mehr wie reiner Geist. Du wirst dich Gott und anderen Menschen näher fühlen. Und du könntest sogar spirituelle Fähigkeiten entwickeln, wie zum Beispiel, andere zu heilen. Als ich den *Kurs* etwa zwei Jahre lang gemacht hatte, rief mich meine Tante Marsha aus Massachusetts an. Sie hatte Krebs, und ich versuchte, sie übers Telefon zu heilen. Ich hatte das Gefühl, wirklich etwas zu bewirken und dass ich vielleicht doch dabei war, ein richtig guter Heiler zu werden.

ARTEN: Sie starb.

GARY: Man muss das Schlechte mit dem Guten nehmen. Jedenfalls, wenn du anderen vergibst, wird dir vergeben, und so kommst du mehr in Kontakt mit deiner Unschuld. Du fühlst dich weniger schuldig. Ich finde es ironisch, dass man, obwohl man immer mehr die Unwirklichkeit der Welt erkennt, sie am Ende mehr genießt und nicht weniger. Wenn die Menschen mit dieser Art von Arbeit anfangen, denken sie, dass sie etwas aufgeben müssen, indem sie es als Traum sehen, der nicht wahr ist. Aber meine Erfahrung ist, das Leben *mehr* zu genießen. Es ist, wie wenn ich ins Kino gehe. Ich weiß, dass es nicht echt ist, aber das hält mich nicht davon ab, es zu genießen. Ich genieße es sogar mehr. Heute höre ich viel lieber Musik als jemals zuvor. Für mich geht es hier nicht darum, Strandspaziergänge, wunderschöne Sonnenuntergänge oder große Kunst aufzugeben. Je weniger schuldig man sich fühlt und je weniger Angst man hat, desto mehr kann man diese Dinge genießen.

PURSAH: Das ist ein wichtiger Punkt, Gary. Du kannst nur gewinnen. Du bekommst ein normales Leben. Du kannst alles auf einmal haben.

Und der *Kurs* ist sehr praktisch in dem Sinne, dass du, obwohl du aufhörst, die Welt wahr zu machen, immer noch dahingehend Führung vom Heiligen Geist bekommst, was du tun sollst, solange du hier zu sein scheinst.

GARY: Genau. Manchmal kommen während einer Pause in den Workshops Leute zu mir, die meinen, sie müssten Geld, Sex, ihre Ziele und Träume und sogar ihre Beziehungen aufgeben. Für die habe ich Neuigkeiten. In dreißig oder vierzig Jahren werden sie das sowieso müssen. Der Körper wird nicht für immer da sein. Also warum nicht die Zeit bis dahin nutzen, um etwas aufzubauen, das für immer da sein *wird? Das* ist der Unterschied zwischen seinem Haus auf Fels oder auf Sand bauen. Und wisst ihr was? Man kann den Sand trotzdem haben! Man kann sein normales Leben leben, dabei vergeben und immer noch sein Haus auf den Felsen Gottes bauen. Dieser spirituelle Weg ist sehr praktisch, denn es geht nicht darum, sein Leben zu ändern – es geht darum, anderen Geistes über das Leben zu werden.

PURSAH: Du meinst, J wusste vielleicht, was er tat?

GARY: Ja, das wusste er. Eine Frage habe ich allerdings doch an euch. Die Sprache im *Kurs*. Manche Menschen regen sich darüber auf, dass J immer ER sagt, wenn er den Heiligen Geist und Gott und so beschreibt. Dann sind da noch der Blankvers im Stil Shakespeares und der jambische Pentameter, im Gegensatz zum Koran, der im islamischen Pentameter geschrieben ist – kleiner Witz –, und die Menschen denken, dass die Sprache des *Kurses* nicht sehr leserfreundlich ist. Was meint Ihr dazu?

PURSAH: Ein paar Dinge. Shakespeare hat definitiv Dr. Helen Schucman, die den *Kurs* niedergeschrieben hat, dabei geholfen, die sieben Jahre durchzustehen, die sie brauchte, um mit J zu arbeiten und festzuhalten, was sie ihn sagen hörte. Übrigens hat die Foundation for Inner Peace, die ursprüngliche Herausgeberin des *Kurses*, eine DVD herausgegeben, auf der man Helen in ihren eigenen Worten beschreiben hören kann, wie es war, die Stimme zu hören, wie sie es nennt, und mit ihr die ganzen Jahre zu arbeiten. Man dachte, Helens Stimme sei nie aufgezeichnet worden, aber es stellte sich heraus, dass es ein altes Interview aus den späten 1970ern auf Kassette gab, das es 25 Jahre lang nicht aus einer Kiste geschafft hatte, weil es zu zerkratzt klang, um brauchbar zu sein. Mit der modernen Technik wurde es dann aber möglich, die Qualität zu verbessern, die Hintergrundgeräusche loszuwerden und Helens Stimme sehr gut verständlich werden zu lassen. Es lohnt sich, es anzuhören und dabei die Bilder auf der DVD anzusehen, weil man Helens Stimme im Original hören kann, die bisher nicht zugänglich gewesen ist. Das Interview wurde nur drei Jahre vor ihrem Tod aufgenommen. Man kann erkennen, wie scharfsinnig und geistig rege sie war und dass ihre Erfahrung auf jeden Fall authentisch war. Nicht, dass du Beweise bräuchtest.

Aber zurück zur Sprache des *Kurses*. Helen liebte Shakespeare, und dass J Shakespeare mit einbrachte, half ihr. Es diente auch dazu, die Sprache einheitlich zu gestalten. Der *Kurs* zitiert mehr als 800 Mal aus der King-James-Version der Bibel, und oft korrigiert er sie oder stellt etwas richtig. Also ist das Geschlecht männlich. *Aber,* wenn man wirklich versteht, was der *Kurs* sagt, dann begreift man, dass es im reinen Geist kein Männlich oder Weiblich gibt. Warum? Weil es keine Unterschiede, keine Gegenteile oder Gegensätze gibt. Es gibt nur vollkommenes Einssein. Lass den *Kurs* einfach sein, was er ist: ein spirituelles Kunstwerk und keine soziale Stellungnahme. Erinnere dich daran, was im Thomas-Evangelium gesagt wird, einer Schrift, die unseren Herzen nah und lieb ist: »... wenn ihr das Männliche und das Weibliche zu einem Einzigen macht, so dass das Männliche nicht mehr männlich und das Weibliche nicht mehr weiblich ist ..., dann werdet ihr in das Himmelreich eingehen.«

Noch etwas zur Sprache. Shakespeares Schreibstil stellt eine klassische Form der Sprache dar. Du könntest zurückgehen und Dinge lesen, die vor 500 Jahren in Mundart auf Englisch geschrieben wurden, und du würdest wahrscheinlich eine Überraschung erleben. In vielen Fällen haben sich Wörter und ihre Schreibweise so sehr verändert, dass einem vieles, was man liest, wie reiner Wortsalat vorkommt. Sprache ist keine Konstante. Sie verändert sich von Jahrhundert zu Jahrhundert. Aber der Stil Shakespeares als klassische Form der Sprache verändert sich nicht von Jahrhundert zu Jahrhundert. Das heißt, die Menschen können ihn lesen und verstehen, auch wenn es nicht immer einfach ist.

GARY: Ich verstehe. Auch wenn es nicht immer einfach ist, werden die Menschen auch in 500 oder sogar 1.000 Jahren noch in der Lage sein, den *Kurs* zu verstehen, weil er in einer klassischen Form der Sprache verfasst ist und nicht in der aktuellen Gegenwartssprache. Er wird nicht datiert werden, weil er zeitlos ist. Daran habe ich nie gedacht. Das ist genial. Heh, vielleicht hat dieser Typ J doch etwas auf dem Kasten – ich meine abgesehen davon, perfekt zu sein und der Welt zu vergeben und dem ganzen Kram.

ARTEN: Du kannst der Welt auch vergeben, Gary. Alles, was du tun musst, ist zu vergeben, was an einem beliebigen Tag vor deiner Nase auftaucht. Deine scheinbaren Beziehungen, die Situationen, in denen du festzustecken scheinst, die schrecklichen Ereignisse, die du manchmal im Fernsehen oder sogar mit eigenen Augen siehst, die schlechten Erinnerungen, die dir in den Sinn kommen – alles kann vergeben werden. Sie sind alle dasselbe. Du kannst anderen Körpern vergeben oder deinem eigenen. Sie sind auch dasselbe. Du kannst den Groll, den du anderen gegenüber hegst, genauso loslassen wie das Bedauern über dein eigenes Leben. Du machst es einfach einen Tag nach dem anderen, und dann wird der Tag kommen, an dem deine Arbeit vollendet ist.

PURSAH: Wir verabschieden uns jetzt, aber wir kommen dich dann wieder besuchen, wenn es hilfreich sein wird. Wir haben immer unsere Gründe dafür, wann wir erscheinen.

Jetzt, zur Weihnachtszeit, erlaube mir, aus dem von dir geliebten *Kurs* zu zitieren, und wir wollen uns mit dem Heiligen Geist in Frieden verbinden. Viele Menschen verstanden Js Botschaft vor 2.000 Jahren falsch. Aufgrund der Umstände seines Todes nahmen sie an, dass es eine Botschaft des Leidens und Opferns war. Sie glaubten das auch deshalb, weil ihre vorherige Religion eine lange Tradition des Opferns hatte. Aber nichts könnte weiter von Js wahrer Botschaft entfernt sein. Das folgende Zitat ist aus dem Abschnitt »Weihnachten als Ende des Opferns« im Textbuch. Wenn wir gehen, denke an eines: Um wahre Liebe zu erfahren, musst du lernen, dass – auch wenn die meisten besonderen Beziehungen eine Form von Opfer von dir verlangen werden – die Liebe nur Liebe will.

Gib diese Weihnacht dem HEILIGEN GEIST alles, was dich verletzt. Lass dich vollständig heilen, damit du dich in der Heilung mit IHM verbinden mögest, und lass uns unsere Befreiung zusammen feiern, indem wir einen jeden mit uns befreien. Lass nichts zurück, denn die Befreiung ist total, und wenn du sie mit mir angenommen hast, wirst du sie mit mir geben. Aller Schmerz, jedes Opfer und alle Kleinheit werden aus unserer Beziehung verschwinden, die ebenso unschuldig ist wie die Beziehung zu unserem VATER und genauso machtvoll. Schmerz wird zu uns gebracht werden und in unserer Gegenwart verschwinden, und ohne Schmerz kann es kein Opfer geben. Und ohne Opfer *muss* dort Liebe sein.[20]

2

Ausflug ins Zwischenleben

So ist denn dieses Jahr die Zeit, die einfachste Entscheidung zu treffen, die sich dir je gestellt hat, und auch die einzige. Du wirst die Brücke zur Wirklichkeit einfach deshalb überqueren, weil du begreifen wirst, dass GOTT auf der anderen Seite ist und hier rein gar nichts. Es ist unmöglich, die natürliche Entscheidung nicht zu treffen, wenn das begriffen ist.[1]

Am 22. Januar 2007 kamen Arten und Pursah zu ihrem zweiten Besuch. Ich hatte gerade den ersten Workshop des Jahres am Kripalu Yoga Center im Westen von Massachusetts gegeben. In den dreieinhalb Wochen zwischen Arten und Pursahs erstem Besuch und dem Wochenende im Kripalu hatte der Zustand meiner Hand sich deutlich gebessert. Ich konnte ohne Probleme Bücher signieren, mein Gepäck tragen oder den Teilnehmern die Hand schütteln und war enorm erleichtert. Obwohl ich mittlerweile ein großes Vertrauen zum Vergebungsprozess und der Tatsache hatte, dass er auf alles angewendet werden konnte, machte es mir immer noch Spaß, zu sehen, wie er in meinem Leben funktionierte. Außerdem war ich aufgeregt, weil meine Lehrer ja gesagt hatten, dass sie bei einem unserer Gespräche noch mehr auf diesen Prozess und darauf, wie er sich auf die Heilung des Körpers anwenden lässt, eingehen würden.

Als Nächstes sollte ich einen Workshop in Miami abhalten und in den Wochen danach auf den hawaiianischen Inseln Kauai und Oahu. Ich freute mich immer auf solche exotischen Orte, besonders mitten im Winter. Ich war kein Fan von kaltem Wetter, Eis oder Schnee, und ich hieß jede Möglichkeit willkommen, Maine zu dieser Jahreszeit zu entfliehen. Ich wusste nicht, dass es mein letzter Winter in einem kalten Klima sein würde.

Meine Frau Karen hatte zehn Jahre zuvor etwa zwei Jahre lang *Ein Kurs in Wundern* gemacht. Dann gab sie das Ganze auf. Wir beide fingen an, uns in unterschiedliche Richtungen zu entwickeln. Sie folgte eigenen Interessen und gründete selbst eine Firma. Mein Leben drehte sich immer mehr um den *Kurs,* und schließlich führte das dazu, dass ich ziemlich viel unterwegs war, um ihn zu lehren. Dass ich nicht sehr oft zu Hause war und sie eine Menge Zeit allein verbringen musste, entfernte uns noch weiter voneinander. Meinem Gefühl nach konnten wir es uns einfach noch nicht leisten, dass sie ihre Arbeit kündigte und mit mir auf Reisen ging. Es war für beide von uns ein Dilemma und ein streitträchtiges Thema.

Als Arten und Pursah dieses Mal auftauchten, kamen sie mir etwas ernster vor als sonst. Pursah fing an.

PURSAH: Wir haben heute eine Menge Themen, Bruder. Zunächst einmal: Deiner Hand geht es besser. Herzlichen Glückwunsch zur praktischen Anwendung der Lehre. Du erlebst die universellen Auswirkungen der Art von Vergebung, die wir dir beigebracht haben. Vor dir liegt ein ereignisreicher Monat. Wir möchten dir helfen, dich darauf vorzubereiten. Aber erst einmal haben wir eine Überraschung für dich.

GARY: Eine angenehme Überraschung, hoffe ich?

PURSAH: Ja. Wir haben in der Vergangenheit schon die Aussage des *Kurses* betont, wonach die Richtung des Geistes automatisch erfolgt, je nach dem, welchem Denksystem er folgt.[2] Wenn du rechtgesinnte Gedanken oder Gedanken der Vergebung mit dem Heiligen Geist denkst, musst du in die richtige Richtung unterwegs sein. Diese Richtung ist nach Hause zu Gott. Wenn du urteilende und verdammende Gedanken mit dem Ego denkst, dann hältst du dich selbst fern von Gott.

ARTEN: Die meisten Menschen mit Interesse an Spiritualität nehmen an, dass sie, wenn sie nach dem Tod ins sogenannte Jenseits kommen, Entscheidungen treffen, Verträge schließen und Verpflichtungen darüber eingehen, was sie in ihrem nächsten Leben tun werden und wie. Nein! Diese Leben sind schon vorbei. Sie erleben nur einen Film noch einmal, der schon gedreht ist. Was Menschen das Leben nach dem Tod nennen, ist genau genommen ein Leben zwischen den Leben. Es ist die Zeitspanne zwischen einem Traumleben, dessen Details schon feststehen, und dem folgenden Traumleben, dessen Details schon feststehen. Freiheit oder einen freien Willen gibt es in diesen Traumleben für sie nur insofern, als sie bei allem zwischen der Interpretation des Heiligen Geistes und der des Egos wählen können. Inwieweit sie das tun und wahre Heilung erleben, entscheidet über die Qualität ihrer Erfahrung im Zwischenleben ebenso wie darüber, welches Leben sie danach erfahren!

Darum ist es so wichtig, dass du Vergebung nicht aufschiebst. Warte nicht bis nächstes Jahr. Warte nicht bis zum nächsten Leben. Deine Zukunft wird genau *jetzt* von dir bestimmt, und sie hängt von deinen Entscheidungen ab: ob du für das, was du siehst, die Interpretation des Heiligen Geistes wählst oder die des Egos.

Falls du dir noch ein Traumleben ansiehst, mag das nächste nicht der scheinbar linearen Reihenfolge entsprechen. Dein nächstes Leben könnte eines sein, das scheinbar vor 500 Jahren, vor 1.000 Jahren oder in 100 Jahren stattfindet. Es spielt keine Rolle. Wie dieses Leben wird und welche Vergebungslektionen es bereithält, hängt davon ab, ob du die Gelegenheiten zur Vergebung nutzt, die sich dir jetzt präsentieren. Darum ist es so wichtig, die Lektionen zu lernen, die jeden Tag auftauchen. Das sind die Lektionen, von denen der Heilige Geist möchte, dass du sie lernst. Wenn du sie lernst – und das tust du, indem du wahre Vergebung übst, die auf die Ursache zielt und nicht auf die Wirkung –, dann wirst du in deinem nächsten Traumleben dieselben Muster nicht noch einmal wiederholen müssen. Du darfst an einen Ort weitergehen, an dem du weitere Fortschritte machen kannst. Und vielleicht kannst du sogar alle deine Vergebungslektionen vervollständigen und dann nach Hause zurückkehren. Natürlich ist das auch in diesem Leben möglich. Das hängt davon ab, wie sehr du dranbleibst und ob du alles vergibst, was hochkommt.

Du darfst an einen Ort weitergehen, an dem du weitere Fortschritte machen kannst.

Wie der *Kurs* sagt, und das gilt für dieses genau wie für jedes andere Leben: »Prüfungen sind nur Lektionen, die du nicht gelernt hast und die dir nochmals dargeboten werden, so dass du dort, wo du vordem eine fehlerhafte Wahl getroffen hast, jetzt eine bessere treffen und so allem Schmerz entrinnen kannst, den dir das brachte, was du vordem wähltest.«[3]

GARY: Also nehmen wir einmal an, jemand lernt die Lektion nicht, die in seinem Leben auftaucht. Das Zitat besagt, dass die Lektionen wiederkommen werden, aber ich nehme an, nicht in genau derselben Form. Es könnte sich dabei um ein ähnliches Ereignis, eine ähnliche Situation oder eine ähnliche Beziehung handeln, die einem eine gleichwertige Herausforderung bieten.

ARTEN: Richtig. Offensichtlich wird eine Lektion in 100 Jahren nicht *ganz genauso* aussehen wie eine Lektion heute. Ihre Bedeutung und ihr Inhalt bleiben jedoch gleich, auch wenn die Form sich scheinbar ändert.

PURSAH: Wie gesagt haben wir eine Überraschung für dich. Wir drei machen einen kleinen Ausflug. Aber vorher möchten wir anmerken, dass es viele verschiedene Arten von geistigem Reisen gibt. Die Menschen auf der Erde glauben an eine völlig unterentwickelte, im Physischen angesiedelte und von Materie angetriebene Art zu reisen. Sie halten nicht einmal kurz an, um darüber nachzudenken, wie primitiv das eigentlich ist. Wir haben dir bei Gelegenheit schon Beispiele für eine viel fortgeschrittenere Art des Reisens gezeigt, die wir geistigen Transport nennen. Das ist nicht dasselbe wie die Variante von Hellsehen, bei der du körperlich an einem Ort zu bleiben scheinst und dabei teilweise über sehr große Entfernungen hinweg Dinge an anderen Orten sehen kannst. Offensichtlich ist es auch *kein* astrales Reisen, bei dem ein leichterer, aus Energie bestehender Körper mit dir zu gehen scheint. Bei geistigem Transport ist es, als ob du deinen Körper mitnimmst und alles erfährst, was die Sinne anzubieten haben. Es erscheint genauso echt wie alle deine anderen Erlebnisse in einem vermeintlichen Körper.

Ich wollte das erklären, weil das nicht nur eine Möglichkeit zum Reisen auf der Erde ist, sondern so außerdem die meisten Außerirdischen zu einem Besuch hierher kommen. Wenn du einen Ort besuchen möchtest, der 50 Milliarden Lichtjahre entfernt ist, dann würde es dich sogar dann noch 50 Milliarden Jahre kosten, dorthin zu gelangen, wenn du mit Lichtgeschwindigkeit unterwegs wärst. Das wäre wohl kaum praktisch. Aber wenn du erst einmal das mit dem geistigen Transport gelernt hast, brauchst du *gar keine* Zeit mehr, um diese 50 Milliarden Lichtjahre zurückzulegen.

GARY: Das würde dann die ganzen scheinbar unmöglichen Geschwindigkeiten und Manöver erklären, die UFOs draufhaben. Die Außerirdischen nutzen die Macht des Geistes, um zu reisen. Sie sind nicht von physikalischen Gesetzen abhängig. Ganz im Gegenteil, sie haben die physikalischen Gesetze hinter sich gelassen.

PURSAH: Ja, und der *Kurs* bestätigt, dass das möglich ist, stellt es jedoch in den Zusammenhang unserer Heiligkeit: »Deine Heiligkeit kehrt alle Gesetze der Welt um. Sie liegt jenseits jeder

Beschränkung durch Zeit, Raum, Entfernung und Grenzen jeglicher Art.«[4] Bei diesem Ausflug nutzen wir das astrale Reisen, weil das die gängigste Form von Reisen ist, die Menschen während ihres Zwischenlebens erleben. Viele Menschen denken, der Astralkörper sei die Seele, aber ihnen ist nicht klar, dass das ganze Konzept einer individuellen Seele auf der Idee der Trennung beruht, während der reine Geist ganz und ungeteilt ist und auch keine persönliche Identität besitzt.

Wir werden dir eine kleine Führung durch all das geben, was dir in deinem Zwischenleben begegnen könnte. Wie sowohl die Buddhisten als auch der *Kurs* sagen: »... die Geburt [ist] nicht der Anfang, und der Tod nicht das Ende ...«[5] Je näher du deinem letzten Leben kommst, desto mehr werden die Zwischenleben so aussehen wie das heutige Universum. Wenn du spirituell nicht besonders fortgeschritten bist, siehst du alle möglichen verrückten Dinge, wie in dem Film, der dir so gut gefallen hat: *Hinter dem Horizont.*[e]

Ein paar Tage, nachdem J Lazarus von den Toten auferweckt hatte, nahmen einige römische Soldaten ihn fest. Sie hatten Befehl, ihn zu töten – Pilatus wollte nicht, dass irgendwelche ehemaligen Toten umherliefen. Die Soldaten fragten Lazarus: »Wie ist es auf der anderen Seite?« Und Lazarus antwortete: »Es ist genauso wie hier.« Er war spirituell sehr weit fortgeschritten. Dann töteten ihn die Soldaten – in der Runde starb er zwei Mal.

Das Zwischenleben kann dir viele verschiedene mögliche Bilder zeigen, und es ist nicht unsere Absicht, irgendetwas davon wahr zu machen. Aber es wird dir definitiv wahr *erscheinen*. Bist du bereit?

---

[e] Er wurde von Stephen Simon produziert, der bei Amra das Buch *Die Macht ist mit dir* veröffentlichte; Leseproben finden Sie auf www.AmraVerlag.de. Simon schreibt darin über mehr als 70 spirituelle Kinofilme aus Hollywood. Das Vorwort stammt von Neale Donald Walsch, dessen Buchtrilogie *Gespräche mit Gott* er auch als Regisseur verfilmte. – *Die Red.*

GARY: Äh, nein?

ANMERKUNG: In dem Moment hatte ich das Gefühl, meinen Körper zu verlassen. Es war erstaunlich, als ob auf einmal keine körperliche Last mehr da wäre. Ich schien immer noch einen Raum einzunehmen, der Grenzen hatte wie ein Körper, nur besaß ich kein Körpergefühl mehr. Es gab allerdings so etwas wie ein geistiges Empfinden. Ich konnte spüren, dass Arten und Pursah bei mir waren, aber ich konnte sie nicht sehen. Auf einmal hörte ich Arten telepathisch mit mir reden.

ARTEN: Jetzt gerade kommt es dir so vor, als befändest du dich immer noch innerhalb eines klar begrenzten Raumes. Da haben wir wieder die Idee der Trennung von der Einheit: Ob Zeit, Raum, Körper, Astralkörper oder was auch immer, es beruht alles auf der Idee der Trennung. Klar gibt es in dem Zustand, in dem du jetzt bist, kein körperliches Schmerzempfinden. Das kann sehr beglückend sein, vor allem am Anfang. Man kann aber immer noch psychische Schmerzen empfinden, wozu wir gleich kommen.

GARY: Ich kann es kaum erwarten. Heh, ich kann mit euch kommunizieren, aber es fühlt sich komisch an. Ich spreche nicht. Ich habe gar keine Lippen! Und ich atme nicht! Das ist abgefahren.

ARTEN: Der Glaube, atmen zu müssen, wenn du in einem menschlichen Körper bist, ist nur das: ein Glaube. Dasselbe gilt für den Tod – es ist nur ein Glaube. Alles ist im Geist. Du machst, sogar nachdem du deinen Körper verlassen zu haben scheinst, immer noch die Erfahrung, mit deinen Augen zu sehen. Aber das tust du nicht. Du »siehst« mit dem Geist. Der Körper, sei er nun ein menschlicher, ein astraler oder ein sonstiger Körper, ist nicht wirklich da, weil er genauso ein Teil der Projektion ist wie der Rest der Projektion. Wie J uns im *Kurs* sagt: »In keinem einzigen Augenblick existiert der Körper überhaupt.«[6] Wenn wir weitergehen, meinst du vielleicht, dein Astralkörper würde sich auflösen, und du wirst merken, dass du alles mit dem Geist ansiehst, aber das ist ein sehr fortgeschrittener Zustand.

ANMERKUNG: Ich schwebte immer mehr nach oben und konnte allmählich die Krümmung der Erde erkennen. Es gab kein heiß oder kalt, nur ein sehr leichtes und flüchtiges Schweben. Ich schien immer mehr mit dem Weltall um mich verbunden zu werden, als ob ich mich mit ihm vereinigte. Ich konnte die verschiedenen Kontinente sehen, manche waren zum Teil mit Wolken bedeckt, und dann schoss ich in den Weltraum hinaus, weg von den Farben der Erde hinein in die Dunkelheit, obwohl ich den blauen Planeten, den ich für meine Heimat hielt, weiterhin sehen konnte.

Plötzlich schien ich dahinzurasen, wurde immer schneller. Ich flog am Mond vorbei und auf den Mars zu – der, wie Arten und Pursah mir einmal erzählt hatten, in der Vergangenheit von Leben bewohnt war, das schließlich auf die Erde übersiedelte. Als ich den Planeten betrachtete, erlebte ich ein Gefühl von Ehrfurcht. Ich flog schnell vorbei und sah deutlich erkennbar noch ein paar andere Planeten, bevor ich aus dem Sonnensystem hinauskatapultiert wurde.

Und dann fingen die Dinge wirklich an, mir seltsam vorzukommen! Ich konnte fühlen, dass mein Geist die Kraft hinter der Bewegung war, nicht etwa der Astralkörper, und das machte Spaß. Aber einiges war mir fremd. Als ich mit unglaublicher Geschwindigkeit immer weiter hinaus ins Universum eilte, kam der unerwartete Eindruck eines Konflikts in mir auf. Als Nächstes sah ich etwas, das wie zwei Galaxien aussah, aber sie schienen miteinander im Streit zu liegen.

ARTEN: Hier siehst du ein Beispiel für Konfliktgedanken im Inneren, denen eine Form an einem Ort gegeben wird, der im Außen zu sein scheint. Wenn der *Kurs* sagt, dass das, was du siehst, »das äußerliche Bild eines inneren Zustands«[7] ist, meint er dies wörtlich. In einer der Galaxien gibt es ein Schwarzes Loch, das Strahlung und Energie auf die andere Galaxie abschießt.

GARY: Willst du damit sagen, dass die Galaxien sich gegenseitig bekriegen? Das ist ja wohl nicht dein Ernst!

ARTEN: Doch. Eine Galaxie bewegt sich an der anderen vorbei, und die andere greift sie an. Starke Strahlungspartikel werden von einer auf die andere geschleudert. Es fällt dir vielleicht schwer, das zu glauben, aber die Trennung wird überall in der Projektion von Zeit und Raum ausagiert.

GARY: Also nicht nur unter den Menschen.

PURSAH: Richtig. Und jetzt wirst du mal etwas *wirklich* anderes sehen. Denk daran, dass dir in einem Traum alles gezeigt werden kann, was du willst, und du alles projizieren kannst, was du willst. Es ist nur eine Frage dessen, die Hindernisse aus dem Weg zu räumen, die dich davon abhalten, vollständigen Zugang zur Kraft des Geistes zu erlangen.

ANMERKUNG: In der Ferne erblickte ich etwas, das wie ein Raumschiff aussah. Es wurde immer größer und größer. Langsam nahm es gigantische Ausmaße an, Ehrfurcht einflößend. Ich sprach Arten an, obwohl ich ihn nicht sehen konnte.

GARY: Was zum Teufel ist denn *das?*

ARTEN: Ein plejadisches Raumschiff. Es ist in seiner Galaxie auf Streife. Aber es könnte jeden Augenblick genauso gut überall hinfliegen – auch zur Erde.

GARY: Ich dachte, diese Rasse gehöre der Vergangenheit an.

ARTEN: Nein. Sie mischen noch mit. Nette Truppe. Sehr fortgeschritten. Und da immer mehr von ihnen erleuchtet werden, scheinen immer weniger hier zu sein. Wir haben ja gesagt, dass der Geist sich immer weiter teilt und dann hier als Bilder auftaucht. Aber wenn eine Art, wie die Plejadier, anfängt erleuchtet zu werden, verlassen immer mehr von ihnen das Hologramm und kehren nach Hause zu Gott zurück. Das erleuchtete Wesen kommt nicht zurück, und die Bevölkerung nimmt ab. Irgendwann werden dann mehr Wesen erleuchtet und verlassen die Illusion, als neue geboren werden. So verschwindet die Art, aber auf gute Weise, nicht auf schlechte. Sie kehrt heim zu Gott. Willst du an Bord gehen?

GARY: Jetzt verarscht ihr mich.

PURSAH: Los geht's, Cowboy!

ANMERKUNG: Eine Sekunde später fand ich mich auf einem Raumschiff wieder, in einem Bereich, der so riesig war, dass es unmöglich erschien. Wie konnte irgendjemand etwas derart Großes bauen? Dann tauchten aus dem Nirgendwo zwei Wesen auf und landeten vor mir auf dem Boden. Sie sahen aus wie Menschen, nur größer, und beide hatten blondes Haar.

PURSAH: Plejadier können dir wie Menschen erscheinen, allerdings attraktiver, selbst für Menschen. Das ist ihr nordischer Look. Sie haben auch noch einen anderen, den sie dir aber lieber nicht zeigen.

GARY: Warum nicht? Ich werde damit fertig.

PURSAH: Wir können uns nicht in die Entscheidung einer anderen Rasse einmischen.

GARY: Oh, verstehe. Die oberste Direktive, richtig?

PURSAH: Sowas in der Art. Möchtest du die beiden irgendetwas fragen?

Es waren zwei Männer, und ich fragte sie: »Wie könnt ihr so ein riesiges Schiff steuern?«

Einer von ihnen antwortete: »Genauso, wie wir es gebaut haben: durch unseren Geist. Wir können hinfliegen, wohin wir wollen, ohne dabei den Weltraum durchqueren zu müssen. Wir sind mit einem Wimpernschlag dort. Die Menschen werden das auch irgendwann können, aber ihr habt noch einen ziemlichen Weg vor euch.

Übrigens«, fuhr er fort, »ist es einem Menschen durchaus möglich, sein oder ihr nächstes Leben als Angehöriger eines außerirdischen Volkes zu verbringen, sogar als Plejadier.«

»Toll!« Aber bevor ich noch etwas hinzufügen konnte, sagte er: »Das hängt davon ab, wie du denkst. Wir würden uns gern weiter mit dir unterhalten, aber wir spüren, dass du deinen kleinen Ausflug beenden solltest. Mach's gut.«

Dann schienen wir wieder außerhalb des gigantischen Schiffes zu sein, setzten uns mit hoher Geschwindigkeit in Bewegung und kamen an etwas vorbei, von dem eine Stimme in meinem Geist sagte, es sei Sirius, und dann Orion. In meinem Geist fing es an sich zu drehen, als wir langsamer wurden und anhielten.

PURSAH: Schau mal dorthin. Was erkennst du?

GARY: Ich bin mir nicht sicher. Sieht aus wie eine Art Tunnel.

PURSAH: Das ist ein Wurmloch. Viele eure Wissenschaftler glauben, dass Wurmlöcher die beste Möglichkeit bieten, von einem Teil des Universums zu einem anderen zu gelangen, und manchmal kann man sie tatsächlich dazu verwenden. Man kann damit sogar durch die Zeit reisen. So machen es viele Rassen am Anfang, aber geistiger Transport ist immer noch die beste Methode.

GARY: Heh, wenn ich gerade im sogenannten Zwischenleben bin, warum sehe ich dann so viele Dinge, die in der echten Zeit zu existieren scheinen?

PURSAH: Ganz einfach, Gary. Weil *nichts* davon echt ist! In der Zwischenphase sehen die Menschen, was sie zu sehen bereit sind. Und das kann sehr verschieden sein.

Wir beschleunigten wieder zurück in die ungefähre Richtung, aus der ich meinem Gefühl nach gekommen war. Ich ahnte, dass wir auf die Erde zuhielten, aber unterwegs begegneten mir Dinge, die ich nicht verstand.

PURSAH: Da drüben siehst du Materie, die von Antimaterie zerstört wird. Sterne werden von Neutronensternen und Schwarzen Löchern auseinandergerissen.

GARY: Mir war nicht klar, dass das Universum außerhalb unseres Sonnensystems so gewalttätig ist.

PURSAH: Das Universum beruht nicht wirklich auf der Idee von Einheit. Der einzige Grund dafür, warum es überhaupt zusammengehalten wird, ist der, dass alles Teil derselben Projektion ist und es nur eine Projektion gibt. Deshalb kann man es nie *wirklich* auseinanderreißen. Und doch hat es den Anschein, als würde es zerfallen und sich viele Male teilen und wieder teilen.

Das Universum beruht nicht wirklich auf der Idee von Einheit.

Als wir weiterflogen, sah ich eine Sonne, von der ich annahm, dass es unsere war. Ich konnte die Linien von Magnetfeldern erkennen und etwas, das aussah wie Wellen, die an ihnen entlangliefen.

ARTEN: Das sind Sonnenwellen. Sie tragen die Energie eurer Sonne in alle möglichen Richtungen. Gemeinsam mit der Schwerkraft sind sie ein wichtiger Teil des elektromagnetischen Systems, das die Bewegung eures Sonnensystems steuert, und während sie sich im Universum verbreiten, sind sie mit ähnlichen Aktivitäten überall verbunden.

Als wir auf die Sonne zurasten, konnte ich wieder die Planeten meines Sonnensystems erkennen. Schnell kam die Erde auf uns zu. Wir traten in die Atmosphäre ein und bewegten uns Richtung Nordamerika. Wir rauschten zu einem Teil der USA, von dem ich wusste, dass es nicht der war, in dem ich lebte. Eine Stadt kam näher und näher, und ich erkannte ihre Lage am Michigansee, da ich schon einmal dort gewesen war: Chicago. Die Skyline war ausgedehnter, als ich sie in Erinnerung hatte, und als wir noch näher kamen, waren dort einzelne Gebäude. Eines sah aus wie ein Krankenhaus, denn es schien eine Zufahrt für Rettungsfahrzeuge zu haben.

Und doch waren die Gebäude anders, als ich es gewohnt war. Futuristischer. Dann war ich auf einmal in etwas, das aussah wie ein OP. Ich konnte eine Frau sehen, die kurz davor war, ein Kind zu bekommen.

GARY: Wer ist das?

PURSAH: Das ist unsere Mutter.

GARY: *Was?!*

PURSAH: Sie ist unsere Mutter in deinem nächsten Leben, und ich stehe kurz davor, geboren zu werden. Wenn du dein Zwischenleben beendet hast, wirst du automatisch an diesen Ort und Zeitpunkt im Hologramm geführt, an dem du scheinbar als ich geboren werden wirst.

GARY: *Jetzt* wird es abgefahren. Du sagst, dass ich das da im Bauch der Frau bin und dies der Beginn unseres letzten Lebens ist?

PURSAH: Ja. Wir wollten dir zeigen, worauf es bei deinem nächsten Neustart hinausläuft, bei dem du eine neue Gelegenheit bekommst, bisher ungelernte Lektionen abzuschließen. In deinem Fall werden es nur wenige Lektionen sein. Du bist als Gary vielleicht nicht immer der sanfteste Anwender von Vergebung gewesen, aber deine Hartnäckigkeit hat sich ausgezahlt.

Komm, wir gehen in höhere Gefilde, das hast du dir verdient, indem du die wahre Vergebung der Ursache, nicht der Wirkung, angewendet hast. Das Ergebnis ist echte Heilung durch den Heiligen Geist. Was du jetzt gleich erlebst, wird dir die Qualität des Zwischenlebens zeigen, bevor du als Pursah in ein weiteres Leben zu reinkarnieren scheinst. Dieser Teil wäre in deinem Zwischenleben eigentlich als Erstes gekommen, aber wir haben ihn erst einmal ausgelassen, weil wir ihn dir extra zeigen möchten. Wenn du dein Zwischenleben nach dem Ablegen von Garys Körper noch einmal abspielst, wirst du zunächst das erleben, was wir dir jetzt zeigen. Dann, danach und nach allem anderen, das du gesehen hast, wirst du scheinbar in den Körper dieses kleinen Babys gehen, obwohl du nie wirklich in einem Körper gewesen bist. Komm mit uns, Bruder.

ANMERKUNG: Dann waren wir an einem gänzlich anderen Ort. Um mich herum war ein wundervoll weißlicher Glanz. Dieses Licht fühlte sich warm und heilsam an, kribbelnd, einladend und orgastisch. Ich fühlte eine Glückseligkeit, die ich bisher nur aus Momenten der Offenbarung kannte – den wenigen Malen, in denen ich den Eindruck hatte, mich wirklich mit Gott verbunden zu haben.

Ich erinnerte mich an einen hinreißend schönen Abschnitt aus *Ein Kurs in Wundern* namens *Das Lied des Gebets*, der genau ausdrückt, was ich empfand. Ich hatte den *Kurs* nicht wortwörtlich auswendig gelernt, aber es gab viele für mich herausragende Textstellen, die ich mir leicht in Erinnerung rufen und aufsagen konnte. Dies war eine davon, und ich dachte an die herrlichen Worte in meinem Geist. Dann wurde ich still. Ich wusste, dass Arten und Pursah bei mir waren, hatte aber gleichzeitig den Eindruck, dass einfach alle bei mir waren. Ich war dankbar dafür, dass ich die Möglichkeit erhielt, wahrhaftig zu erfahren, was im *Lied des Gebets* steht:

Das ist es, was der Tod sein sollte: ein stiller Entschluss, freudig und mit einem friedlichen Gefühl getroffen, weil der Körper gütig dazu verwendet wurde, dem SOHN GOTTES auf dem Weg entlangzuhelfen, den er zu GOTT geht. So danken wir dem Körper für alle Dienste, die er uns geleistet hat. Wir sind jedoch auch dankbar, dass die Notwendigkeit vorbei ist, die Welt der Grenzen zu durchwandern, den CHRISTUS in versteckten Formen zu erreichen und ihn höchstens in lieblichem Aufleuchten klar zu sehen. Jetzt können wir IHN ohne Scheuklappen erblicken, in dem Licht, auf das wir wieder schauen lernten.

Wir nennen es Tod, doch es ist Freiheit. Er kommt nicht in Formen, die unwilligem Fleisch in Schmerzen scheinbar aufgezwungen werden, sondern als ein sanftes Willkommen zur Befreiung. Wenn wahre Heilung stattgefunden hat, dann kann dies die Form sein, in der der Tod kommt, wenn es Zeit ist, eine Weile von froh getaner und froh beendeter Arbeit auszuruhen. Nun gehen wir in Frieden in eine freiere Luft und in ein sanfteres Klima, wo es unschwer zu sehen ist, dass die Gaben, die wir gegeben haben, für uns aufbewahrt worden sind. Denn CHRISTUS ist jetzt deutlicher; SEINE Schau in uns nachhaltiger; SEINE STIMME, das WORT GOTTES, gewisser unsere eigene.[8]

Dieser Zustand schien eine Weile anzuhalten, aber ich hatte keine Ahnung, wie lange. Zeitweilig hörte ich auf zu denken. Es gab keinen Körper mehr, und der Geist war unsichtbar. Wenn es für immer so geblieben wäre, hätte ich mich nicht beschwert, aber irgendwann fing ich an, mich unwohl zu fühlen. Was war das? Es fühlte sich so an, als wäre etwas nicht in Ordnung – oder sogar, als hätte ich etwas falsch gemacht. Ich verstand es nicht, sondern wusste nur, dass es ein Gefühl war, das ich gern loswerden wollte. Und plötzlich saß ich wieder an meinem Platz vor meinen zwei aufgestiegenen Besuchern. Ich war fast zu sprachlos, um etwas zu sagen, und platzte doch beinahe vor lauter Fragen.

GARY: Das war unglaublich! Ich hatte ja keine Ahnung, dass ich mich so frei fühlen könnte, obwohl der größte Teil unseres Ausflugs sich nicht so gut angefühlt hat, wie am Ende mit meiner Quelle eins zu sein. Aber es gibt ein paar Dinge, die ich nicht verstehe. Zum Beispiel höre ich diese ganzen Geschichten, die die Leute über das Leben nach dem Tod erzählen, und die scheinen anders zu sein und mit viel mehr Details – etwa, dass sie alle möglichen Kristallschlösser und beeindruckende Landschaften sehen und wundervolle Visionen haben, in denen sie

Dinge durch ihre Gedanken erschaffen, und das ganze Zeug. Wie passt das zusammen?

PURSAH: Deshalb haben wir dir vorhin gesagt, dass die Menschen das sehen werden, wozu sie bereit sind.

ARTEN: Jemand kann nur sehen, auf was er oder sie vorbereitet ist. Und wenn wir von *sehen* sprechen, meinen wir immer mit dem Geist. *Sehen* bedeutet eigentlich die Art, wie du denkst. Noch einmal: Spirituelle Sicht findet auf der Ebene des Geistes statt. Sie hat absolut nichts damit zu tun, was der Körper zu sehen scheint. Der Körper kann sowieso nichts sehen oder tun! Aber der Geist kann immer wählen, ihn im Dienste des Heiligen Geistes zu nutzen anstatt im Dienste des Egos.

> *Spirituelle Sicht findet auf der Ebene des Geistes statt.*

GARY: Gut, also nehmen wir einmal für eine Minute an, dass ich nicht völlig neben der Spur bin und alles, was ich gerade gesehen habe, ein Teil des Universums von Zeit und Raum war, das wir alle miteinander zu teilen scheinen. Du sagst, dass die Menschen ihr Zwischenleben ganz unterschiedlich erfahren, je nachdem, woran sie glauben und wofür sie bereit sind?

PURSAH: Natürlich. Du hast Vergebung geübt und wirst es in diesem Traumleben weiterhin tun. Das Ergebnis davon wird bei deinem vermeintlichen Tod eine gute Erfahrung für dich sein. Was gerade scheinbar passiert ist, war eine hervorragende Erfahrung im Vergleich zu dem, was manche anderen durchmachen. Oft fängt es so an, dass die Menschen sehen, was sie erwarten, von lange verlorenen Verwandten über fast unbeschreiblich schöne Farben bis hin zu einem Tunnel und etwas, das aussieht wie das Licht. Teilweise haben sie herrliche Visionen, von denen sie angesichts der sogenannten Wunder des Universums in Erstaunen versetzt werden, die so weit über das hinausgehen, was sie körperliches Leben nennen.

Aber das ist nicht von Dauer, und dann fängt das Unwohlsein an, das du angefangen hast zu bemerken, nur oft noch viel schlimmer. Es ist ein psychologischer Schmerz, von dem sie weg wollen. Es ist eine Wiederauflage des Zeitpunkts der ursprünglichen Trennung von ihrer Quelle und der Schuld, die sie als Ergebnis davon fühlen. Also flüchten sie davor, indem sie sich in einem Körper verstecken, und enden dann in der Lage, in der du vorhin in diesem Krankenhaus zu sein schienst: als hilfloses kleines Opfer, als Baby, von man annimmt, dass es unmöglich für *irgendetwas* verantwortlich sein könnte. Aber natürlich lautet die Wahrheit, dass du für *alles* verantwortlich bist und es dann vergisst.

Darum betonen wir, wie wichtig es für dich ist, *jetzt* deine Gelegenheiten zur Vergebung zu nutzen. Je mehr du durch ihre Anwendung lernst, desto besser werden deine zukünftigen Erfahrungen sein, ob du auf der Erde zu sein scheinst oder nicht.

GARY: Also muss ich die ganzen kleinen Sachen genauso vergeben wie die großen. Ich muss verstehen, dass es da draußen in Wirklichkeit niemanden gibt, der mehr Bücher verkauft als ich, und auch niemanden, den zu treffen ich die Kraft meines Geistes nutzen muss. Ihr wisst schon, wie das Gesetz der Anziehung auf eine Person anzuwenden.

ARTEN: Nun ja, du *hast* dich die letzten zwei Jahre auf Shakira konzentriert.

GARY: Heh, manche nennen es Stalking, ich nenne es Liebe.

PURSAH: Das Gesetz der Anziehung funktioniert bei den meisten Menschen sowieso nicht, wozu wir etwas später noch kommen. Falls jemand, nebenbei bemerkt, eine bessere Version von *Das Gesetz der Anziehung* und *The Secret* sehen will, könnte er den Klassiker *Denke nach und werde reich* von Napoleon Hill lesen. Er wurde das erste Mal in den 1930ern herausgebracht.[f] Heute

---

f   Später veröffentlichte Napoleon Hill mit *The Master-Key to Riches* eine Art Fortsetzung, die unter dem deutschen Titel *Glaube an dich und werde reich* als Paperbackausgabe im Amra Verlag vorliegt. Leseproben finden Sie auf www.AmraVerlag.de. – *Die Red.*

sagen die Leute zum Beispiel, »da Vinci hat das *Geheimnis* an-gewendet, und Edison hat das *Geheimnis* angewendet«, aber sie lassen dabei mit das Wichtigste weg: Diese Typen haben sich den Arsch aufgerissen! Und dann ist da etwas noch Wichtige-res, wovon die Menschen nichts sagen, weil sie es nicht wissen. Wir kommen später dazu.

ARTEN: Jemand hat einmal gesagt, dass Erfolg aus 10 Prozent Inspiration und 90 Prozent Transpiration besteht. Das ist oft wahr. Du beispielsweise hast ja den Ruf, eine Art Faulpelz zu sein, hauptsächlich wegen der Dinge, die wir drei in dei-nem ersten Buch über dich gesagt haben. Aber die Wahrheit ist, dass du in den letzten Jahren sehr hart gearbeitet hast. Manchmal braucht es das. Du hast es schwerer als die meisten spirituellen Lehrer, weil du deinen Zuhörern nicht einfach nur erzählst, was sie hören wollen. Wenn man bedenkt, was der *Kurs* lehrt und was du in deinen Workshops sagst, sind du und deine Bücher und CDs sehr erfolgreich, viel erfolgreicher, als man erwarten könnte. Aber du hast auch sehr hart dafür arbeiten müssen.

GARY: Und der Rest liegt dann am Heiligen Geist.

PURSAH: Genau, und es funktioniert. *Aber,* es wäre vernünftig für dich, es wenigstens *ein bisschen* ruhiger angehen zu las-sen. Warum nimmst du nicht wenigstens ein Wochenende im Monat frei? So wärst du jeden Monat zehn oder elf Tage am Stück zu Hause. Das würde dir mehr Zeit zum Schreiben geben und du würdest immer noch mehr als genug reisen, um die Botschaft unters Volk zu bringen.

GARY: Das könnte ich wohl tun. Vielleicht nächstes Jahr – dieses Jahr bin ich schon ausgebucht. Ihr meint also wirklich, ich sollte mir mehr Zeit für mich nehmen?

PURSAH: Ja, und es gibt noch einen Grund. Du hast zwei Bücher geschrieben, was prima ist, aber wir möchten, dass du noch wei-tere schreibst. Die Leute können diese Art von spiritueller Leh-re gar nicht oft genug hören, und du trägst nicht nur dazu bei, die Botschaft des *Kurses* bei den Menschen zu festigen, sondern du bringst auch neue Schüler zu ihm.

GARY: Ich brauche vielleicht mehr als ein freies Wochenende im Monat, wenn ich mehr Bücher schreiben soll.

ARTEN: Gut. Genug Karriereberatung. Was würdest du denn sagen, wie deine Ehe läuft?

GARY: Tja, es ist schwierig gewesen, und es ist nicht etwa so, als hätten wir es nicht versucht. Wir sind schon lange verheiratet. Wir bekommen es anscheinend einfach nicht hin, obwohl wir auch unsere guten Zeiten hatten. Ich glaube, als ich vor ein paar Jahren angefangen habe, viel zu reisen, war das der Tropfen, der das Fass zum Überlaufen brachte. Ich sehe nun nicht mehr, dass es hält. Wir sind einfach nicht auf derselben Wellenlänge. Karen ist ein guter Mensch, ist es immer gewesen, aber wir haben verschiedene Richtungen eingeschlagen.

Neulich musste ich meinen Führerschein erneuern. Warum macht man es mit der Ehe nicht wie mit dem Führerschein? Sie könnte für fünf Jahre oder was auch immer gelten, und wenn einer der beiden Eheleute den Vertrag nicht verlängern wollte, dann wäre es das!

ARTEN: Danke, Gary. Ich bin mir sicher, dass ich sowohl für Pursah als auch für mich und die gesamte spirituelle Gemeinschaft spreche, wenn ich sage, dass wir uns durch deinen einzigartigen Standpunkt erfrischt und gefordert fühlen.

PURSAH: Hast du nichts Vernünftiges zu sagen?

GARY: Ehrlich, ich weiß nicht, was ich machen soll.

PURSAH: Besonders im kommenden Monat, aber auch noch danach, wirst du dich an vielen verschiedenen Fronten herausgefordert sehen. Wir haben immer gesagt, wir würden dir nicht zu viel verraten, damit du deine Erfahrungen machen und sie vergeben kannst, aber du wirst dich überwältigt fühlen.

GARY: Schon wieder?

PURSAH: Ja. Aber denke daran, dass wir immer bei dir sind und alles beobachten. Und J auch. Als Manifestationen des Heiligen

Geistes und Lehrer der Lehrer gibt es niemanden, dessen wir nicht gewahr wären.[9]

GARY: Danke. Das bedeutet mir viel.

ARTEN: Versuche, bis zu unserem nächsten Besuch aus der Einstellung heraus zu leben, dass du nichts brauchst. Wenn du etwas brauchst, lebst du aus dem Mangel heraus. Wenn du zum Beispiel gern etwas Geld hättest, um etwas zu tun, vielleicht ein Projekt zu finanzieren, dann stell dir das Geld als ein Mittel dazu vor, Liebe zu verbreiten. Es macht nichts, dass du sie in einer Illusion verbreitest. Worauf es ankommt, ist die Liebe, die ja wahr *ist,* und das Gefühl der Fülle, das daher kommt, nichts zu brauchen. Dann kannst du auch diese Fülle verbreiten. Wie der *Kurs* sagt: »Gib daher von deinem Überfluss, und lehre deine Brüder den ihren.«[10]

GARY: Das würde dann ja auch für Beziehungen gelten. Man sollte nicht hinter jemandem her sein, weil man ihn oder sie braucht. Wenn man jemanden braucht, dann fehlt einem etwas. Aber wenn man denjenigen nicht braucht, dann kann man sich mit ihm aus dem gegenseitigen Gewahrsein der Fülle heraus verbinden.

PURSAH: Ja. Es gilt für Beziehungen, Geld, egal was. Wichtig ist, dass du die Dinge aus der Liebe des Heiligen Geistes heraus tust und nicht zur Glorifizierung des Egos. Es kommt nicht darauf an, was du tust, sondern mit wem. Ist es das Ego oder der Heilige Geist?

ARTEN: Viele Menschen denken, dass es darauf ankommt, *was* sie tun, und sie benutzen es als raffinierten Weg, sich und ihre Intelligenz zu verherrlichen. Aber worauf es wirklich ankommt, ist die Liebe. Wenn du aus der Liebe heraus handelst, dann kann das, was du tust, vom Heiligen Geist geführt werden.

GARY: Genau. Das ist genauso wie damals, als man herausfand, wie man Atome spaltet und etwas mit Kernenergie macht. Was war das Erste, was man damit anstellte? Eine Bombe bauen! Dazu war wahrscheinlich Intelligenz nötig, aber ganz sicher keine Liebe.

ARTEN: Deshalb hat Einstein eine ernst gemeinte Frage gestellt: Ist die Menschheit gut?

GARY: Angesichts der Natur des Egos ist das eine legitime Frage. Unter der Herrschaft des Egos schwankt die menschliche Art bestenfalls zwischen Gut und Böse – und das an einem guten Tag. Nur wenn der Geist von den Gedanken des Heiligen Geistes beherrscht wird, was jeder für sich entscheiden muss, werden die Menschen langsam gut und kehren schließlich zu Gott zurück.

ARTEN: Das trifft es.

GARY: Mir gefällt, was ihr darüber gesagt habt, dass Intelligenz ohne Liebe nichts ist.

ARTEN: Du bist ja schon zu Treffen über *Ein Kurs in Wundern* gegangen, und oft gibt es dabei eine Person, die alles über den *Kurs* weiß und in allem Recht haben muss und bei der es keinen Raum für unterschiedliche Meinungen gibt. Aber auf deinen Reisen sind dir auch viele Menschen begegnet, die die Welt als geistig behindert einstufen würde. Ist es allerdings nicht interessant, dass viele dieser Männer und Frauen durchs Leben gehen und dabei andere Menschen voller Liebe zu sehen scheinen? Wie ich dir schon gesagt habe, wenn es wahr ist, dass du dich selbst so sehen wirst, wie du ihn siehst, würde das bedeuten, dass ein geistig Behinderter, der durchs Leben geht und andere Menschen mit Liebe ansieht, in diesem Leben spirituell mehr Fortschritte macht als der Intellektuelle, der lieber Recht hat als glücklich zu sein!

Im Himmel gibt es keine Gegensätze.

PURSAH: Wozu du deinen Geist verwendest, ist deine Entscheidung. Wie Erich Fromm sagte, ist Liebe die Antwort auf das Problem der menschlichen Existenz; sie ist auch der Weg nach Hause. Was die *Erfahrung* dieser Liebe am schnellsten ermöglicht, ist wahre Vergebung, weshalb wir sie immer wieder erwähnen. Aber denke daran, dass das Wort *Liebe* im *Kurs* ein Begriff ist, der für ein vollständiges Denksystem steht – das Denksystem des Heiligen Geistes. Und das Wort *Angst* ist im *Kurs* auch ein Begriff für ein vollständiges Denksystem – das Denksystem des Egos. Diese beiden Denksysteme schließen sich gegenseitig aus und können *niemals* miteinander in Einklang gebracht werden. Du musst dich für eines von beiden entscheiden, oder dein Geist wird geteilt sein. Im Himmel gibt es keine Gegensätze, und um wieder ins Himmelreich zu kommen, darf dein Geist nicht an das Konzept von Gegenteilen glauben.

GARY: Ich habe dem Heiligen Geist im Laufe der Zeit erlaubt, einen immer größeren Teil meines Geistes zu kontrollieren, und das macht mir überhaupt keine Angst, weil der Heilige Geist ja *sowieso* das ist, was ich in Wahrheit bin. Dabei habe ich den Eindruck gewonnen, dass ich mir gar keine Sorgen mehr um die Dinge machen muss, über die ich mir sonst immer Sorgen gemacht habe. Ich habe beispielsweise festgestellt, dass ich mich die letzten Jahre nicht mehr so sehr für Politik interessiere wie früher. Ich glaube, ich habe den Politikern vor dem Fernseher schon dermaßen viel vergeben, dass diese Dinge mich einfach nicht mehr sonderlich beeinflussen.

PURSAH: Prima. Und das heißt nicht etwa, dass du nicht wählen gehen kannst, wenn du das möchtest, oder ein bisschen aufmerksam sein kannst. Es heißt, dass du nicht mehr in Reaktion dazu gehst und deshalb viel mehr im Frieden bist.

GARY: Ja, und ich mache mir auch nicht mehr so viele Sorgen darüber, ob ich genug Geld für meine Rente habe und solche Dinge. Es ist, als wüsste ich, dass für meine Bedürfnisse gesorgt ist und immer sein wird.

PURSAH: Sehr gut. Wie es in der Ergänzung zum *Kurs* über Psychotherapie heißt – und übrigens wird in diesem Teil oft das Wort *Therapeut* benutzt, du könntest es aber auch durch *Heiler* oder *Lehrer* oder was auch immer dein Job ist ersetzen, und es würde genau dasselbe bedeuten: »Selbst ein fortgeschrittener Therapeut hat einige irdische Bedürfnisse, solange er hier ist. Sollte er Geld brauchen, so wird es ihm gegeben werden, nicht als Bezahlung, sondern um ihm zu helfen, dem Plan besser zu dienen. Geld ist nicht schlecht. Es ist nichts. Aber niemand hier kann ohne Illusionen leben, denn er muss noch danach streben, dass die letzte Illusion überall von jedem angenommen werde. Er spielt eine mächtige Rolle bei diesem einen Zweck, für den er hergekommen ist. Er bleibt nur dafür hier. Und solange er bleibt, wird ihm das gegeben, was er braucht, um zu bleiben.«[11]

GARY: Großartig! Und es spielt keine Rolle, woher es kommt – es wird einfach kommen, wenn es soll. Manche Menschen denken, es ist wichtig, wie es kommt. Ich habe einen Freund, der sagt: »Ich habe *mein* Geld auf die traditionelle Weise bekommen.«

ARTEN: Aha, eine Erbschaft.

PURSAH: Im Zitat heißt es übrigens: »Er bleibt nur dafür hier.« Der englische *Kurs* verwendet die Formulierung: »He stays here but for this.« Es schwingt also im *nur [but]* das Wort *einzig* mit, denn wie wir schon gesagt haben, ist der *Kurs* in der Sprache Shakespeares verfasst. Aber jemand wie du, der nicht so auf Shakespeare steht, könnte das Wort *nur* im gesamten englischen *Kurs* durch *einzig* ersetzen, und er würde sich viel leichter lesen.

GARY: Toll. Ich mag solche kleinen Tipps. Hast du noch mehr?

PURSAH: Ja, aber keinen kleinen. Vergiss nicht, welchem Ziel alles dient, egal, was im kommenden Monat passiert. Das ist einer der Punkte, der diese Lehre so in sich stimmig und bedeutend macht. Du weißt immer, wofür etwas ist. Es ist dazu da, um es zu vergeben. Anstatt die Wahrheit den Illusionen zu überbringen, kannst du deine Illusionen der Wahrheit übergeben.[12] Der *Kurs* ist hier sehr deutlich. Zum Beispiel heißt es:

Die Welt ist eine Illusion. Diejenigen, die beschließen, zu ihr zu kommen, suchen einen Ort, an dem sie Illusionen sein und ihre eigene Wirklichkeit vermeiden können. Finden sie jedoch heraus, dass ihre eigene Wirklichkeit sogar hier ist, dann treten sie zurück und überlassen ihr die Führung. Welch andere Wahl könnten sie wirklich treffen?[13]

GARY: Zu »Diejenigen, die beschließen, zu ihr zu kommen ...«: Ich dachte, ihr hättet gesagt, die Richtung, in die der Geist geht, hänge automatisch davon ab, ob man vergibt. Dieses Zitat scheint allerdings zu sagen, dass wir die Entscheidung, hierher zu kommen, zwischen unseren Leben treffen.

PURSAH: Nein, das ist wie vieles im *Kurs* eine Metapher. Du hast dich in dem ersten Moment entschieden hierherzukommen, in dem du das Ego anstelle des Heiligen Geistes gewählt hast und das Universum von Zeit und Raum entstanden ist. Seit diesem Moment entscheidest du dich dafür, hier zu bleiben, indem du *nicht* vergibst, und du entscheidest dich, nach Hause zu gehen, indem du die vom Ego kommenden Interpretationen zu Beziehungen, Situationen und Ereignissen *ablehnst*. Das Zitat ist metaphorisch, weil Zeit holografisch ist. Die Entscheidungen, die du hier triffst, *scheinen* aber linear zu sein. Das ist das Paradox der Zeit. Aus holografischer Perspektive ist etwas immer schon geschehen, aber in deiner linearen Wahrnehmung musst du die Erfahrung erst noch machen.

Dein Ziel ist es, dich zu weigern, die lineare Natur der Zeit ernst zu nehmen und die einzige echte Entscheidung zu treffen, die dir möglich ist. Und das ist einfach. Diese Wahl sieht über die irrwitzige Illusion der Zeit hinweg. Wie der *Kurs* auf derselben Seite weiter sagt:

Das ist die einfache Wahl, die wir heute treffen. Die verrückte Illusion wird eine Weile deutlich sichtbar bleiben, damit die auf sie schauen können, die zu kommen wählten und noch nicht frohlockend herausgefunden haben, dass sie sich in ihrer Wahl geirrt haben. Sie können nicht unmittelbar von der Wahrheit lernen, weil sie verleugnet haben, dass sie ist. Und deshalb brauchen sie einen LEHRER, DER ihre Verrücktheit wahrnimmt, DER aber dennoch über die Illusion hinweg zur einfachen Wahrheit in ihnen blicken kann.

Wenn die Wahrheit forderte, dass sie die Welt aufgeben sollten, würde es ihnen erscheinen, als würde sie das Opfern von etwas verlangen, was wirklich ist. Viele haben sich entschieden, der Welt zu entsagen, obschon sie nach vor an ihre Wirklichkeit glaubten. Und sie haben unter einem Gefühl des Verlusts gelitten und wurden dementsprechend nicht befreit. Andere wieder haben nichts als die Welt gewählt, und sie haben unter einem noch tieferen Gefühl des Verlusts gelitten, das ihnen unverständlich war.

Zwischen diesen Pfaden gibt es noch einen anderen Weg, der wegführt von jeglichem Verlust, denn Opfer und Entbehrung werden beide rasch zurückgelassen. Das ist der Weg, der jetzt für dich bestimmt ist.[14]

PURSAH: Dein Weg ist es, nicht an die Welt *gebunden* zu sein. Es ist in Ordnung, dein Leben zu leben. Du glaubst einfach immer weniger an seine Realität, wenn du kontinuierlich die Wahl für Heiligkeit triffst. Wenn du die Realität der Ganzheit im Hinterkopf behältst, während du deinen weltlichen Tätigkeiten nachgehst, wirst du immer weniger den Eindruck haben, als ob diese falsche Welt echt wäre. Und während dieser Eindruck sich auflöst, wird er ganz von selbst durch die Erfahrung deiner wahren Natur ersetzt, die ewig ist.

ARTEN: Wir sind sehr zufrieden mit dir, Bruder. Du kannst uns ruhig im Geiste anrufen, wenn du dich herausgefordert fühlst, und wir werden dir antworten. Und wir werden dich zum passenden Zeitpunkt wiedersehen.

GARY: Ich bin euch beiden dankbar, und danke auch für den Ausflug!

PURSAH: Gern. Du machst ja demnächst noch einen. Genieß die Illusion von Miami.

ANMERKUNG: Arten und Pursah verschwanden gleichzeitig und auf der Stelle, wie immer. Im späteren Verlauf der Woche flog ich nach Miami, um einen Workshop in der Unity-of-the-Bay-Kirchengemeinde abzuhalten. Die meisten Gemeindemitglieder und Workshopteilnehmer sprachen Spanisch, und ich würde zum zweiten Mal mit einem Dolmetscher arbeiten. Es gibt zwei Arten von Dolmetschen: konsekutiv und simultan. Konsekutiv ist, wenn man ein oder zwei Sätze sagt und dann eine Pause macht, damit der Dolmetscher wiederholen kann, was man gerade gesagt hat. So wird es normalerweise gemacht, wenn es keine technische Ausrüstung zum Simultandolmetschen gibt. Beim konsekutiven Dolmetschen muss man während der Pause, in der man auf den Dolmetscher wartet, im Kopf behalten, was man gerade gesagt hat, und den Faden dort wieder aufnehmen. Das macht nicht so viel Spaß, wie einfach im Heiligen Geist aufzugehen.

Beim Simultandolmetschen spricht der Dolmetscher in ein Mikrofon, das nicht die ganze Gruppe hört, sondern nur diejenigen, die die Übersetzung hören möchten und dafür extra Kopfhörer tragen. Bei dieser Art von Dolmetschen versucht der Übersetzer, mit einem Schritt zu halten. Die meisten Sprecher finden es so viel einfacher, weil sie sich dann nicht anpassen müssen. Sie können einfach sie selbst sein, aber normalerweise sprechen sie etwas langsamer als sonst und versuchen, dem Dolmetscher zu helfen. Immerhin braucht man auf Spanisch, Italienisch, Französisch und in vielen anderen Sprachen mehr Worte, um etwas zu sagen, als auf Englisch.

In Miami sollte ich einen Simultandolmetscher bekommen. Er hieß Jesus (ausgesprochen »Chey-sus«). Jesus war ein aufgeweckter und freundlicher Mann. Er dolmetschte mich hervorragend, und der Workshop lief ziemlich gut. Später sollte ich noch mit Simultandolmetschern in Mexiko arbeiten und ähnliche Ergebnisse haben. Mein erstes Buch war auf Spanisch erschienen, und die Dolmetscher sagten mir, die Übersetzung sei sehr gut. Das freute mich, denn ich wusste, dass *Ein Kurs in Wundern* sich im Spanischen schneller verbreitete als in jeder anderen Sprache.

Nach dem Workshop bot Jesus mir eine Stadtrundfahrt an. Für mich bestand Miami aus dem South Beach und seiner Skyline, die ich manchmal im Fernsehen sah. Aber Jesus war drauf und dran, diesen falschen Eindruck zu korrigieren. Einige Teilnehmer des Workshops beschlossen, sich uns anzuschließen. Wir gingen mit Jesus, der uns die verschiedenen Sehenswürdigkeiten erklärte, und machten gelegentlich Witze darüber, »Jesus zu folgen«.

Kurz bevor ich Miami besuchte, war ein eifernder amerikanischer Politiker dort gewesen und hatte gesagt, es sei wie ein »Drittweltland«. Anhand dessen, was ich sah, konnte diese Bemerkung nur rassistische Hintergründe haben. Später sah ich sogar eine Umfrage, laut der Miami die sauberste Stadt Amerikas war. Wenn man ein Drittweltland in Amerika sehen will, sollte man lieber die Flughäfen LaGuardia oder Kennedy in New York besuchen. Ich bin mir sicher, dass viele Menschen, die das erste Mal die USA besuchen, von dem Anblick dort schockiert sind. Ich meine damit den Zustand der überalterten Flughäfen. Miami dagegen sah einfach wundervoll aus.

Jesus hatte eine tolle Stimme, und es hörte sich hinreißend an, wenn er seine Sprache sprach. Das Spanische klang für mich fast wie Musik. Es war viel nuancenreicher und interessanter als Englisch. Ich hatte nie viel Talent für Fremdsprachen gehabt. In diesem Leben habe ich dazu einfach keine Begabung. Aber ich genoss es voll und ganz, Jesus dabei zuzuhören, wie er mit seinen Freunden Spanisch sprach. Danach erzählte er mir dasselbe auf Englisch, so dass ich immer wusste, was ich bei unserer ausgiebigen Stadtrundfahrt sah.

Jesus zeigte uns die Stadt und fuhr an einigen Stränden und Inseln entlang, die ich schon gesehen hatte. Dann ging es weiter an Orte, die ich noch nicht kannte. Wir fuhren durch wunderschöne Wohngebiete wie Coral Gables und Coconut Grove. Die Palmen, gelegentlichen Wasserwege, die sorgfältig gepflegte Umgebung und schönen Häuser verliehen diesen Gebieten eine große Attraktivität. Und dann war Klein-Havanna dran. Wir besuchten einen kubanischen Zigarrenladen, von dem es hieß, dass man im hinteren Teil illegale kubanische Zigarren erwerben konnte. Wir kehrten außerdem in einem beliebten kubanischen Restaurant ein, und Jesus bot mir einen Cocktail namens Mojito an. Er war süß, aber ich brauchte nicht lange, um herauszufinden, dass er *sehr* stark war. Zum Glück war ich geistesgegenwärtig genug, mich daran zu erinnern, dass ich am nächsten Tag wieder sprechen musste, und ich entschied mich gegen einen zweiten.

Ein unangenehmes Gefühl gleicht dem anderen.

Ich fand die Freundlichkeit und Wärme meiner neuen spanischen Freunde sehr befriedigend. Und ich wusste, dass ich nichts dagegen haben würde, Miami wieder zu besuchen. Ich hatte mich außerdem schon vorher mit Gene Bogart und seiner Frau Helen angefreundet, die nur 40 Minuten weiter nördlich in Boca Raton lebten, in der Nähe von Fort Lauderdale. Gene hatte mich sogar gefragt, ob ich mit ihm einen Podcast machen wolle. Um zu zeigen, wie gut ich mit der technischen Entwicklung Schritt halte: Ich hatte anfangs nicht einmal gewusst, was ein Podcast ist. Aber im Oktober des Vorjahres hatten wir mit Gene als meinem Produzenten und Co-Moderatoren den *Gary Renard Podcast* herausgebracht. Ich war überrascht, wie viele Menschen aus der ganzen Welt wohlwollend darauf reagierten, und bald waren wir bei iTunes in den Top Ten der Kategorie Spiritualität.

In Genes und meinem Leben gab es zahlreiche Parallelen. Wir waren gleichaltrig und hatten beide zwanzig Jahre lang berufsmäßig Gitarre gespielt. Wir verstanden beide *Ein Kurs in Wundern,* hauptsächlich wegen meiner Lehrer und *Die Illusion des Universums,* und wir dachten über vieles genauso. Ich konnte nun sehen, dass die Gegend um Miami und Fort Lauderdale in Zukunft ziemlich attraktiv für mich sein würde, ganz besonders, wenn »Saison« war, wie Frank Sinatra im Fontainebleau Hotel zu sagen pflegte. Und dann kam es mir. Mir fiel wieder ein, was mich der *Kurs* und meine Lehrer mehr als einmal gefragt hatten: »Wozu dient es?«

Im Allgemeinen konzentriert sich *Ein Kurs in Wundern nicht darauf, gute Dinge zu vergeben.* Dort liegt ja nicht die unbewusste Schuld begraben und kommt an die Oberfläche. Der *Kurs* konzentriert sich besonders auf die Zeiten, in denen man wütend oder ärgerlich ist. Er lehrt uns: Ein unangenehmes Gefühl gleicht dem anderen. Es spielt keine Rolle, wie stark oder schwach es scheinbar ist, denn es ist *nicht* Frieden.

Die Schönheit, die ich in der Welt sah und deren Subjektivität mir bewusst war, nahm mir meinen Frieden nicht. Ich merkte also, dass sie kein Problem darstellte. Ich wusste, J würde nie wollen, dass ich mich schuldig fühlte, und der *Kurs* schien sich auch nicht besonders damit zu befassen, wunderschöne Sonnenuntergänge oder Kunstwerke zu vergeben, von denen der *Kurs* ja selbst eines war. Ich beschloss daher, mich öfter daran zu erinnern, dass die Schönheit, die ich außerhalb von mir wahrnahm, ganz einfach symbolisch für die Schönheit und Fülle in mir war. Sie war nicht wirklich, also gab es auch keinen Grund, mich für ihren Genuss schuldig zu fühlen. Es konnte sogar sein, dass »es dazu diente«, mich meine Unschuld erkennen zu lassen, besonders wenn ich von Liebe erfüllt war, während ich etwas genoss.

Und was die Dinge dieser Welt anging, die offensichtlich nicht wunderschön waren, so beschäftigten sie mich mehr als genug mit Vergebung.

Die Woche darauf flogen Karen und ich nach Hawaii. Ich würde zwei Workshops geben: einen auf der atemberaubenden Insel Kauai und einen weiteren in der folgenden Woche auf der traumhaften Insel Oahu, die auch als »Versammlungsort« bekannt ist. Außerdem wollten wir die Gelegenheit nutzen und den größten Teil der zwei Wochen dort Urlaub machen. Dieser »Urlaub« sollte sich jedoch als alles andere denn erholsam herausstellen.

Kauai ist ein Energiestrudel, und die Menschen sagen, dass dort – vor allem bei Neumond – seltsame Dinge geschehen können. Obwohl ich mir sehr wohl darüber im Klaren war, dass Energie genauso wenig echt war wie alles andere Veränderliche auch, interessierte mich dennoch, wie solche Erscheinungen in das Drehbuch passten, das wir hier in Zeit und Raum auszuagieren schienen. Meine Lehrer hatten mich vor ein paar Jahren darauf hingewiesen, dass astrologische Vorhersagen sich oft mit dem am Anfang der Zeit festgelegten Drehbuch deckten. In der großen Projektion ist alles miteinander verbunden und jedes Ereignis vorherbestimmt.

Am ersten Abend auf Kauai gab ein Leser meiner Bücher, der aus Saudi-Arabien zu Besuch war, eine Party für mich in einem Haus an der Nordküste. Meine Buchungsagentin war ebenso dabei wie etliche Freunde, die ich in den vergangenen drei Jahren auf den Inseln gefunden hatte. Das Ganze fing dann an, etwas auszuufern. Ich erinnere mich noch, vor den rund 40 Anwesenden einen Trinkspruch aufgesagt zu haben, den ich von einer irischen Bekannten hatte. Er ging so: »Ich trinke nicht viel, ein Gläschen höchstens oder zwei. Unterm Tisch bin ich bei drei und unterm Gastgeber bei vier.« Obwohl der Spruch einiges an Gelächter erntete, glaube ich, dass einige Gäste von seiner Derbheit überrascht waren. Für manche spirituelle Sucher passen Spiritualität und Spaß nicht zusammen.

Als es später wurde, stellte uns mein Gastgeber einige hervorragende Bauchtänzerinnen vor, die für uns tanzten. Offensichtlich hatte er etwas über bestimmte Vorlieben von mir gelesen, und natürlich betrachtete ich es als meine Pflicht als Gast, diesen Tänzerinnen meine ungeteilte Aufmerksamkeit zukommen zu lassen. Irgendwann kam ein Schüler, der noch nicht besonders mit *Ein Kurs in Wundern* vertraut war, zu mir und fragte mich: »Sind alle *Kurs*-Parties so wild?« Ich sagte: »Fast keine, aber ich beschwere mich nicht.«

Der Verlauf der Party kam bei Karen gar nicht gut an. Sie warf mir vor, die Tänzerinnen anzustarren und zu eng mit ihnen zu tanzen, und sie hatte vermutlich Recht. Am Ende des Abends verwickelten wir uns in einen Streit, und sie ging ohne mich. Ich verbrachte die Nacht am Ort der Party. Später fand ich heraus, dass mein Gastgeber und die Frau, mit der er lebte, an diesem Abend auch gestritten und sich danach getrennt hatten. Ich mache hier niemanden anderes für irgendetwas verantwortlich als die Tatsache, dass Dinge geschehen, wenn sie sollen. Trotzdem war die Synchronizität der Ereignisse faszinierend.

Karen und ich kamen am nächsten Tag wieder zusammen und entschieden uns, den Urlaub fortzusetzen. Wir waren so daran gewöhnt, zusammen zu sein, dass es schwer war, einander gehen zu lassen. Das war schmerzhaft, denn der Rest der Reise war eine Katastrophe. Wie Folterspiele, aber ohne den Spaß dabei.

Ich ließ nie zu, dass das, was in meinem Privatleben vorging, meine öffentlichen Auftritte beeinflusste. So lief mein Workshop auf Kauai zwei Tage später sehr gut, und ich fand drei neue Freunde, die aus Kalifornien nach Hawaii gekommen waren. Sie sollten im Laufe der nächsten Monate noch mehr und mehr eine Rolle in meinem Leben spielen.

Der Rest der Woche auf Kauai war ein Glanzstück der Dualität – einerseits so viel Schönheit und Frieden, andererseits gleichzeitig so viel Unglück. Karen und ich kamen einfach nicht mehr miteinander klar. Es fiel mir sehr schwer, mich an den wahren Zweck dessen zu erinnern, aber ich versuchte es. Ich weiß noch, wie ich eine Stelle aus dem *Kurs* mehrere Male las und die Situation Gott übergab.

Das Ego Gott zu überbringen heißt nur, den Irrtum der Wahrheit zu überbringen, wo er berichtigt wird, weil er das Gegenteil dessen ist, auf das er trifft. Er wird aufgehoben, weil der Widerspruch nicht mehr bestehen kann. Wie lange kann der Widerspruch bestehen, wenn sich seine Unmöglichkeit deutlich offenbart? Was im Licht verschwindet, das wird nicht angegriffen. Es vergeht einfach, weil es nicht wahr ist. Unterschiedliche

Wirklichkeiten sind bedeutungslos, denn die Wirklichkeit muss eins sein. Sie kann sich nicht je nach Zeit, Stimmung oder Zufall ändern. Ihre Unveränderlichkeit ist das, was sie wirklich macht. Das kann nicht aufgehoben werden. Das Aufheben ist für die Unwirklichkeit. Und diese Wirklichkeit wird dir genügen.[15]

Auf Oahu fuhren wir einmal um die Insel und ließen ihre Schönheit auf uns wirken. Wir hatten ein Quartier direkt am Strand des hübschen Städtchens Kailua. Wir schwammen mit Delfinen, aber selbst das machte unsere Lage nicht besser. Eines Abends arbeitete ich an meinem Computer. Ich war dabei, das zu schreiben, was irgendwann einmal dieses Buch werden sollte, und Karen beschwerte sich aus dem Bett, dass ich zu laut tippte. Ich konnte es nicht fassen. *Und was bezahlt unsere Reise hierher?*, dachte ich. Ihre Beschwerde hatte meinen Gedankengang unterbrochen und zum allgemein düsteren Bild beigetragen. Weiter dachte ich: *Ich kann zwar die Verantwortung für das hier übernehmen, aber es ist immer noch schwer zu verstehen.* Vielleicht liegt es daran, dass die Welt des Egos nun einmal nicht immer zu verstehen ist. Für alles Gute gibt es etwas Schlechtes, und der einzige Weg zu seinem Verständnis ist, sich klarzumachen, dass keines von beidem wahr ist. Es gibt eine wahre Art von Glücklichsein jenseits von Gut und Schlecht. Aber dieses Glücklichsein hängt eben nicht davon ab, was sich im Universum von Zeit und Raum abzuspielen scheint.

Mitten in diesen merkwürdigen Ereignissen tröstete mich die Unterstützung, die ich bekam, nicht nur innerhalb Amerikas, sondern mittlerweile aus der ganzen Welt. Mein erstes Buch verbreitete sich in 18 Sprachen, und ich wurde von vielen verschiedenen Seiten ermutigt. In den USA bekam ich jede Woche Gelegenheit, spirituelle Menschen kennen zu lernen, und das wurde zu einer der glücklichsten Erfahrungen meines Lebens. Ich konnte an ihren Gesichtern ablesen, was meine Bücher und Vorträge bewirkten. *Die Illusion* bekam eine Menge schriftlicher Auszeichnungen.

Ich freute mich besonders über den positiven Klang vieler Kommentare im Internet. Bei seinem Erscheinen war das Buch von sogenannten Schülern des *Kurses* förmlich zerrissen worden, wobei sie anscheinend vor allem beanstandeten, dass es in den meisten Teilen mit der Lehre Ken Wapnicks übereinstimmt, den Arten und Pursah den »größten Lehrer des *Kurses*« genannt hatten. Dabei leistete *Die Illusion* auch viele eigene Beiträge, die von diesen Kritikern schlichtweg ignoriert wurden, während sich die Fans über *einen* Grund für ihre Begeisterung einig zu sein schienen. Ich finde, dieser Grund ist von Rachel Azorre, die mit dem *Kurs* sehr vertraut ist, besonders treffend in Worte gefasst worden:

> Als langjährige spirituell Suchende wie auch als erfahrene Schülerin und Lehrerin von *Ein Kurs in Wundern* muss ich sagen, dass dies ganz einfach das beste je über den *Kurs* geschriebene Buch ist. Es gibt einen Prüfstein, der alles sagt. Seit mehr als 30 Jahren lesen die Leute andere Bücher über den *Kurs*. Dann lesen sie den *Kurs* weiter und arbeiten ihn durch, entweder alleine oder in ihrer Übungsgruppe, aber sie verstehen ihn immer noch nicht. Ich weiß. Ich habe sie erlebt und bin eine von ihnen gewesen. Und dann kommt dieses Buch daher, und die Menschen sind aufgeregt und haben wieder neue Lust auf den *Kurs*, denn nachdem sie es gelesen haben, nehmen sie den *Kurs* wieder zur Hand oder gehen zu ihrer Übungsgruppe zurück und verstehen ihn wirklich! Das gab es noch nie. Außerdem kommen neue Schüler zum *Kurs*, die begeistert sind und ihn verstehen. Danke an Gary Renard, wer auch immer du bist, und an deine Lehrer. Mit der *Illusion des Universums* ergibt sich für EKIW eine völlig neue Chance. Und er macht viel mehr Spaß!

Mein Workshop in der Diamond-Head-Unity-Kirchengemeinde auf Oahu war besonders erfreulich, nicht nur wegen der wundervollen Teilnehmer, sondern auch wegen des erlesenen Veranstaltungsortes. Ich saugte die Atmosphäre und die unter den Teilnehmern spürbare Verbindung förmlich in mich auf. Nach unserer zweiten Woche in Hawaii flog Karen dann zurück nach Maine, um wieder zu arbeiten, und ich machte mich auf den Weg zu meinem nächsten Abenteuer in San Francisco, wo eine große *Kurs-in-Wundern*-Konferenz stattfinden sollte.

Ich hatte keine Ahnung, was mich bei meiner Rückkehr nach Maine erwarten würde. Ich wusste nur eines. Es würde nicht wirklich sein. Als ich von Diamond Head wegflog und auf die Westküste der USA zu, war ich entschlossener denn je, mich daran zu erinnern, dass nur eines wichtig ist, und ich schwor, dafür wachsam zu sein. Wie J es in seinem kompromisslosen *Kurs* sagt:

SEIN REICH hat keine Grenzen und kein Ende, und es gibt nichts in IHM, das nicht vollkommen ist und ewig. All das bist du, und nichts außerhalb davon bist du.[16]

3

Das Drehbuch ist geschrieben, aber nicht in Stein gemeißelt – Dimensionen

· ·

Dies ist ein Kurs darüber, wie du dich selbst erkennst. Du hast gelehrt, was du bist, aber hast dich von dem, was du bist, nicht lehren lassen.[1]

· ·

Nachdem ich ein paar Jahre lang die größten Städte Nordamerikas besucht hatte, war ich zu dem Ergebnis gekommen, dass zwei von ihnen mit Abstand die schönsten waren. Natürlich ist das eine persönliche Meinung, und jemand anderes könnte es ganz anders sehen. Ich war schon zwei Mal in San Francisco gewesen, einmal zur Leitung eines Workshops für das Community Miracles Center im Naturschutzgebiet Muir Woods und ein weiteres Mal zu einem Vortrag für meinen ersten Verleger D. Patrick Miller, dessen Verlag Fearless Books *Die Illusion des Universums* auf den Weg gebracht hatte. Patrick und ich hatten es geschafft, so viel Aufmerksamkeit im Internet zu bekommen und die Informationen über das Buch auf so vielen spirituellen Webseiten zu streuen, dass es das Buch zu dem Zeitpunkt, als es von einem großen Verlag übernommen wurde, schon in jedem Laden der US-Buchkette Barnes & Noble gab.

Bei meinem zweiten Besuch in der Gegend hatte Patrick mir netterweise San Francisco gezeigt und war mit mir außerdem in die Hügel von Berkeley gefahren, die eine erstaunliche Aussicht über die Landschaft boten. Mit von der Partie waren mein damals neuer Freund Gene Bogart – der schon mit Patrick gearbeitet und eines seiner Bücher gekonnt auf CD gesprochen hatte – und seine Frau Helen. Während wir zu Lande und zu Wasser die Gegend erforschten, fing ich an zu verstehen, warum die Menschen die »Stadt an der Bucht« lieben.

Die andere Stadt in Nordamerika, die ich am schönsten finde, ist Vancouver in British Columbia, Kanada. Obwohl ich natürlich nicht überall gewesen bin, halte ich Vancouvers Reize für unübertroffen. Ich weiß noch, wie ich 2004 zu meinem ersten Workshop dort war. Völlig berauscht von all der Herrlichkeit, die es zu sehen gab, ging ich mit einem neuen Freund Mittagessen. Als wir das Restaurant nach dem Essen gerade wieder verlassen und zurück zum Workshop gehen wollten, sagte er: »Heh, da hinten sitzt Eckhart Tolle. Möchtest du ihn kennen lernen?« »Klar«, sagte ich. »Warum nicht?« Und so stellte er mir Eckhart vor (wie sich zeigte, kannten die beiden einander). Wir unterhielten uns kurz über unsere Bücher, und ich bemerkte, dass er ziemlich bescheiden und unaufdringlich war. Ich nahm nichts wahr, das mich an seiner Authentizität zweifeln ließ.

Was ich hinterher wirklich bemerkenswert fand war die Art, wie es geschehen war. Wie hoch liegen die Chancen, in einer Stadt mit Millionen Einwohnern zum Mittagessen auszugehen und »zufällig« Eckhart Tolle zu treffen? Es erinnerte mich deutlich daran, dass es keine Zufälle gibt. Innerhalb des nächstes Jahres wurden wir beide für einen Film namens *Living Luminaries – Wege zum Glück* aufgenommen. Der Film wurde nicht gerade ein Kassenschlager, aber von Hunderttausenden Zuschauern gesehen, und er trug durchaus dazu bei, meine Arbeit bekannter zu machen. Danach wurde ich noch für weitere Filme interviewt, die in den folgenden zwei Jahren erschienen. Eine Sache führte zur nächsten. Und ich sollte erneut nach Vancouver kommen, nur um die Stadt wiederzusehen, egal ob ich dort einen Vortrag hielt oder nicht.

In San Francisco wurde ich wie ein Rockstar behandelt. Ich fragte mich, ob die negativen Artikel, die von drei anderen Lehrern des *Kurses* über mich geschrieben worden waren, sich darauf auswirkten, was die Menschen über mich dachten. Es dauerte nicht lange, bis ich es herausfand. Es gab nur drei Autoren, die Gelegenheit bekamen, vor der ganzen Konferenz zu sprechen. Ich war einer davon, und die anderen beiden gehörten zu den dreien, die schlecht über mich geschrieben hatten! Keiner von ihnen erwähnte je die Artikel, ich auch nicht. Der erste von uns drei Sprechern versetzte die Zuhörer förmlich in den Schlaf. Dann war ich an der Reihe. Die lautstarken stehenden Ovationen, die ich bekam, noch bevor ich überhaupt angefangen hatte zu reden, zeigten mir, dass die Menschen von mir dasselbe hielten wie von meinen Büchern. Rund die Hälfte von ihnen kannte mich von meinen Reisen der letzten Jahre, aber die andere Hälfte nur von meinem Schreiben.

Manchmal bitte ich um Handzeichen, um zu sehen, wie viele Menschen im Publikum *Die Illusion* kennen. Es hilft mir dabei, meine Zuhörer besser einzuschätzen. An jenem Tag meldeten sich gut 90 Prozent, um zu zeigen, dass sie mein erstes Buch gelesen hatten. Ich sprach für eineinviertel Stunden, so lange, wie ich Redezeit hatte. Ich hätte auch gut und gern fünf Stunden lang sprechen können. Ich durchsetzte meine Erklärungen über den *Kurs* mit meinem Klugscheißerhumor, den ich immer gern an den Tag lege. Die Reaktionen der Zuhörer, sowohl am Ende meines Vortrages wie auch später, als die Menschen mir auf den Gängen, während der Mahlzeiten und beim Signieren meines Buches begegneten, bestätigten meine Vermutung. Zwischen mir und den meisten Schülern des *Kurses* stellte sich eine Erfahrung von Liebe ein, die nicht durch die Ansichten anderer beeinflusst werden konnte. Und im Laufe des Wochenendes verwandelte sich die Konferenz in ein regelrechtes Fest der Liebe. *Kurs*-Schüler, die sich über Jahre hinweg wegen Rechtsfragen oder Meinungsverschiedenheiten über die Bedeutung des *Kurses* angefeindet hatten, lagen sich nun in den Armen.

Dann ging mir ein Licht auf: Hier hatten wir eine große Zahl von EKIW-Schülern, die sich über die Bedeutung des *Kurses* nicht unbedingt immer einig waren, aber das spielte überhaupt keine Rolle! Wenn man den *Kurs* macht und lange genug dabeibleibt, dann kann man gar nicht anders als irgendwann einzusehen, dass es immer um Vergebung geht. Und Vergebung ist alles, was es zu einem Fest der Liebe braucht. Um unseren Freund Shakespeare zu paraphrasieren: Auf Vergebung folgt ganz natürlich Liebe. So natürlich wie die Nacht auf den Tag.

Auf Vergebung folgt ganz natürlich Liebe.

Ich sah dies als Triumph der Erfahrung über die reine Theologie und fühlte mich bestärkt. Wie der *Kurs* selbst uns alle bei der Konferenz lehrte: »Eine universelle Theologie ist unmöglich, aber eine universelle Erfahrung ist nicht nur möglich, sondern nötig. Diese Erfahrung ist es, auf die dieser *Kurs* abzielt.«[2] Und es geschah direkt vor meinen eigenen Augen.

Ich war nicht nur von der Liebe begeistert, die ich in San Francisco gespürt hatte (ich hatte den Sommer der Liebe 1967 verpasst), sondern mir wurde auch klar, dass die Weisheit in *Ein Kurs in Wundern* genau das war – Weisheit. Sie funktionierte, solange die Menschen sich letztlich daran erinnerten, dass es immer um Vergebung ging. Und das war die *einzige* Art, auf die sie funktionieren konnte.

Ich sollte am Wochenende darauf noch einen Zwischenstopp in Portland, Oregon, einlegen und dann rechtzeitig zu meinem Geburtstag wieder zu Hause in Maine sein, bevor es nach The Crossings in Austin, Texas, weiterging. Aber kurz bevor ich San Francisco Richtung Portland verließ, bekam ich wieder einmal Besuch von meinen Lieblingslehrern, die Spaß daran zu haben schienen, Körper zu benutzen, nicht um mir beizubringen, dass ihre Körper echt sind, sondern dass Körper *nie* echt sind. Es war Anfang März 2007, und meine wunderschöne Pursah sprach zuerst.

PURSAH: Hallo, Superstar. Herzlichen Glückwunsch! Du hast sie alle umgehauen.

ARTEN: Ja, so ungern ich es zugebe, du hast dich ordentlich gemacht.

GARY: Also Arten, jetzt werd mir gegenüber mal nicht gefühlsduselig.

ARTEN: Na gut, dann reden wir doch über deine Ehe. Was ist denn *da* los?

GARY: Ich wusste, dass du auf deine eigene charmante Art grausam bist.

ARTEN: Ich wende mich nur dem Offensichtlichen zu, Bruder.

GARY: Schon gut. Ich habe euch doch bereits gesagt: Ich weiß nicht, was ich noch machen soll. Ich bleibe dran, und Karen auch. Aber es funktioniert nicht. Habt *ihr* nicht irgendetwas zu sagen, das mir helfen wird?

ARTEN: Ja. Fahr nach Hause, wenn es an der Zeit ist, und dann siehst du weiter.

GARY: Ich hasse dich. Warum machst du nicht mal einen Spaziergang, damit ich mich an Pursah ranmachen kann?

ARTEN: Ich weiß, dass du mich nicht hasst, aber es würde dir echt nichts ausmachen, Pursah anzugraben, stimmt's?

PURSAH: Gary, du weißt, dass ich als aufgestiegene Meisterin kein Interesse an dieser Form körperlicher Intimität habe. Nicht dass daran etwas falsch wäre, aber mein Geliebter ist Gott.

GARY: Komm schon, Pursah. Es ist in einer Minute vorbei, du wirst gar nicht richtig mitkriegen, wie dir geschieht.

PURSAH: Irgendwie habe ich daran so meine Zweifel. Aber nur um der Diskussion willen, die ich nicht befürworte, was würdest du denn zu mir sagen, wenn du *wirklich* versuchen würdest, mich zu umwerben?

GARY: Ich würde sagen, wenn du ich wärst und ich wäre du, dann würde ich dich mehr lieben als mich selbst. Aber wenn ich das Universum wäre und du eine Galaxie, würde ich dich verschlingen und deine Essenz in den Gedärmen meines Seins verdauen.

PURSAH: Ich wette, das sagst du zu allen Mädels.

ARTEN: Also, trotz deines Widerstandes lassen wir dich zu Karen nach Hause zurückkehren und dann weitersehen. Und Pursah hat Recht. Deine Arbeit läuft gut. Wir haben ein Thema, dass wir heute gern mit dir besprechen würden, wenn du bereit bist.

GARY: Ihr habt ja normalerweise immer etwas Interessantes zu sagen. Was ist es? Und das heißt nicht, dass ich das mit dir aufgegeben habe, Pursah.

ARTEN: Weißt du noch, wie wir einmal darüber gesprochen haben, dass deine Praxis der Vergebung dich vor einem Autounfall bewahrt hat?

GARY: Ja klar! Ich war im Kino und hatte mir diesen blöden Film ausgesucht und dachte, ich hätte eine schlechte Wahl getroffen. Aber ihr habt mir später gesagt, dass der Film zu einer anderen Zeit zu Ende war als der, den ich ausgesucht hätte, wenn ich nicht vergeben hätte. Wegen dem, was ich vergeben hatte, hatte ich mir eine Lektion gespart. Mein Lernen hatte dafür gesorgt, dass die schmerzhafte Lektion nicht mehr nötig war, und ich wechselte in ein anderes Szenario über. Es ist so ähnlich wie das, was der *Kurs* weiter vorne sagt. Er spricht über die Dimensionen der Zeit und sagt, dass das Wunder – offensichtlich die Art von Vergebung, die ursachen- und nicht symptomorientiert ist – in allen Dimensionen der Zeit wirksam ist.[3]

ARTEN: Was, wenn ich dir sagen würde, dass nicht nur einzelne Menschen das tun können, sondern auch die Menschheit als Ganzes?

GARY: Jesus. Daran habe ich nie gedacht. Du sagst, dass *alles* verändert werden könnte, je nachdem, was die Menschheit kollektiv denkt? Und wenn ich »verändert« sage, meine ich keine Änderung des Drehbuchs, denn das geht nicht. Es geht um etwas anderes, wenn wir davon reden, die Dimensionen der Zeit zu verändern.

ARTEN: Genau, Gary. Die Vorhersagen über die Zukunft, die wir bei unseren früheren Besuchen gemacht haben, wie auch alles, was wir jetzt sagen, könnte null und nichtig werden, wenn die Menschheit in eine andere Zeitdimension wechselt. Wenn genug Menschen Vergebung üben, könntet ihr in ein anderes Szenario übergehen. Und der Heilige Geist könnte die alte Aufnahme löschen. Genauso, wie es dem Heiligen Geist möglich ist, die Zeit für einen einzelnen Menschen in sich zusammenfallen zu lassen und den Betreffenden im großen Ablauf der Dinge weiter nach vorn zu versetzen, kann das auch für die ganze Welt gemacht werden.

PURSAH: Du kennst doch diese DVDs, auf denen es alternative Enden gibt? Du kannst dir zu dem Film, den du siehst, ein anderes Ende ansehen.

GARY: Ja! Ich mag alternative Enden bei Filmen eigentlich nicht, weil ich es vorziehe, wenn Filme in sich abgeschlossene Kunstwerke sind. Aber ich hätte nichts dagegen, wenn die Menschheit sich einen besseren Schluss ausdenkt.

PURSAH: Nun ja, vergiss eines nicht: Selbst wenn du dich dafür entscheidest, dir ein alternatives Ende anzusehen, ist es schon gefilmt worden! Du änderst das Drehbuch also *nicht*, sondern siehst dir lediglich einen anderen Teil davon an, und der alte Teil wird gelöscht. Es ist nicht so, dass du dir den neuen Teil nach und nach ausdenkst – es gibt ihn schon.

GARY: Ich verstehe, was du meinst. Wie der *Kurs* sagt, du siehst dir schließlich immer noch etwas im Geist an, das schon passiert ist. Dieser Aspekt ändert sich nie.

PURSAH: Ja.

GARY: Also in dem Szenario, das ihr mir einmal beschrieben habt, ist es möglich, dass eine nukleare Waffe – und ihr habt nicht gesagt, was für eine Art von Waffe es ist, es könnte auch eine schmutzige Bombe oder so etwas sein – in einer größeren Stadt hochgeht. Ihr habt gesagt, dass vier Städte das höchste Risiko haben, angegriffen zu werden: New York, Los Angeles, London und Tel Aviv. Aber jetzt sagt ihr, es wäre möglich, so einen Angriff zu vermeiden?

PURSAH: Richtig, obwohl wir nicht gesagt haben, dass ihr ihn vermeiden *werdet*. Wir haben gesagt, es ist möglich, ihn zu vermeiden, indem ihr in ein anderes Szenario wechselt. Sowohl einzelne Personen wie auch die Menschheit als Ganzes bestimmen immer durch ihre Entscheidungen über die Art ihrer Erfahrung.

ARTEN: Wir möchten dich allerdings warnen. Nur weil du vergibst, heißt das nicht, dass du in jeder Situation zu einem angenehmen Ausgang wechseln wirst. Und es bist nicht *du*, der bestimmt, ob du in eine andere Zeitdimension wechselst. Das kann nur der Heilige Geist, denn er hat den Überblick und nicht du. Offensichtlich wurden Jesus am Ende seiner irdischen Abenteuer keine angenehmen Erfahrungen gegeben, aber der Heilige Geist wusste, dass er damit umgehen konnte. Seine Praxis der Vergebung war so weit fortgeschritten, dass seine ganze Schuld geheilt war und er keinen Schmerz mehr spürte.

Also erwarte nicht, dass immer nur Gutes geschieht. Deine Aufgabe ist es zu vergeben, egal was geschieht, und du musst lernen, dem Heiligen Geist immer mehr zu vertrauen. Du machst das bereits und solltest es weiterhin tun. Die Menschheit als Ganzes muss genauso handeln. Es gibt einige ernste Probleme, die auf der Ebene der Form bewältigt werden müssen. Sie sind nicht wirklich, und wir sind auch nicht hier, um sie wirklich zu machen, aber wir können dir einige Hinweise dazu geben, wie du diese Dinge vergeben kannst.

GARY: Wo ihr von »diesen Dingen« redet, es scheint ja eine Menge los zu sein. Da hätten wir den Klimawandel, Terrorismus und die vielen Menschen, die denken, dass irgendwann die Welt untergeht. Wie neulich erst wieder im Dezember 2012, wegen der

Maya-Prophezeiungen. Also frage ich mal das Naheliegende. Was hat es mit diesen Weltuntergangsgeschichten auf sich?

ARTEN: Die Welt konnte nicht 2012 enden. Das wäre für das Ego zu einfach gewesen. Das Ego will, dass das Spiel weitergeht. Seit der Offenbarung des Johannes hat es in jedem Jahrhundert Menschen gegeben, manchmal große Gruppen, die dachten, das Ende der Welt stünde bevor. Das tut es niemals. Wie wir schon einmal angedeutet haben, war 2012 der Anfang eines neuen Zyklus. Zyklen wiederholen sich in verschiedener Form. Weil die Dinge größer und schneller geworden sind, wird es neu aussehen, aber es ist nicht *wirklich* neu. Es ist von der Form her anders, aber nicht vom Inhalt.

> *Zyklen wiederholen sich in verschiedener Form.*

Was die Form angeht, wird es so aussehen, dass Amerika bei der Lösung globaler Probleme wie dem Klimawandel besser mit der Welt zusammenarbeitet. Es wird allerdings schwierig sein, weil schon so viel Zeit vergeudet wurde und das mächtigste Land der Welt Teil des Problems und nicht Teil der Lösung gewesen ist. Klar sind auch China und Indien große Teile des Problems. Und es liegt auf der Hand, dass das Wetter weltweit immer mehr verrückt spielen wird.

GARY: Das ist kein Witz?

ARTEN: Bevor wir weiterreden, erzählst *du* uns lieber einen Witz. Wir kommen auf ein sehr ernstes Thema zu sprechen, und etwas Leichtigkeit käme euch gut gelegen.

GARY: Okay. Ein Mann sieht eine Anzeige in der Zeitung, in der es heißt: »Sprechender Hund zu verkaufen: 100 Dollar.« Seine Neugier ist geweckt, also ruft er unter der angegebenen Nummer an und bekommt eine Wegbeschreibung zum Haus, in dem der Hund lebt. Als er dort ankommt, sagt der Mann, der den Hund verkauft: »Der Hund ist im Nachbarzimmer. Sie können reingehen und mit ihm reden, wenn sie möchten.« Der

Mann geht also in das Zimmer, und tatsächlich, der Hund kann sprechen! Er erzählt ihm, wie er für die CIA gearbeitet hat und sie ihn haben Leute ausspionieren lassen, weil niemand einen Hund als Spion verdächtigen würde. Er hat im Kreml die Russen ausgespäht, die CIA mit streng geheimen Informationen beliefert und alle möglichen besonderen Aufträge ausgeführt. Bei seinem Arbeitgeber gilt er als Held und durfte in demselben Alter in Rente gehen, wie es dem Rentenalter eines Menschen entspricht. Die CIA zahlt ihm Rente, und nun denkt er darüber nach, seine Memoiren zu schreiben.

Der Mann ist fasziniert. Er geht zum Besitzer und sagt: »Der Hund kann ja wirklich sprechen! Wissen Sie denn nicht, was Sie hier haben? Sie könnten eine Million Dollar für ihn bekommen. Warum zum Teufel verkaufen Sie diesen Hund für nur hundert Dollar?« Und der Besitzer sagt: »Ach, der Hund ist ein Lügner. Keine seiner Geschichten ist wahr.«

PURSAH: Oh ja, der ist nett.

GARY: Es ist eine wahre Geschichte.

ARTEN: Du warst dabei, über das Wetter zu sprechen.

GARY: Ach richtig ... Es ist mir das erste Mal bei dem Eissturm hier vor sieben Jahren aufgefallen. Die Temperatur bliebt tagelang bei genau null Grad! Wie verrückt ist das denn? Jeder Telefonmast im Staat musste ersetzt werden. Sie sind alle buchstäblich umgeknickt. Das war im Januar 1998. Aus allen Teilen der USA mussten Arbeiter kommen, um jeden Mast zu ersetzen. Sie schafften es innerhalb eines Monats und wurden wie Helden bejubelt. Das war das erste Mal, dass ich merkte, wie seltsam das Wetter wurde. Mitten im Winter hatten wir 23 Tage lang keinen Strom. Gott sei Dank hatten Karens Eltern einen Holzofen, aber wir mussten uns in Lebensgefahr begeben, um überhaupt zu ihnen zu gelangen. Und seitdem hatten wir jahrelang Rekordschneefälle, aber letztes Jahr, im Winter 2006/2007, hat es überhaupt nicht geschneit! Die Leute in den Skiorten sind fast ausgeflippt. Gleichzeitig gab es in New York den stärksten Schneefall der Geschichte innerhalb eines Tages. Und auf Oahu regnete es 44 Tage am Stück. Das gab es noch nie. Das nimmt da draußen biblische Ausmaße an, Mann.

PURSAH: Wo wir gerade bei verrücktem Wetter sind, dieses Jahr wird es zum ersten Mal in der Geschichte in Bagdad schneien. London wird seinen ersten Tornado erleben. In Kalifornien wird es nur fünf Zentimeter regnen. Im Südosten und Südwesten der USA wird es eine Dürre geben, aber dafür nächstes Jahr schreckliche Überschwemmungen im Mittleren Westen. Es sieht so aus, als geschähe immer das Gleiche. Es gibt entweder zu viel Regen oder gar keinen. Entweder zu viel Schnee oder keinen. Es ist entweder zu heiß oder zu kalt. Es gibt nur noch Extreme. Das »normale« Wetter verschwindet. Stürme werden größer werden und mehr Schaden anrichten.

GARY: Und wenn ich euch richtig verstehe, sagt ihr, die Welt wird sich mit Amerikas Hilfe ernsthaft bemühen, das Problem anzugehen?

PURSAH: Das ist richtig, aber erst wenn es darum geht, ob die Katastrophe noch abgewendet werden kann. China wird sich nicht zu einer Kooperation bewegen lassen. Übrigens wird *Die Illusion* auf dem chinesischen Festland gut ankommen.

GARY: Im Ernst? Sie lassen es ja noch nicht einmal aufs Festland. Sie mögen keine Bücher, in denen oft Gott erwähnt wird.

PURSAH: Das ist wahr, aber wovor die kommunistische chinesische Regierung wirklich Angst hat, ist alles, was die Kommunistische Partei in Frage stellt, und das tust du ja nicht. Irgendwann werden sie dein Buch also erlauben.

GARY: Toll! Vielleicht kann ich einmal hinfahren.

PURSAH: Vielleicht, aber vergiss nicht, es mit uns und dem Heiligen Geist abzusprechen, was dasselbe ist, bevor du entscheidest, irgendwo hinzureisen. Du weißt nie, wann der richtige Zeitpunkt ist oder wann es sicher ist, ein Land zu besuchen, bevor du fragst. Hast du eigentlich vor, in allen 50 Staaten der USA aufzutreten?

GARY: Ja, dieses Jahr werde ich schon in 40 gewesen sein.

PURSAH: Sehr gut, aber vergiss nicht, auch einmal Pausen zu machen und gut zu dir selbst zu sein. Und noch etwas: Auch wenn wir dir in der Vergangenheit geraten haben, Fragen deiner Kritiker zu beantworten, heißt das nicht, dass du es in Zukunft auch tun musst.

ANMERKUNG: Ich hatte auf die Artikel, in denen ich angegriffen worden war, eine Antwort geschrieben, in der ich auf die aufgeworfenen Fragen einging. Danach schrieb der bekannte und geachtete *Kurs*-Lehrer Dr. Michael Mirdad einen unparteiischen Kommentar zu allem. Er trug den Titel »Ein *Kurs* in echten Dummköpfen«, und darin hieß es unter anderem:

> Gary hat seinen Kritikern und allen Interessierten kürzlich zu seiner Verteidigung einen größtenteils brillanten Text geliefert, der alle Schläge treffsicher kontert und viele Unstimmigkeiten und Unwahrheiten aufdeckt. Dieser Text ist jetzt im Magazin *Miracles* abgedruckt worden. Vor einem menschlichen Gericht würde Renard locker gewinnen. Aber es sollte nicht unerwähnt bleiben, dass er sich (wie Ken Wapnick) auch dazu hätte entscheiden können, seine Angreifer zu ignorieren. Seine Entscheidung, doch darauf zu antworten, mag dazu beitragen, die Heuchelei aufzudecken, die sich in die Gemeinschaft von *Ein Kurs in Wundern* (hauptsächlich bei einigen seiner Lehrer) eingeschlichen und deshalb viele Menschen davon abgebracht hat, sich mit dem *Kurs* zu beschäftigen.

Mir wurde klar, dass Michael Recht hatte, wenn er sagte, ich hätte die Leute ignorieren *können*, die in einem Glashaus lebten und sich dennoch entschieden hatten, mit Steinen zu werfen. Nicht auf meine Kritiker zu reagieren und ihre Fragen unbeantwortet zu lassen, war allerdings *nicht* das, wozu Arten und Pursah mir geraten hatten, und in der Vergangenheit bin ich mit ihrem Rat immer gut gefahren. Ich vermutete jedoch, dass die Option, meine Angreifer nicht weiter zu beachten, sehr wohl meine Führung für die *Zukunft* darstellen könnte. Ich war ja schon öffentlich auf alle Fragen eingegangen, und das mehr als einmal. Vielleicht war es einfach Zeit, mich zu entspannen. Diese Vorstellung fühlte sich sehr friedlich an, und was Pursah soeben gesagt hatte, hatte es mir bestätigt.

GARY: Gut. Ich hatte auch schon in diese Richtung gedacht, aber danke, dass ihr es ausgesprochen habt. Ich habe übrigens über eine der Vorhersagen nachgedacht, die ihr in *Die Illusion* gemacht habt. Unsere Gespräche fanden damals ja in den 1990ern statt. Den meisten Menschen ist gar nicht bewusst, dass ich neun Jahre gebraucht habe, um dieses Buch zu schreiben, weil ihr mich so oft besucht habt, und das auch noch in langen Abständen, besonders gegen Ende. Aber ihr habt eine für die Zeit erstaunliche Voraussage getroffen, denn die USA waren unter Präsident Clinton ja steuerlich gut in Form, und es ging uns wirklich gut. Aber ihr habt gesagt, dass es Amerika schlechter gehen und Europa wirtschaftlich und politisch an Macht gewinnen würde. Ich kann gar nicht glauben, wie sehr der US-Dollar seit dem Erscheinen meines ersten Buches den Bach runtergegangen ist! Manchen Menschen hat nicht gefallen, was ihr gesagt habt, aber ihr hattet Recht. Vielleicht ist es an der Zeit, dass wir einmal einen Teil unserer Politik überdenken.

PURSAH: Europa wird auch seine Schwierigkeiten haben, aber am Ende wieder auf die Beine kommen. Das liegt daran, dass die Politik Amerikas keine Politik ist, sondern Berechnung. Sie ist darauf angelegt, für ein paar Wenige viel Geld zu generieren und dem Rest die Hölle zu bereiten. Und dann wundert man sich, warum die Dinge nicht funktionieren. Im Fall Amerikas ist es keine Frage des Überdenkens. Es geht darum, überhaupt einmal zu denken. Es ist bisher kein bisschen über das Allgemeinwohl nachgedacht worden ... aber genug zum Thema Politik. Euch stehen ein paar historische Wahlen ins Haus, und wir möchten nicht, dass das Buch erscheint, bevor sie vorbei sind.

GARY: Warum? Wollt ihr eine Prognose abgeben? Und widerspricht das nicht eurer Aussage, dass es noch mehr Bücher geben wird?

PURSAH: Nein. Es wird danach noch weitere Bücher geben. Die Gründe behalten wir vorerst für uns. Und in der Zwischenzeit denke immer daran, dass deine Aufgabe die Vergebung deiner Welt mit Hilfe des Heiligen Geistes ist. Was diese Welt angeht, so hat Gott sie dir nicht gebracht, aber der Heilige Geist wird dich hindurchführen.

Der Heilige Geist wird dich hindurchführen.

GARY: Also gut, sagen wir einmal, die Menschheit macht so weiter wie bisher, ohne wesentlich mehr zu vergeben. Was wird im Traum passieren? Ich meine, ich weiß, es dient alles der Vergebung und es sind die Lektionen, von denen der Heilige Geist will, dass ich sie lerne, aber es wäre immer noch interessant, einen Blick darauf zu erhaschen, was uns bevorsteht.

ARTEN: Wenn *nicht* mehr Menschen Vergebung üben, dann wird unter anderem Folgendes geschehen: Es wird gute und schlechte Ereignisse und Entwicklungen geben, wie immer. Den größten Unterschied gäbe es, wenn mehr Menschen vergeben *würden*. Dann würden nämlich einige der schrecklichen Dinge *nicht* geschehen. Viele Dimensionen der Zeit ähneln sich sehr. Es kann sein, dass es nur wenige Unterschiede gibt, die dafür aber gewaltig sind.

GARY: So wie ich nicht in diesen Autounfall verwickelt wurde, außer dass ihr hier von einem größeren Maßstab redet.

ARTEN: Ganz genau. Und gerade jetzt bist du in allen diesen Dimensionen. Du lebst gleichzeitig mehrere Leben. Das kannst du nicht sehen, weil es im Geist durch den Glauben an die Trennung vor dir verborgen ist. Wie wir schon gesagt haben, bist du nicht räumlich und nicht zeitlich. Du bist überall, sogar in der Illusion. Aber innerhalb des Rahmens von Zeit und Raum erfährst du zu jedem Zeitpunkt immer nur ein bisschen.

GARY: Ich mache schon mehr Erfahrungen, als ich vertragen kann.

ARTEN: Hör mal, du hast es doch ziemlich gut. Du kommst viel rum, übernachtest in schönen Hotels und isst in feinen Restaurants. Du bekommst eine Menge Aufmerksamkeit von Frauen. Wie erklärst du dir das eigentlich?

GARY: Ganz einfach. Sie denken, ich bin schwul.

ARTEN: Ja, das schadet nie. Und jetzt, da du um die ganze Welt fliegst, wo würdest du sagen gibt es die schönsten Frauen?

GARY: Das ist auch leicht. Auf Flughäfen.

ARTEN: Gute Beobachtungsgabe.

PURSAH: Männer. Könntet ihr euch für ein paar Minuten wie Erwachsene verhalten?

GARY: In Ordnung, aber da wir schon einmal beim Thema sind, sage ich euch, wie Männer denken.

PURSAH: Das klingt vielversprechend. Wie denken Männer denn, Gary?

GARY: Ganz einfach. Wenn du es nicht bumsen kannst, spreng es in die Luft.

PURSAH: Das erklärt vieles. Arten, wie war das jetzt mit diesen Vorhersagen?

ARTEN: Unter Berücksichtigung all dessen, was wir schon gesagt haben, werden in diesem Jahrhundert viele neue Arten der Energieerzeugung aufkommen. Manche dieser neuen Energien sind in begrenzter Weise schon im Einsatz und werden weiter entwickelt werden. Windenergie zum Beispiel wird sich noch mehr verbreiten. Es wird auch eine Technik entwickelt werden, mit der die übrigens schon heute mögliche Herstellung von billigem Benzin aus Kohle ohne zusätzliche Verschmutzung der Atmosphäre stattfinden kann. Kohle ist der größte Verursacher von Klimaproblemen, nicht Autos. Wenn erst einmal ein Weg gefunden worden ist, Kohle zu verbrennen, ohne die Atmosphäre zu verschmutzen, wird Amerika, das genug Kohle für die nächsten 250 Jahre hat, auf einmal das Saudi-Arabien der Welt werden. Man bräuchte dann schon eine Energiepolitik, bei der es nicht nur darum geht, ein paar Auserwählte reich zu machen. Ihr müsstet anfangen, intelligente Formen der Energieerzeugung zu entwickeln, anstatt eure Zeit damit zu verschwenden, mehr Kernkraftwerke zu bauen – wozu manche euch bereits raten.

In diesem Jahrhundert werden Menschen Unterwasserturbinen bauen, die unbegrenzte Mengen an sauberer Energie produzieren und die vom Golfstrom und anderen Meeresströmungen angetrieben werden.

GARY: Beeindruckend. Wäre es nicht lustig, wenn jemand das erfände und dann hörte der Golfstrom wegen der Klimaerwärmung auf einmal auf?

ARTEN: Später in diesem Jahrhundert wird es das Hochgeschwindigkeitstunnel-Reisen geben, das die Fortbewegung revolutionieren wird.

GARY: Was zum Teufel soll das denn sein?

ARTEN: Wir werden dich einen Blick darauf werfen lassen. Jemand wie du, der so viel unterwegs ist, wird sich wünschen, dass es das heute schon gäbe.

PURSAH: In Amerika, wo es mit der Autoindustrie so bergab geht, wird der Hybridantrieb der neueste Trend sein. Elektroautos, die noch verbessert werden, geraten bei euch in Mode, besonders im Westen der USA. Es wird sogar Autos geben, die mit komprimierter Luft fahren.

GARY: Hoffen wir, dass uns nicht die Luft ausgeht. Und was ist mit Ethanol?

ARTEN: Na klar. – Nur in einer Welt, in der Millionen Menschen verhungern, würde man Mais nehmen und daraus Benzin machen! Es ist unnötig, aber gerade dumm genug, um für eure Regierung eine gute Idee zu sein. Außerdem gibt es schon eine

Methode, um kostenlos unbegrenzt Energie zu erzeugen, doch ist sie in den letzten 100 Jahren unterdrückt worden. In einer Dimension der Zeit wird sie öffentlich gemacht, in einer anderen nicht. Wozu die Menschen ihren Geist nutzen, wird bestimmen, was sie erfahren.

GARY: Kostenlose Energie? So was! Ihr hattet auch einmal gesagt, dass Wasserstoffautos beliebter werden würden.

ARTEN: Ja, aber wir sagten, zuerst in Europa. Amerika ist davon noch ein großes Stück entfernt, und das bringt uns zu einem der möglichen Szenarien. Wenn genug Menschen sich spirituell entwickeln, wären die Formen der Energie, über die wir gesprochen haben, vollkommen ausreichend, um das Land wieder gut auf die Beine zu bringen. Es liegt an euch. Wenn ihr euch entscheidet, diese Dinge zum Laufen zu bringen, dann *braucht* ihr keine anderen Arten von Energie mehr.

Bis dahin wird es Trends in verschiedene Richtungen geben. Es wird viele unterschiedliche Arten von Autos geben, eine Vielfalt wie heutzutage in der Kommunikationsindustrie. Du siehst, wie die Menschen von den Fernsehkanälen zum Internet und anderen Arten der Unterhaltung wechseln, dass all die verschiedenen elektronischen Geräte wie Pilze aus dem Boden schießen. Es wird nie wieder so einfach sein, wie es einmal war.

GARY: Seid ihr sicher, dass ihr mir keine Gewissheiten über atomare Terroranschläge mitteilen könnt?

PURSAH: Das wäre nicht richtig. Aber atomare Terroranschläge solltet ihr nach wie vor auf dem Schirm haben. Die globale atomare Bedrohung ist längst nicht vorbei. Sie besteht zum Beispiel noch zwischen Russland und seinen Nachbarn oder auch Russland und Amerika. Dann sind da noch Nordkorea und sein potenzielles Zielen auf Südkorea und Japan, um nicht Hawaii und den Westen der USA zu erwähnen. Außerdem ist da noch China. Und zu allem Überfluss sind da noch das nukleare Wettrüsten zwischen Indien und Pakistan, China mittendrin sowie Israel und Iran. Es ist eine heftige Projektion, lieber Bruder.

ARTEN: Ihr müsst auch mit Sonnenfleckenzyklen rechnen. Die Aktivität der Sonne hatte ihren ersten neuen Höhepunkt 2013. Sie wird sich auf alles auswirken vom Wetter bis hin zu Ereignissen der Menschheit. Es ist nicht nur eure Atmosphäre, die euch beeinflusst. Es gibt vieles, was ihr nicht sehen könnt, was aber mit ihm Spiel sind, und natürlich ist alles ein Symbol für etwas Tieferliegendes: unbewusste Schuld im Geist, die wir den ganzen Weg bis zur ursprünglichen Trennung von Gott zurückverfolgen können und zu der enormen Schuld und Angst, die sie hervorgebracht hat.

PURSAH: Auf dem Mond hat man bereits Spuren von Wasser gefunden, ebenso wie Eis auf dem Mars, was auch Wasser bedeutet, aber viel mehr davon. Wie wir früher schon sagten, wird man dann stichhaltige Beweise dafür finden, dass es auf dem Mars einst eine intelligente Zivilisation gab, allerdings wird man anfangs nicht wissen, dass es sich dabei um eure Vorfahren handelt. Ihr werdet den Mars kolonisieren. Wissenschaftler werden herausfinden, dass eure DNS unmöglich nur auf eurem Planten entstanden sein kann. Kriege werden mehr und mehr in der Luft mit Drohnen und am Boden mit Robotern ausgeführt werden, die gegen Menschen kämpfen, was der technologisch überlegenen Seite einen großen Vorteil verschaffen wird. Armeeangehörige werden in virtuellen Ausbildungslagern auf ihren Einsatz vorbereitet werden.

Heute macht ihr euch Sorgen ums Öl. Aber wenn ihr euch schon Sorgen machen wollt, dann solltet ihr euch über Wasser Gedanken machen. In Zukunft wird die Knappheit von frischem Trinkwasser und Wasser für die Landwirtschaft zu einem ernsthaften Problem werden, und ihr solltet euch bereits jetzt überlegen, wie ihr damit umgeht.

ARTEN: Das Konzept von Paralleluniversen und multiplen Dimensionen gibt es in verschiedenen wissenschaftlichen Theorien. Nicht nur Esoteriker und Leute, die sich für Spiritualität interessieren, glauben an ihre Existenz, und in der Illusion existieren sie tatsächlich. Die Wissenschaftler kennen aber nicht die Natur der Dimensionen, denn wenn Lektionen gelernt sind und bestimmte Dimensionen damit überflüssig werden, werden sie vom Heiligen Geist gelöscht und niemals wieder gesehen. Viele Menschen glauben, dass euer Universum unendlich ist, aber das ist es nicht. Wie der *Kurs* lehrt, wurde eurer Fähigkeit, fehlzuerschaffen, durch den Heiligen Geist Grenzen gesetzt.[4] Und alle Menschen werden schließlich die Wahrheit annehmen. Wie J lehrt: »Es ist nur eine Frage der Zeit, dass die SÜHNE von allen angenommen wird. Das mag scheinbar im Widerspruch zum freien Willen stehen, weil die letzte Entscheidung unausweichlich ist, aber dem ist nicht so.«[5]

GARY: Der einzige freie Wille, den wir als Gefangene in der Illusion also wirklich haben, ist die Möglichkeit, uns für den Heiligen Geist zu entscheiden, der uns befreit, anstatt für das Ego, das uns gefangen setzt. Wenn wir uns dafür entscheiden hierzubleiben, ist das Ergebnis immer der Tod. Aber wenn wir uns dafür entscheiden, nach Hause zurückzukehren, ist das Ergebnis ewiges Leben.

PURSAH: Hervorragend. In Zukunft werden Wissenschaftler auch in der Lage sein, Organe zu züchten, die zum Körper passen und gegen Abstoßung immun sind, und sie werden ein Herz wieder zum Schlagen bringen, das schon für zu lange tot gehalten wurde. Und Wissenschaftler wie auch andere Menschen werden nicht nur die Erde, sondern das gesamte Universum allmählich immer mehr als lebenden Organismus betrachten. Sie werden beobachten, wie Sternenembryonen Sterne hervorbringen und dass – auch wenn zahlreiche Wesenheiten keinen Sauerstoff atmen wie Menschen – dies dennoch nicht bedeutet, dass sie nicht ebenso »lebendig« sind.

Und wenn das noch nicht genug ist: Dies ist das Jahrhundert, in dem bestätigter Kontakt mit Außerirdischen hergestellt wird. Das ist zwar schon längst passiert, aber von euren Wissenschaftlern bisher nicht öffentlich bestätigt worden.

ARTEN: Übrigens hast du im letzten Buch einen Fehler gemacht. Erinnerst du dich daran, als wir dir deine Tausende verschiedenen Körper gezeigt haben und du am Ende gehofft hast, du würdest sehen, wie Arten in diesem Leben aussieht?

PURSAH: Wir haben dich diese Person nicht sehen lassen. Dann wolltest du zurückgehen und wissen, wie Thomas und Thaddäus aussahen. Im Buch sagst du: »Können wir einen zurückgehen?«, um uns dazu zu bringen.

> *Wenn wir uns dafür entscheiden hierzubleiben, ist das Ergebnis immer der Tod.*

Wir wussten natürlich schon, was du wirklich wolltest, denn wir können ja deine Gedanken lesen, also haben wir dir Thomas und Thaddäus gezeigt. Aber wenn wir nur ein Leben zurückgegangen wären, hättest du sie nicht gesehen. Du hast ungefähr zwanzig andere Leben dazwischen gehabt, darunter das als Indianer unter dem Häuptling Große Sonne, das als Roger Sherman und das, in dem du in der Schlacht von Alamo umgekommen bist.

ANMERKUNG: Ich hatte durch Visionen, Erinnerungen, Träume und die Hilfe angesehener Hellseher herausgefunden, dass ich in früheren Leben unter anderem ein Mann namens William Harrison aus Ohio gewesen war, der in der Schlacht von Alamo umkam, wie auch Roger Sherman, einer der Unterzeichner der amerikanischen Unabhängigkeitserklärung und hoch geachteter Kongressabgeordneter aus Connecticut, der dabei half, die amerikanische Regierung zu stellen. Das renommierte Trancemedium Kevin Ryerson, das durch Shirley MacLaines Buch und Film *Zwischenleben* bekannt wurde, bestätigte durch seinen Geistführer, den aufgestiegenen Meister Ahtun Re, dass ich in früheren Leben tatsächlich Roger Sherman und der Heilige Thomas war.

GARY: Also, wie einer von diesen Politikern wahrscheinlich sagen würde: Da habe ich mich wohl versprochen.

ARTEN: Jetzt haben wir eine richtig eine harte Nuss für dich. Andere haben schon darüber spekuliert, und für sie ist es keine völlig neue Idee. Aber die meisten Menschen wissen nichts darüber, und selbst wenn sie bereits davon gehört haben, sind sie sich nicht sicher, ob es wahr ist, also müssen wir dir die Wahrheit sagen.

GARY: In Ordnung. Ihr klingt ernst.

ARTEN: Teile der US-Regierung waren aktiv an den Terroranschlägen auf das World Trade Center und das Pentagon sowie an der Entführung der vier Flugzeuge am 11. September 2001 beteiligt, die zum Tod von fast 3.000 Menschen aus Amerika und anderen Ländern führten.

GARY: Ihr habt doch gerade nicht das gesagt, wovon ich denke, dass ihr es gesagt habt.

ARTEN: Doch. Es tut mir leid. Aber es ist nicht so, als gäbe es nicht einen Haufen Beweise. Die Zwillingstürme sind nicht wegen der hineingeflogenen Flugzeuge und der Brände zusammengestürzt. Kein Wolkenkratzer ist auf diese Weise je aufgrund eines Brandes kollabiert. Die Gebäude wurden durch eine Implosion zerstört, wie wenn in Las Vegas ein altes Hotel abgerissen wird. Die Entführer waren von der CIA hereingelegt worden. Man hatte sie glauben lassen, dass sie die Befehle ihrer Terrorgruppe ausführten, während sie tatsächlich von der CIA benutzt wurden. Sie taten genau das, was die CIA von ihnen wollte, und spielten ihre Rolle in dem Glauben, dass die Anweisungen von ihren Führern kamen. Da die Kommunikation untereinander risikoreich war, fiel es nicht schwer, die Männer in dieser Weise auszunutzen. Die Entführer waren außerdem nicht die Leute, von denen es eure Regierung behauptet. Und die Flugzeuge, die ins World Trade Center flogen, waren auch nicht die entführten Flugzeuge. Es waren leere Flugzeuge, die durch Fernsteuerung gelenkt wurden.

Al-Qaida hatte die Angriffe *nicht* vorbereitet und auch nicht Osama bin Laden, selbst wenn er sich darüber freute, dass sie schließlich ihm zugeschrieben wurden. Für die Regierung war er der perfekte Mörder, den sie als Sündenbock nehmen konnte.

Recherchiere. Höre dir an, was Tausende Physiker und Ingenieure unabhängig voneinander dazu meinen, was im World Trade Center, in Gebäude 7 des Word Trade Centers und im Pentagon passiert ist. Glaube nicht den öffentlichen Verlautbarungen. Die Wahrheit ist, dass Mitglieder eurer eigenen Regierung, im Besonderen der Vizepräsident – der an jenem Morgen zufällig für die Luftabwehr im Raum Washington zuständig war –, ein neues »Pearl Harbor« wollten, das der Regierung erlauben würde, die Macht über ihr eigenes Volk zu bekommen und überall in der Welt zu tun und zu lassen, wie es ihr beliebt. Du hast einige Resultate davon gesehen.

Präsident Bush war nicht informiert, denn die Planer hatten auch ihm eine bestimmte Rolle zugedacht. Diejenigen, die diese schlimmen Verbrechen gegen die Menschlichkeit verübten und die denken, sie seien intelligent, hielten den Irak für eine leichte Beute. Sie lagen falsch. Und sie liegen auch falsch, wenn sie denken, dass die Beweise die Menschen nicht schließlich von der Wahrheit überzeugen werden. Bis dahin ist es allerdings noch ein weiter Weg.

Ja, es gibt Menschen, die die Wahrheit bereits kennen, aber der größte Teil der amerikanischen Öffentlichkeit besteht aus Schafen, die glauben, was auch immer sie in den Nachrichtensendern hören, die den großen Unternehmen gehören. Die Unternehmen und Regierungen wiederum werden von Mächten aus dem Bankwesen kontrolliert wie dem Vorstand der US-Notenbank und den Zentralbanken, die den mächtigsten Familien der Welt gehören. Das sind die Leute, die die weltweite Vorherrschaft wollen.

Die wahre Achillesferse der Täuschung vom 11. September ist Gebäude Nummer 7. Es wurde später am Tag durch eine Implosion zum Einsturz gebracht. Dieses Gebäude war nicht von Flugzeugen getroffen worden und lag einen ganzen Fußballplatz vom World Trade Center entfernt. Zufällig beherbergte es die Zentrale der CIA in New York. Die Beweise für die Verwicklung der CIA in die Sache mussten zerstört werden, die zum Implodieren der Gebäude benutzten Superthermitbomben wurden allerdings nicht restlos vernichtet. Spuren davon fanden sich noch auf dem Gelände. Die durch das Thermit freigesetzte Hitze und Energie wurden nach der Tat gemessen. Es war an dem Ort viel mehr Energie vorhanden, als durch das Szenario hätte freigesetzt werden können, das die Regierung zeichnete und das von der Untersuchung des Kongresses einfach so ohne Prüfung akzeptiert wurde.

GARY: Warum habt ihr mir das nicht eher gesagt?

ARTEN: Gary, denk einmal nach. Du warst dafür noch nicht bereit. Unser letzter Besuch der ersten Reihe war kurz nach dem 11. September. Du hattest in den folgenden anderthalb Jahren viel zu tun, nur um das erste Buch herauszubringen. Wie der Rest des Landes standest du unter Schock. Und wir hätten dir keinen Gefallen damit getan, dich ein Buch veröffentlichen zu lassen, das deine eigene Regierung beschuldigt, die Anschläge vom 11. September geplant und daran teilgehabt zu haben. Es hätte dir Verachtung eingebracht und jeden völlig von der eigentlichen Botschaft des Buches abgelenkt.

GARY: Wie konnten diese Bestien das alles durchziehen, ohne dass die Menschen es mitbekamen?

ARTEN: Vier Agenten der CIA, die als Wartungspersonal getarnt waren, brauchten nur ein paar Wochen, um die Thermitbomben zu platzieren. Sie wurden dann per Fernzünder aktiviert. Die von ihnen verwendeten Superthermitbomben sind nicht besonders groß. Sie sind kleiner, ausgereifter und viel stärker, als Thermitbomben es sonst sind.

Lass das alles einfach mal auf dich wirken und versuche irgendwann, es zu vergeben. Es ist alles dieselbe Projektion, die es immer war, Gary. Versuche, darüber hinwegzusehen und die Wirklichkeit des reinen Geistes zu erkennen.

GARY: Gut, aber das ist *tatsächlich* eine harte Nuss. Vergesst, was vor ein paar Jahren war – ich weiß noch nicht einmal, ob ich *jetzt* dafür bereit bin.

PURSAH: Denk daran, es nicht *wirklich* werden zu lassen. Nimm es einfach nur zur Kenntnis und vergib es. Es ist, als spieltest du ein virtuelles, echt wirkendes Videospiel und als wäre sonst niemand im Zimmer. Da bist nur du. Und außer dem Heiligen Geist ist niemand anderes wirklich bei dir, und es gibt auch niemanden sonst auf der Leinwand. Und was du siehst, ist *nicht* wahr.

Und damit werden wir für eine Weile verschwinden. Wir lieben dich, Gary. Kopf hoch, und vergib immer weiter. Du machst uns Ehre. Wähle das Wunder der Vergebung, denn wie J dich lehrt:

Wirklichkeit gehört allein zum reinen Geist, und das Wunder erkennt allein die Wahrheit an.[6]

4

Körperliche Heilung für einen erleuchteten Geist

Gott hat den Körper nicht gemacht, weil er zerstörbar ist und daher nicht vom HIMMELREICH ist. Der Körper ist das Symbol dessen, was du zu sein vermeinst. Er ist eindeutig eine Einrichtung zur Trennung, und daher existiert er nicht. Der HEILIGE GEIST nimmt – wie immer – das, was du gemacht hast, und übersetzt es in eine Lerneinrichtung. Sodann deutet ER – ebenfalls wie immer – das, was das Ego als Argument für die Trennung verwendet, in ein Zeugnis gegen sie um. Wenn der Geist den Körper heilen kann, der Körper aber nicht den Geist, dann muss der Geist stärker als der Körper sein. Jedes Wunder zeigt dies auf.[1]

Ich wollte mit Arten und Pursah noch mehr über das Thema Heilung sprechen. Meinem Verständnis nach *führte* ich eine Heilung herbei, wenn ich Vergebung übte. Aber ich wusste nicht, ob ich immer die bestimmte Absicht haben musste, ein bestimmtes Symptom bei jemandem zu heilen, oder ob ein eher allgemeiner Ansatz besser war. Ich hatte einiges an Erfahrung damit, erfolgreich meine Rückenschmerzen zu heilen. Es war nun schon einige Jahre her, seit ich mir das letzte Mal den Rücken verrenkt hatte, und ich hoffte, dass es nie wieder vorkommen würde. Ein paar Jahre zuvor hatte ich mir einen bestimmten Gedankenprozess zurechtgelegt, um meine Rückenschmerzen anzugehen, und vor ein paar Monaten hatte ich ihn für das Radialnervproblem in meiner rechten Hand abgeändert. Er funktionierte sehr gut, und ich wollte mit meinen Lehrern darüber sprechen.

Ich wusste, dass nichts Falsches dabei war, das anzuwenden, was *Ein Kurs in Wundern* »Magie« nennen würde. Magie ist, wenn man versucht, eine Illusion durch eine andere zu heilen – Schmerzen zum Beispiel durch Schmerztabletten oder eine Operation. Solche Methoden sind für Menschen zu ihrer Heilung oft nötig. Wenn sie spontan ohne Magie geheilt würden, könnte ihr Ego vielleicht zu viel Angst bekommen und einen Weg finden, um ihnen noch mehr zu schaden. Es ist in Ordnung, dem Ego ab und zu einen Knochen hinzuwerfen, erst recht, wenn man weiß, was man tut. Außerdem ist sowieso alles in der Illusion Magie. Wasser ist Magie. Sauerstoff ist Magie. Es bedeutet nicht, dass wir sie während unseres scheinbaren Aufenthaltes hier nicht nutzen.

Am ersten Frühlingstag 2007 hatte ich das Gefühl, dass es wieder an der Zeit war. Arten und Pursah besuchten mich gewöhnlich einmal im Monat, und ich freute mich immer darauf. Das bedeutete nicht zwingend, dass sie auch in Zukunft im Monatsrhythmus erscheinen würden, aber meinem Gefühl nach stand ein solcher Besuch bevor.

Als ich am Tag vor meinem Geburtstag von der *Kurs*-Konferenz in San Francisco zurückkam, wandelten sich die Dinge zwischen Karen und mir von schlecht zu noch schlechter. Es war der wahrscheinlich schlimmste Geburtstag meines Lebens. Karen hatte sich immer viel Mühe mit Geburtstagen gegeben, aber es war deutlich, dass ihr meiner nicht mehr wichtig war. Meinem Eindruck nach war unsere Ehe endgültig vorbei, allerdings hatte ich so viel zu tun, dass ich nicht wusste, wann ich die Zeit haben würde, mich darum zu kümmern. Ich hatte beschlossen, bei ihrem nächsten Besuch mit Arten und Pursah über den Körper und

Heilung zu sprechen und mich auf dieses Thema zu konzentrieren. Dem entsprachen sie auch gern.

PURSAH: Du hast über den von dir entwickelten geistigen Prozess nachgedacht, den du unter Anleitung des Heiligen Geistes auf deinen Rücken angewendet und kürzlich für deine Hand abgewandelt hast. Warum erklärst du uns nicht erst einmal, wie er für den Rücken funktioniert? Manche deiner Leser könnten ihn verwenden, um sich selbst zu helfen. Dann gehen wir weiter zu deiner Hand und zeigen, wie ähnliches Denken auf fast jedes Problem heilsam angewendet werden kann.

GARY: Ich mag es, wenn ihr gleich auf den Punkt kommt. Dieser geistige Prozess beruht ebenso auf dem *Kurs* wie auf einigen Dingen, die ihr in *Die Illusion* im Kapitel »Die Kranken heilen« gesagt habt. Ich spreche euch jetzt so an, als hättet ihr Schmerzen. Dadurch können die Leser den Prozess direkt auf sich anwenden, wenn sie möchten. Ich glaube, er kann bei jeder Art von chronischem Schmerz helfen. Natürlich ist auf der Ebene der Form jeder Mensch einzigartig, und für jeden gibt es eine andere, passende rechtgesinnte Idee.

Der Prozess ist dafür gedacht, ihn vor dem Schlafengehen einzuleiten. Er wird deinen Geist in einen Heilmodus versetzen. Wenn du schläfst, wird dein Geist dann daran arbeiten, den Körper zu heilen. Der Heilige Geist spielt die wichtigste Rolle, und es wäre hilfreich, an IHN zu denken und dich mit IHM zu verbinden, bevor du den Prozess anfängst. Und denke wieder an den Heiligen Geist, bevor du einschläfst. Mach dir keinen Stress damit. Lade den Heiligen Geist einfach nur ein, sich mit dir zu verbinden.

Wenn du dich hinlegst, bringe deine Gedanken zu der Stelle, an der es wehtut, und erinnere dich daran, dass Schmerz – genauso wie der Körper selbst – ein mentales Konstrukt ist. Schmerz ist kein physischer Vorgang. Du bist derjenige, der sich den Schmerz in seinem Traum ausdenkt. Es ist kein echter Schmerz, sondern ein Traum von Schmerz, und du bist der Träumer. Der Schmerz ist in deinem Geist, wie der gesamte Traum. Und wenn er in deinem Geist ist, kannst du über ihn auch anderen Geistes werden. Bist du dir dessen bewusst, dass du es mit einem mentalen Prozess zu tun hast, dann sage dir etwas, was im *Kurs* steht: »Der schuldlose Geist kann nicht leiden.«[2] Und wenn du das nach ein paar Minuten klar hast, sage dir: *Ich bin unschuldig und Gott liebt mich bedingungslos. Alles, was Gott will, ist, sich für immer um mich zu kümmern, denn Gott weiß, dass ich genauso unschuldig bin wie Er selbst.* Stell dir vor, wie du dich mit Gott verbindest und in die Unendlichkeit ausdehnst. Du bist unbegrenzt und vom Körper frei, und Gott sorgt in jeder Hinsicht für dich.

Und jetzt stell dir vor, wie das wundervolle, reine weiße Licht des Heiligen Geistes zu dir kommt und dich umgibt. In ein oder zwei Minuten ist dieses heilende Licht nicht nur überall um dich herum, sondern durchdringt dich vollkommen. Die Liebe des Heiligen Geistes spricht dich von jeder unbewussten Schuld frei, von der du vielleicht noch nicht einmal etwas weißt, und du kannst darauf vertrauen, dass du geheilt wirst. Du bist nicht allein. Der Heilige Geist hat dich für unschuldig befunden. Und dann, wenn du bereit bist, kannst du in der heilenden Liebe des reinen Geistes schlafen gehen.

Mache dies 30 Tage lang und sei für die Möglichkeit offen, dass jede Krankheit und jeder Schmerz aus dem Geist kommt und nichts mit dem Körper zu tun hat.[3]

ARTEN: Sehr gut. Als du diesen Prozess ursprünglich angewendet hast, dachtest du einfach nur an deinen Rücken, und es hat funktioniert. Vor ein paar Monaten hast du an deine Hand gedacht, genauer gesagt an die Nerven, die den ganzen Weg von deinem Nacken und deinen Schultern hinunter durch deinen Arm und deine Hand verlaufen. Und es hat wieder funktioniert.

GARY: Ziemlich gut, was?

ARTEN: Nicht schlecht für einen von diesen *Kurs*-Schülern. Hast du in letzter Zeit versucht, irgendjemand anderen zu heilen?

GARY: Es gibt zwei Menschen, einer in New York und einer in Phoenix, von denen ich weiß, dass sie geheilt wurden. Einer hat offen darüber gesprochen, und der andere wollte es nicht zugeben. Natürlich war es in Wirklichkeit nicht ich, der sie geheilt hat. Es ist immer der Geist des Patienten, der entscheidet, gesund zu werden, normalerweise auf unbewusster Ebene.

Dann war da noch diese junge Frau bei einem meiner Workshops. Sie konnte nicht stillsitzen. Mir fiel während der Pause auf, wie schnell sie umherging. Sie machte alles schnell. Ich denke, sie hatte irgendeine Form von Hyperaktivität. Jedenfalls habe ich mich auf der Ebene des Geistes mit ihr verbunden und ihr gesagt, wie unschuldig sie ist, und Vergebung mit ihr geübt.

PURSAH: Hat es funktioniert?

GARY: Ich weiß nicht. Am Ende war sie immer noch ziemlich schnell unterwegs. Aber das heißt ja nicht, dass es nicht bald nach dem Workshop gewirkt hat, richtig?

PURSAH: Das ist wahr. Und außerdem solltest du alles in die Hände des Heiligen Geistes legen und loslassen, nachdem du den Heilungsprozess durchgeführt und vergeben hast. Du solltest keine Anhaftung an das Resultat haben, genau wie bei allem anderen auf dieser Welt auch.

GARY: Wenn ich den *Kurs* auf perfekte Art machen will, dann ist vermutlich alles, was ich tun muss, diese Welt aufzugeben, oder zumindest jede psychologische Anhaftung an sie.

PURSAH: Richtig. Bist du bereit?

GARY: Das würde ich gern von mir sagen können.

PURSAH: Mach dir keine Gedanken darüber. Übe einfach weiter. Du machst es gut, und ich glaube schon, dass du der jungen Frau bei deinem Workshop geholfen hast.

GARY: Ich hoffe es. Heh, könnt ihr euch vorstellen, unter zwanghaftem Verhalten und gleichzeitig an ADHS zu leiden? Das muss gemein sein.

PURSAH: Wir möchten einiges vorschlagen, was du tun kannst, um deinem Ego bei deiner Gesundheit zu helfen.

GARY: Schlagt ihr etwa vor, dass ich Magie verwende?

ARTEN: Betrachte diese Dinge als *Vorlieben*. Solange du in einem Körper zu sein scheinst, wirst du auch Dinge tun, die Körper zu tun scheinen. Nur weil du ein *Kurs*-Schüler bist, heißt das nicht, dass du keinen Sport treibst oder dir nicht die Zähne putzt. Also geben wir dir ein paar Hinweise, wie du deinem Ego helfen kannst, deine Gesundheit zu verbessern. Solange du dich nicht zu sehr in diese Dinge hineinsteigerst, können sie Spaß machen.

PURSAH: Los geht's. Das hier kann besonders für Paare schön sein. Arten und ich machten es sowohl, weil es schön war, als auch für die Gesundheit. Es kann sehr entspannend sein.

GARY: Klingt gut.

PURSAH: Es gibt fünf oft vernachlässigte Bereiche des Körpers, in denen es aber *viele* Nervenendungen gibt. Die Stimulierung dieser Nerven fördert das Wohlbefinden im ganzen Körper. Diese Bereiche sollten kräftig gerieben und massiert werden. Wenn du niemanden hast, der es für dich tut, dann mach es selber.

Solange du in einem Körper zu sein scheinst, wirst du auch Dinge tun, die Körper zu tun scheinen.

GARY: Schräg. Wo fange ich an? Natürlich wäre mir lieber, du machst es.

PURSAH: Fang mit dem ersten Bereich an: **die Kopfhaut.** Hier gibt es so viele Nervenenden, dass du es manchmal, vor allem wenn dich jemand anderes massiert, der sich wirklich darauf einlässt, auch in anderen Bereichen deines Körpers fühlen wirst. Es tut dir sehr gut. Achte darauf, dass die ganze Kopfhaut bearbeitet wird. Es ist ein guter Weg, die Gesundheit zu pflegen. Was du beim Haarewaschen an Bewegungen machst, reicht nicht – massiere die Kopfhaut mit den Fingern und Handflächen.

Der zweite Bereich, den es anzuregen gilt, sind **die Ohren.** Wie die Kopfhaut werden sie von Masseuren und Heilern normalerweise übersehen, aber auch hier hast du haufenweise Nervenenden. Außerdem fühlt sich eine Ohrenmassage *so gut* an, vor allem im inneren Teil.

Und dann haben wir Nummer drei: **das Herz.**

GARY: Das Herz. Das ist interessant. Und es ist auch ein bisschen lustig, denn ich habe schon darüber gelesen, wie ein Arzt einem manchmal das Herz massiert, *nachdem* es aufgehört hat zu schlagen. Aber ihr legt ja nahe, dass es eine gute Idee wäre, es zu massieren, *bevor* es aufhört zu schlagen.

PURSAH: Sehr wichtig. Und auch das Herz wird fast vollkommen vernachlässigt. Es zu massieren und zu stimulieren hilft jedoch, seine Selbstheilungskräfte anzuregen. Es trägt zu einer besseren Blutzirkulation bei und hält die Arterien sauberer. Da Herzkrankheiten die Todesursache Nummer eins auf der Ebene der Form sind, würde es einen großen Unterschied machen, unseren Rat zu befolgen.

GARY: Leuchtet mir ein. Was noch?

PURSAH: Das hier wird dir gefallen. Der vierte Bereich ist **der Bauchnabel.** Auch im Bauchnabel enden zahlreiche Nerven, die durch die gesamte Körpermitte von deiner Brust bis in deinen Intimbereich verlaufen. Und der Bauchnabel wird normalerweise ebenfalls sehr vernachlässigt.

GARY: Erzähl mir mehr darüber.

PURSAH: Und du brauchst dich nicht schuldig zu fühlen, wenn du ein paar dieser Formen von Heilung genießt, während du geheilt wirst. Was uns zum fünften und letzten Teil des Körpers bringt, den zu massieren und zu stimulieren sehr wichtig ist: **die Füße.**

GARY: Ich habe einmal eine Fußreflexzonenmassage in The Crossings bekommen, und es war toll! Es hat zwar an einigen Stellen weh getan, aber vieles hat sich wundervoll angefühlt.

PURSAH: In allen diesen Bereichen kann es bestimmte Stellen geben, die ein bisschen wehtun, wenn sie stimuliert werden. Was ich gerade beschrieben habe, ist im Grunde Reflexzonenmassage für den ganzen Körper, nicht nur für die Füße. Du nimmst die Füße einfach mit dazu. Und wie bei der Reflexzonenmassage wird der Schmerz irgendwann vergehen, wenn du weitermachst. Es tut weh, weil in dem Teil des Körpers, der den Nerven entspricht, etwas nicht ganz stimmt. Die Stimulation der Nerven führt aber schließlich zur Heilung dieses Teils, so ähnlich wie bei der Akupunktur. Wenn man die Stelle weiter behandelt und irgendwann einmal kein Schmerz mehr zu fühlen ist, ist das ein Zeichen dafür, dass der entsprechende Körperteil, mit dem etwas nicht in Ordnung war, jetzt wieder gesund ist. Und genau wie in der Ergänzung zum *Kurs* im Abschnitt über Psychotherapie beschrieben, übst du natürlich gleichzeitig Vergebung, während du das hier tust – vielleicht nicht in jeder Sekunde, aber zumindest hin und wieder.

GARY: Echt toll. Und wenn es gar nicht wehtut?

PURSAH: Dann genieß es. Vorbeugen ist besser als Heilen.

GARY: Danke. Das werde ich machen. Sonst noch Tipps?

ARTEN: Ja, vergiss nicht das Grundsätzliche. Vielleicht denkst du: *Warum sollte es wichtig sein, etwas für meine Gesundheit zu tun, wenn es doch meine Gedanken sind, die alles steuern?* Die Antwort ist einfach. Du versuchst, dein Ego zu erziehen. Dein Ego will, dass du dich selbst für einen Körper hältst. Du dagegen möchtest dein Ego auflösen, damit du zu dem zurückkehren kannst, was du wirklich bist. Um dem Ego zu helfen, sich zu entspannen und zuzulassen, aufgelöst zu werden, machst du ein paar körperliche Dinge, während du hier zu sein scheinst. Und weißt du was? Du würdest das sowieso tun müssen! Auch wenn du den Rest deines Lebens auf einer Parkbank sitzt und meditierst, wirst du irgendwann einmal etwas essen müssen. Auch J aß, er hatte normale Beziehungen und Umgang mit Menschen.

Der Grundsatz lautet, dass du in Bezug auf deine scheinbare Existenz hier Dinge tun solltest, die vernünftig sind. Und irgendwann wirst du auf deinem spirituellen Weg an einen Punkt kommen, an dem dies nicht mehr ausschlaggebend ist, weil du durch deine rechtgesinnten Gedanken die ganze Zeit vollkommen in der Erfahrung des reinen Geistes bist. Aber das ist ein Prozess. Gönne dir die Zeit dafür.

GARY: Ihr sagt also, dass ich auch, während ich vergebe und mein Ego zunehmend aufgelöst wird, auf mich achten sollte. Und das wird zu einem gesunden Körper führen?

ARTEN: Vielleicht.

GARY: Vielleicht?

ARTEN: Denke daran, diese Dinge sollen dir zu einem guten Leben verhelfen, während du hier zu sein scheinst, und gleichzeitig dazu beitragen, dein Ego aufzulösen. Aber du solltest dein Glück nicht von einem bestimmten Ergebnis abhängig machen, denn sonst machst du die ganze Sache wahr. Die Menschen wollen immer allem eine Bedeutung geben, vor allem Körpern, und sie erkennen nicht, dass das alles völlig subjektiv ist. Wenn sie auf einem spirituellen Weg sind, dann *nehmen sie an,* dass es spiritueller ist, einen gesunden Körper zu haben, als einen kranken. Aber ist es das? Es gibt Athleten, die mit die gesündesten Körper auf der Welt haben, aber nicht notwendigerweise spirituell entwickelt sind. Auf der anderen Seite gibt es sehr spirituelle Menschen, die einen kranken Körper haben. In Wahrheit wurde, ob du krank wirst oder nicht, schon festgelegt, bevor du hier überhaupt scheinbar aufgetaucht bist, genauso wie alles andere auch.

> *Eine wirklich spirituelle Einstellung wäre, dass es keinen Unterschied zwischen einem gesunden und einem kranken Körper gibt.*

GARY: Wie kann ich dann beurteilen, was spirituell ist und was nicht?

ARTEN: Genau.

PURSAH: Es gibt eine schmale Tür, durch die du gehen kannst, wenn du willst, und zwar: *Eine wirklich spirituelle Einstellung*

116

wäre, dass es keinen Unterschied zwischen einem gesunden und einem kranken Körper gibt. Warum? Weil keiner von beiden wahr ist.

GARY: Warum sollte ich mich dann um einen gesunden Körper bemühen?

ARTEN: Die Antwort lautet: Warum nicht? Denke daran, dass ich gesagt habe, es geht hier um *Vorlieben,* nicht um Regeln. Du machst dich von Regeln und Religionen abhängig, aber mit einer Vorliebe musst du dich nicht von einem Ergebnis abhängig machen. Es ist einfach eine Wahl, aber nichts, was dich zu sehr entflammt. Du kannst dich entspannen, das Leben genießen und dir vornehmen, zu vergeben, egal was passiert.

GARY: Die Menschen haben also alle möglichen Werturteile, beispielsweise, dass Gesundheit besser als Krankheit ist und ein schöner Körper besser als einer, der als nicht so schön angesehen wird. Aber wer sagt denn eigentlich, was schön ist? Es ist alles nur ausgedacht. Genauso wie Menschen auch davon ausgehen, dass ein menschlicher Körper mehr Wert hat als der eines Tieres, vor allem, weil wir letztere essen, oder zumindest viele von uns das tun. Und der Rest von uns isst Pflanzen, die ebenfalls am Leben sind und auf unsere Gedanken und Worte reagieren können. In letzter Zeit habe ich allerdings eine Menge Beweise dafür gesehen, besonders in Filmen, dass Tiere eine viel größere Fähigkeit haben zu denken, als viele Menschen bisher angenommen haben. Nehmen wir einmal an, dass ein Tier mit ersichtlicher Liebe durchs Leben geht. Ich könnte Liebe, Gefühle und Intelligenz in den Augen meiner Hündin sehen. Und wenn es stimmt, was J darüber gesagt hat, dass du dich selbst so sehen wirst, wie du ihn siehst – würde das dann nicht bedeuten, dass meine Hündin spirituelle Fortschritte gemacht hat?

PURSAH: Ja, das hat sie. Und sie wird mit dir im Himmel sein, genauso wie alle anderen auch, aber nicht als Körper, sondern als das, was sie wirklich ist: dasselbe wie du, nämlich reiner Geist.

Du wirst ihre Gegenwart in der Einheit wahrnehmen, und deshalb wirst du sie nicht vermissen, denn du wirst erfahren, dass jeder und alles dort ist, was definitionsgemäß jeden Menschen und jedes Tier, die du je geliebt hast, mit einschließt.

Die Werte der Menschen gründen auf dieser Welt, aber der wahre Wert, den jeder von uns besitzt, ist *nicht* von dieser Welt. Der Heilige Geist arbeitet auch mit Tieren, die von Art zu Art ihre eigene Weise zu denken haben. Genauso wie Menschen machen sie von Leben zu Leben spirituelle Fortschritte – oder eben nicht. Und genauso wie Menschen werden sie alle mit dir an den gleichen Ort gehen. Das Christentum glaubt zwar nicht daran, dass Tiere eine Seele haben, aber in Wahrheit ist Geist Geist, und es spielt keine Rolle, wie sein Gefäß auszusehen scheint.

GARY: Ja, und ich finde eure Beschreibung davon gut, dass gesund oder krank eigentlich egal ist, weil keines von beidem wahr ist. Ich gehe mal davon aus, dass dasselbe auch auf Geld zutrifft. Ich erinnere mich, dass meine Eltern sich sehr schuldig fühlten, weil sie kein Geld hatten. Und seitdem meine Bücher erschienen sind, habe ich viele Menschen getroffen, die sich sehr schuldig fühlen, weil sie so viel Geld haben. Man kann einfach nicht gewinnen. Menschen fühlen sich schuldig, weil sie kein Geld haben, und *sie* fühlen sich schuldig, weil sie zu viel davon haben. Sie finden immer einen Grund, um sich schuldig zu fühlen. Wir dürfen nicht länger so hart mit uns sein. Wir müssen einsehen, dass Reichtum oder Armut *keinen Unterschied machen*, weil keines von beidem wahr ist. Und wenn keines von beidem wahr ist, dann kann eines auch nicht spiritueller sein als das andere.

PURSAH: Bravo. Heutzutage ist es in Mode, Reichtum für sehr spirituell zu halten. Wenn jemand also eine Milliarde Dollar bekommt, denkt er, er habe es durch seinen Geist in sein Leben gezogen, während die schlichte Wahrheit lautet, dass er einfach einmal an der Reihe war. Es wäre so oder so passiert, weil es so im Drehbuch stand und seine Art zu denken und alle anderen scheinbaren Geschehnisse auch Teil des Drehbuchs waren. Weißt du, vor 100 Jahren wurde es als sehr spirituell angesehen, arm zu sein. Manche Menschen legten sogar ein Armutsgelübde ab! Deshalb sagen wir, dass alles eine subjektive Angelegenheit ist. Trends kommen und gehen, aber wahre Spiritualität bleibt dieselbe. Die richtige Auffassung wäre die, eine Art von Spiritualität zu haben, bei der man glücklich und voller Frieden sein kann, *egal was* einem über den Weg läuft. Das ist Freiheit, und das ist authentische Spiritualität.

ARTEN: Kommen wir noch einmal zu bestimmten Vorlieben für deine scheinbare Zeit hier zurück, während du Vergebung übst. Ich werde dir eine einfache Liste mit Dingen geben, die du tun kannst, um deinen Egogeist zu beschäftigen, während du gleichzeitig zu rechtgesinntem Denken übergehst.

   1. *Gehen.* Du kannst mit 30 Minuten am Tag anfangen. Das wären knapp zweieinhalb Kilometer. Ein Mensch schafft durchschnittlich fünf Kilometer pro Stunde. Nach und nach solltest du dich auf eine Stunde am Tag steigern, was fünf Kilometer am Tag bedeuten würde. Du kannst zwei Tage pro Woche aussetzen, wenn dir danach ist, aber du musst nicht. Aber fünf Tage die Woche reicht.

GARY: Ja. Ich habe einmal einen Bericht darüber gelesen, wie John Travolta anfing, jeden Tag eine Stunde spazieren zu gehen, und nach drei Jahren hatte er fast 18 Kilo abgenommen oder so etwas. Und im Gegensatz zu vielen Diäten bleibt einem der Gewichtsverlust ja erhalten, und man nimmt nicht wieder zu.

ARTEN: Das stimmt. Du bist immer viel mit deiner Hündin spazieren gegangen, richtig?

GARY: Ich glaube eher, sie ist mit mir spazieren gegangen. Aber ja, seit sie gestorben ist, habe ich ungefähr sieben Kilo zugelegt.

ARTEN: Es ist alles eine Gewohnheit, genau wie Wunder. Du gewöhnst dich so sehr daran, etwas zu tun, dass es dir fehlt, wenn du damit aufhörst. Doch außer Gehen solltest du noch Folgendes tun:

2. *Tief atmen.* Das ist lebenswichtig. Immer wenn du daran denkst, atme tief ein. Und atme auch richtig aus. Du willst die ganze verbrauchte Luft aus deinem Zwerchfell hinausbekommen und die neue hereinlassen. Wenn du müde bist und eine Weile lang tief ein- und ausatmest, wirst du merken, dass du wieder mehr Energie hast.

3. *Dehnung.* Dehne deine Beine, deinen Rücken und deine Arme. Bleib locker.

GARY: Lieber elastisch als aus Plastik.

ARTEN: 4. *Viel Wasser trinken.* Menschen, die viel Wasser trinken, bekommen nicht so oft Krebs wie Menschen, die es nicht tun. Das ist sowohl für Männer als auch für Frauen wichtig. Bei Frauen trägt es manchmal zur Vermeidung von Brustkrebs bei. Natürlich ist es immer der Geist, der entscheidet, krank oder gesund zu werden, aber da dein Körper hauptsächlich aus Wasser besteht, verhindert dies, dass er zu dicht wird. Genügend Wasser beugt auch Kopfschmerzen vor.

5. *Einen Tag im Monat fasten.* Suche dir einen Tag im Monat aus, an dem du nicht isst. Du kannst Säfte zu dir nehmen, aber kein Essen, keinen Alkohol und keine Drogen.

GARY: Keine Drogen? Vergiss es.

ARTEN: Ganz im Ernst. Statistiken zeigen, dass Menschen, die aus welchem Grund auch immer einen Tag im Monat fasten, weniger Herzinfarkte bekommen. Manche Mormonen machen es als Teil ihrer religiösen Praxis, und auch wenn das nicht ihre Motivation ist, zeigen Studien doch, dass es sich günstig auf die Gesundheit auswirkt.

6. *Honig.* Du musst nicht jeden Tag Honig essen, aber Honig ist eines der am meisten übersehenen Wunder auf der Ebene der Form. Archäologen haben bei Ausgrabungen in Ägypten mehrere tausend Jahre alten Honig gefunden, und er ist immer noch frisch! Du wirst auf der Ebene der Form nichts finden,

was näher als Honig daran kommt, sowohl organischer Natur als auch praktisch ewig haltbar zu sein. Wenn du Schwierigkeiten hast einzuschlafen, nimm vor dem Schlafengehen anstelle einer Schlaftablette zwei Teelöffel Honig oder so viel, wie du bis zu zwei Teelöffel nehmen kannst. Du könntest überrascht sein. Du hast vielleicht davon gelesen, dass schon Menschen gestorben sind, weil sie verschiedene verschreibungspflichtige Schlafmittel miteinander kombiniert haben, so verzweifelt waren sie. Hätten sie die heilende Wirkung von Honig gekannt, wäre das nicht passiert.

Wenn du unter Sodbrennen leidest, nimm Honig eine halbe Stunde vor dem Abendessen oder bevor du zum Essen ausgehst. Dann nimm noch einmal etwas vor dem Schlafengehen. Bleib dran und die Chancen stehen gut, dass es wirkt. Aber es gibt zwei Dinge, die du dir merken musst: Nicht jedes Mittel funktioniert bei jedem Menschen, weil das Ego auf der Ebene des Unbewussten sehr kompliziert sein kann. Alle diese Maßnahmen werden aber wahrscheinlich bei den meisten Menschen funktionieren. Gib außerdem nie Kindern unter drei Jahren Honig. Ihre Körper können ihn noch nicht verarbeiten.

Wenn du Allergien hast, dann nimm Honig aus der Gegend, in der du lebst.

7. *Nonisaft.* Dieser Saft schmeckt nicht so gut, aber es ist nur halb so schlimm, wenn du ihn in den Kühlschrank stellst, was du nach Anbruch einer Flasche ohnehin tun solltest. Er wird hauptsächlich in Tahiti aus der Nonipflanze gewonnen und hat viele heilende Eigenschaften. Du hattest schon Erinnerungen an ein Leben als hawaiianischer Medizinmann, richtig?

GARY: Ja! Vor allem in meinen Träumen. Ich praktizierte und lehrte Huna, die traditionelle Religion, führte Heilrituale durch und setzte für viele Dinge die Nonipflanze ein, etwa bei äußeren Wunden, und bei inneren Beschwerden benutzte ich den Saft. Ich hatte ein paar gute Leben auf den Inseln von Hawaii, und das war ein Teil davon. Ich möchte gern einige dieser Dinge wieder in mein Leben übernehmen, und wenn es nur zum Spaß ist.

ARTEN: 8. *Säfte.* Ob Orangensaft, Tomatensaft, Traubensaft, Grapefruitsaft, Möhrensaft, Nektare oder was auch immer, sie alle sind gut. Wenn jemand sich keinen Nonisaft leisten oder ihn nicht ausstehen kann, kann er ihn durch andere Säfte ersetzen. Wenn die Menschen Wert darauf legen würden, jeden Tag ein oder zwei Gläser Saft zu trinken, würde das auf der körperlichen Ebene schon einiges bewirken. Natürlich hilft eine vernünftige Ernährung auch. Drück dich nicht um Gemüse. Es ist besser, die paar Gemüsesorten zu essen, die du magst, als gar keines. Wenn du in einem Restaurant bist, nimm einen Salat anstatt des Brotes. Kleine Gewohnheiten summieren sich.

9. *Gehe zwanzig Minuten am Tag in die Sonne, wenn sie scheint, und nimm Vitamin D$_3$.* Diese zwei Maßnahmen zusammen beugen einer Menge Probleme vor, darunter Depressionen, auch wenn wir wissen, was die wahre Ursache davon ist. Aber diese Anregungen werden dir helfen, dich gut zu fühlen, und wenn du dich gut fühlst, ist es wahrscheinlicher, dass du daran denkst, die richtigen Gedanken anzuwenden. Je besser du denkst, desto besser fühlst du dich. Und je besser du dich fühlst, desto besser denkst du, besonders wenn du eine spirituelle Disziplin wie den *Kurs* als Führer hast.

10. *Lachen.* Leih dir Komödien aus oder sieh dir das Beste aus guten Comedy Shows im Fernsehen an. Geh in einen lustigen Film im Kino oder in einen Comedy Club. Lachen ist die beste Medizin.

11. *Wenn du jung bleiben willst, erkundige dich nach Möglichkeiten, das Altern zu verzögern.* Der Trend der Zukunft ist, natürliche Produkte zu finden, die die körpereigenen Fähigkeiten anregen, sich selbst zu heilen und jung zu bleiben. Du wirst sogar ein eigenes Produkt namens MaxOne entwickeln und vertreiben. Beschränke dich darauf. Wir möchten eigentlich nicht, dass du Dinge verkaufst, die nicht direkt mit dem

Kurs zu tun haben, aber dafür machen wir eine Ausnahme. Es gehört zu dem zukünftigen Trend, den ich meine, und es ist sehr einfach anzuwenden.

Ergänzende Vitamine, besonders Vitamin C, haben dir gut getan. Bleib dabei, Gary. Es gibt auch Nahrungsergänzungen, die Entzündungen vermeiden. Das ist sehr wichtig. Viele Amerikaner haben aufgrund ihres Fett- und Zuckerkonsums verstopfte Arterien, aber normalerweise schaden sie ihnen nicht, solange keine Entzündung hinzukommt. Durch Entzündungen werden die Arterien verengt und verstopfen leichter. Da du dich seit 30 Jahren mit Vitaminen beschäftigst, überlassen wir es dir, das richtige Präparat zu finden, um dies zu verhindern.

Übrigens wird Vitamin C in manchen Teilen der Welt erfolgreich intravenös gegen die meisten Arten von Krebs verabreicht. Es ist in Nordamerika sehr schwierig, so etwas zu finden, denn die meisten Dinge, die funktionieren, sind von der medizinischen Industrie verboten. Sie verdienen ja kein Geld daran, Menschen zu heilen; sie verdienen daran, kranke Menschen zu behandeln. Es liegt an jedem selbst, sich zu informieren und die Verantwortung für seine eigene Gesundheit zu übernehmen.

12. *Versorge deinen Körper mit Sauerstoff.* Dieser letzte Hinweis ist ein bisschen heikel, denn ihn zu befolgen benötigt Disziplin. Also werden die meisten Menschen das nicht tun. Du musst dich ganz genau an die Anweisungen halten. Es ist für deine Gesundheit wesentlich, dir klar zu machen, dass Sauerstoffmangel das am meisten ignorierte Problem im menschlichen Körper ist. Eine Krebszelle kann in einer sauerstoffreichen Umgebung nicht überleben. Wenn du alle Zellen deines Körpers richtig mit Sauerstoff versorgen würdest, dann wäre den meisten Krankheiten vorgebeugt, beziehungsweise sie würden geheilt.

Der beste Weg, den Körper mit Sauerstoff zu versorgen, ist, 35-prozentiges Wasserstoffsuperoxid in Lebensmittelqualität zu sich zu nehmen. Das darf nicht mit dem 3-prozentigen Zeug verwechselt werden, das Zahnärzte und Ärzte verwenden und das möglicherweise *nicht* ohne schädliche Nebenwirkungen eingenommen werden kann. Es gibt einen genauen Plan, nach dem man sich richten kann, um den Körper mit dem 35-prozentigen Wasserstoffsuperoxid richtig zu versorgen. Die besten Informationen darüber gibt es in einem kleinen Buch namens *The One Minute Cure* von Madison Cavanaugh.[g] Wie gesagt muss man sich peinlich genau an die Anleitung halten, und die meisten Menschen haben dazu nicht die Disziplin. Aber wenn du es machst, ist es eine der wirkungsvollsten Maßnahmen auf der Ebene der Form, die du für deine Gesundheit ergreifen kannst. Nimm nicht zu viel. Man nimmt immer nur Tropfen davon in Wasser. Halte dich an die Anleitung.

Das war's, Kumpel. Nichts Anstrengendes. Die meisten dieser Sachen machen Spaß und sind leicht durchzuführen, aber wie der *Kurs* können sie nichts für dich tun, wenn du nicht danach handelst.

GARY: Mir haben schon viele Leute gesagt, ich solle mit Yoga anfangen, aber ich dachte immer, das könnte meinem Bierkonsum ins Gehege kommen.

PURSAH: Wenn du Yoga machst und dabei bleiben möchtest, ist das prima, aber du hast es ja normalerweise nicht so mit körperlicher Disziplin. Deshalb wären Spaziergänge vielleicht am besten für dich. Die Disziplin des *Kurses* ist etwas, das du anwendest, während du dein ganz normales sogenanntes Leben lebst. Somit ist sie ideal für dich. Also überlassen wir die Entscheidung über Yoga und andere Dinge dir gemeinsam mit dem Heiligen Geist. Zweifellos haben Yoga und andere Ansätze sehr positive Wirkungen im Leben vieler Menschen, auch wenn sie den Körper wahr machen.

ARTEN: Wir haben dir ein paar Dinge zum Aussuchen genannt. Pursah und ich haben diese Sachen in unserem letzten gemein-

---

[g] Auf Deutsch liegt zu dieser Thematik im VAK Verlag, Kirchzarten bei Freiburg, das das Buch *Wasserstoffsuperoxid* von Josef Plies vor. – *Die Red.*

samen Leben gemacht – das, in dem wir erleuchtet wurden. Sie waren aber nicht der Grund *für* unsere Erleuchtung. Dahin kamen wir durch die disziplinierte Anwendung des Denksystems des Heiligen Geistes. Aber diese Übungen machen Spaß und helfen. Also viel Vergnügen damit!

GARY: Danke, Arten. Weißt du, du bist gar kein übler Kerl – dafür, dass du so groß und attraktiv bist und wie ein griechischer Gott aussiehst.

ARTEN: Ich wusste es. Das ist der Grund, warum du mich nicht magst. Ich bin froh, dass du es mir vergibst.

GARY: Noch etwas?

PURSAH: In deinem Fall wäre es nicht falsch, sich genügend auszuruhen. Du musst daran denken, dass es in Ordnung ist, nein zu sagen. Du bist so enthusiastisch dabei, unsere Botschaft zu verkünden, dass du dir keine Zeit für dich nimmst. Nimm dir Edgar Cayce als Mahnung. Er hat sich zu Tode gearbeitet! Er fühlte sich dafür verantwortlich, jedem zu helfen, der an seine Tür klopfte.

Sie sind reiner Geist, genauso wie Gott, und das kann sich nie ändern.

Du musst auch einmal innehalten und den Duft der Blumen riechen. Wenn du die Bitten von anderen nicht ablehnen kannst, dann bist du noch nicht über deine Egozentrik hinweg. Du machst die Situation wahr. Du sagst nichts anderes als: »Das ist ein wirklicher Körper mit einem wirklichen Problem, und ich muss ihm helfen.« Das geht total an der Sache vorbei. Sie sind *kein* Körper, sie haben *kein* echtes Problem, und sie sind *nicht* hier. Sie sind reiner Geist, genauso wie Gott, und das kann sich nie ändern. Wie der *Kurs* lehrt, ist der Körper noch nicht einmal lebendig:

Alles wird durch das Leben erreicht, und das Leben ist vom Geist und im Geist. Der Körper lebt weder, noch stirbt er, weil er dich, der du das Leben bist, nicht fassen kann.[4]

Er sagt auch:

Denn es ist nicht der Körper, der dem SOHN des SCHÖP-
FERS gleicht. Und das, was leblos ist, kann nicht der SOHN
des LEBENS sein.[5]

GARY: Heh, das erinnert mich an den ersten Autoaufkleber, den
ich sah, als ich in Kalifornien war. Er pappte auf einem Lei-
chenwagen, und auf ihm stand: ICH SEHE TOTE MEN-
SCHEN.

ARTEN: Erinnere dich an die kompromisslose Definition, die J
im *Kurs* macht. Er sagt: »Es gibt kein Leben außerhalb des
HIMMELS. Wo GOTT das Leben schuf, da muss das Leben sein.«[6]

Wir verabschieden uns jetzt von dir mit einem Zitat aus dem
Kurs, von dem wir möchten, dass du eine Weile darüber nach-
denkst. Du kannst es später nachlesen. Es ist leicht zu finden.

GARY: Erinnert ihr euch an das erste Buch? Ich musste alle Zitate
aus dem *Kurs* selber heraussuchen. Ich hatte nicht einmal eine
Konkordanz! Heute tippt man einfach eine Zeile aus der elektronischen Version des *Kurses* in seinen Computer ein und kann
jedes Zitat, das man braucht, in einer Sekunde finden.

PURSAH: Dein Weg hat dir gut dazu gedient, den *Kurs* zu lernen. Das Zitat, von dem wir möchten, dass du darüber nach-
denkst, ist folgendes: Wenn du wegen deiner Beziehung be-
drückt bist, denke an uns und J und vergebe der Welt, so wie
wir es getan haben.

Das Ego benutzt den Körper, um sich gegen deinen Geist zu
verschwören, und da es merkt, dass sein »Feind« ihnen beiden
durch die bloße Einsicht, dass sie nicht Teil von dir sind, ein
Ende setzen kann, verbinden sich beide zum Angriff. Das ist
vielleicht die seltsamste Wahrnehmung überhaupt, wenn du be-
denkst, was sie wirklich beinhaltet. Das Ego, das nicht wirklich

ist, versucht den Geist, der wirklich *ist*, davon zu überzeugen, dass der Geist die Lerneinrichtung des Ego ist, und außerdem, dass der Körper wirklicher ist als der Geist. Niemand, der rechtgesinnt ist, könnte das überhaupt glauben, und niemand, der rechtgesinnt ist, glaubt es.

Höre also die eine Antwort des HEILIGEN GEISTES auf alle Fragen, die das Ego stellt: Du bist ein Kind GOTTES, ein unschätzbarer Teil SEINES REICHES, das ER als Teil von SICH schuf. Nichts anderes existiert, und das allein ist wirklich. Du hast einen Schlaf gewählt, in dem du schlimme Träume hattest, aber der Schlaf ist nicht wirklich, und GOTT ruft dich, aufzuwachen. Nichts von deinem Traum wird übrig bleiben, wenn du IHN hörst, weil du erwachen wirst. Deine Träume enthalten viele der Symbole des Ego, und sie haben dich verwirrt. Doch lag das nur daran, dass du geschlafen hast und nicht erkanntest. Wenn du erwachst, wirst du die Wirklichkeit um dich herum und in dir sehen und nicht mehr an Träume glauben, weil sie keine Wirklichkeit für dich haben werden.

Das HIMMELREICH aber und alles, was du dort erschaffen hast, werden für dich große Wirklichkeit haben, weil sie schön und wahr sind.[7]

5

Die Lektionen von Thomas und Thaddäus

Man hat mich richtig als das »Lamm Gottes, das hinwegnimmt die Sünden der Welt« bezeichnet, aber diejenigen, die das Lamm blutbefleckt darstellen, verstehen die symbolische Bedeutung nicht. Richtig verstanden ist es ein ganz einfaches Symbol, das meine Unschuld ausdrückt. Der Löwe und das Lamm, die beieinander liegen, symbolisieren, dass Stärke und Unschuld nicht miteinander in Konflikt sind, sondern von Natur aus in Frieden miteinander leben. »Selig sind, die reinen Herzens sind; denn sie werden GOTT schauen« ist eine andere Art, dasselbe zu sagen. Ein lauterer Geist erkennt die Wahrheit, und das ist seine Stärke. Er verwechselt Zerstörung nicht mit Unschuld, weil er Unschuld mit Stärke und nicht mit Schwäche assoziiert.[1]

Seit Arten und Pursahs Weggang nach ihrer ersten Reihe von Besuchen gegen Ende 2001 habe ich mehr und mehr Erinnerungen an frühere Leben wie auch ein paar Einblicke in mein zukünftiges, letztes Leben erhalten. Diese Erinnerungen nehmen verschiedene Formen an. Die meisten meiner bisherigen mystischen Erfahrungen sind visueller Natur gewesen und können in jedem beliebigen Moment während des Tages auftreten. Manchmal sehe ich Bilder oder habe Visionen, wenn ich meditiere. Meistens sehe ich mit Botschaften verbundene Bilder allerdings, wenn ich mich im »Zwischenbereich« befinde, wie ich es nenne, dem Zustand, in dem ich abends im Bett zwar noch wach, aber kurz vor dem Einschlafen bin.

In diesen wenigen Momenten zwischen Schlafen und Wachen sehe ich also oft Bilder. Sie können sehr unterschiedlich sein, und manchmal sind es auch mehr als nur Bilder. Gelegentlich entwickeln sie sich zu kompletten Szenen, die an anderen Orten und zu anderen Zeiten spielen, oft mit Ton. Es ist dann ziemlich genauso, wie einen Film zu sehen. Im Laufe der Jahre sind die Bilder deutlicher und klarer geworden. Auch wenn ich solche Erlebnisse in tiefem Schlaf haben kann, treten die zutreffendsten und am einfachsten zu behaltenden Visionen meinem Eindruck nach dann auf, wenn der unbewusste Geist an die Oberfläche kommt und auf einen entspannten bewussten Geist trifft. Die Informationen aus dem unbewussten Geist sind am verlässlichsten, und je besser man gelernt hat, seinen bewussten Geist aus dem Weg zu räumen, desto genauer kann man den unbewussten Geist betrachten, wenn er an die Oberfläche kommt.

In meinem Fall geht das gut im Halbschlaf. Edgar Cayce dagegen schlief einfach ganz ein. Dann sprach sein unbewusster Geist durch ihn – weshalb er auch der »Schlafende Prophet« genannt wurde. Die besten Hellseher und Medien der Geschichte sind immer die gewesen, die einen Weg gefunden haben, die Einmischung des bewussten Geistes ins Unbewusste einzudämmen. Der bewusste Geist wirkt wie ein Filter, welcher der Interpretation der Inhalte den Stempel des Egos der jeweiligen Person aufdrückt. Je weniger der bewusste Geist die Informationen filtert, desto höher ist die Qualität der Botschaft.

Ein Beispiel dafür wäre Jane Roberts, die Seth channelte. Sie ließ ihren bewussten Geist immer ganz los und ein anderes Wesen durch sie sprechen. Das beste Medium, das ich je erlebt habe, ist George Anderson. Er beschäftigt seinen bewussten Geist, indem er auf einem Malblock herumkritzelt. Die Genauigkeit der Informationen, die aus seinem unbewussten Geist kommen, ist erstaunlich. Er muss den Menschen keine Fragen stellen, wie viele andere Medien. Er teilt seinen staunenden Kunden einfach eine Information nach der anderen mit.

Frühere Leben sind nichts anderes als eine Abfolge von Träumen.

Ich räume meinen bewussten Geist normalerweise aus dem Weg, indem ich meditiere oder schlafe. Manchmal habe ich auch schon im Wachzustand Visionen gehabt, und in Arten und Pursahs Anwesenheit bin ich immer wach gewesen. Aber die von ihnen stammenden Informationen kommen nicht einfach aus meinem unbewussten Geist – sie kommen auch von Manifestationen des Heiligen Geistes, genau wie die Stimme des *Kurses* eine Manifestation des Heiligen Geistes war.

Bei meinen Erinnerungen an frühere Leben erkannte ich: Frühere Leben sind nichts anderes als eine Abfolge von Träumen. Ihr einziger echter Wert besteht darin, mir beizubringen, wie ich die gemachten Erfahrungen zum Vergeben nutzen kann, besonders da mir dieselben Vergebungslektionen in diesem Leben wieder präsentiert werden. Die Form mag eine andere sein, aber die Lektion und ihre Bedeutung bleiben dieselben.

Während wir diese Lektionen lernen, ist es klug, sich daran zu erinnern, dass auch Reinkarnation eine Illusion ist, weil wir nie wirklich in einem Körper inkarnieren. Unsere Erfahrung ist das, was Einstein eine »optische Täuschung des Bewusstseins« genannt hat. Ja, es sieht so aus und fühlt sich so an, als wären wir in einem Körper, aber das ist ein Trick des Egos, eine falsche Erfahrung. Der Körper ist nicht echt; er ist lediglich ein Teil derselben Projektion wie der Rest des Universums auch.

Die meisten Erinnerungen an meine früheren Traumleben hatte ich im Bett. Das heißt, bis zu Arten und Pursahs diesmaligem fünften Besuch.

ANMERKUNG: Für diejenigen, die den Unterschied nicht kennen: Ein *Hellseher* hat es in der Regel mit Wesen zu tun, die scheinbar inkarniert sind, wenn auch nicht immer, während ein *Medium* nur Kontakt zu Wesen hat, die schon »auf der anderen Seite« sind. Channelmedien lassen andere Wesen durch sich sprechen. Helen Schucman war aufgrund der Qualität der von ihr übermittelten Botschaften das vermutlich größte Channelmedium überhaupt, und sie war in der Hinsicht einmalig, dass sie ihr Bewusstsein nicht verändern musste, damit Jesus klar durch sie kommunizieren konnte. Ihr bewusster Geist war dadurch abgelenkt, dass sie die von Jesus durchgegebenen Worte »sah« und in ihrer eigenen Form von Kurzschrift festhielt. Aber weil sie nur dafür bekannt wurde, Jesu Stimme zu »hören«, trat sie eine Welle von Trittbrettfahrern los, die behaupteten, Jesus zu channeln, und kein bisschen merkten, wie sehr sie die wiedergegebenen Inhalte filterten.

Die Qualität und Beständigkeit der Botschaften, die Helen von Jesus bekam, war wesentlich besser als viele andere. Auch wenn andere Channelmedien oft denken, dass sie »dasselbe« sagen wie *Ein Kurs in Wundern*, verstehen sie doch nur selten die feinen Unterschiede und erkennen nicht, wo sie durch Hinzufügen ihrer persönlichen Ansichten von der ursprünglichen Botschaft abgekommen sind. Viele von ihnen haben sich eigene Versionen des *Kurses* ausgedacht und sie für eine Verbesserung oder Erweiterung gehalten, während die Wahrheit schlicht lautet, dass sie sich besser mit dem Original hätten beschäftigen sollen, als etwas Eigenes zu erfinden. Die von ihnen gechannelten Inhalte sind durch ihr Ego verzerrt worden. Warum nicht einfach bei der echten Version bleiben?

Um noch einmal einen Überblick zu geben: In den letzten Jahren hatte ich lebhafte Erinnerungen an ein Leben, in dem ich ein Mitglied der Pharaonenfamilie im alten Ägypten war, und an eines als Thomas Didymus, der jetzt als Heiliger Thomas bekannt ist. Und wie schon erwähnt erlebte ich auch Szenen aus einem Leben als Indianer in Cahokia, der ein Bekannter des außergewöhnlichen spirituellen Lehrers »Große Sonne« war. Ich sah mich in Visionen als einer der Unterzeichner der amerikanischen Unabhängigkeitserklärung namens Roger Sherman, als William Harrison aus Ohio, der in der Schlacht von Alamo umkam, und in meinem zukünftigen Leben als einer meiner jetzigen Lehrer. Darüber hinaus hatte ich noch zahlreiche Erinnerungen aus anderen Leben, bei denen ich allerdings bisher nicht die Namen der Menschen identifizieren konnte, die ich gewesen war oder die ich gekannt hatte – nur manchmal.

Es war an einem frühen Dienstagnachmittag, als ich meine aufgestiegenen Freunde wiedersah. Ihre Besuche waren normalerweise nicht vorhersehbar, auch wenn ich manchmal so ein Gefühl im Bauch hatte, dass sie kommen würden. Manchmal erschienen sie monatelang nicht, um mir Zeit zu geben, ihre Worte in mein tägliches Leben zu integrieren und anzuwenden. Dieses Mal begann Pursah das Gespräch.

Pursah: Hallo Gary. Wie ist das Leben so zu dir?
Gary: Ganz gut. Ich hatte eine schöne Zeit in Lake Charles. Die Leute waren so dankbar, dass ich gekommen war! Dort kommen nicht so viele Redner hin. Alle gehen entweder nach Houston oder New Orleans – das französische Viertel dort musste ich mir natürlich ansehen. Seit dem Hurrikan Katrina ist es in New Orleans irgendwie traurig. So viele Menschen haben die Stadt verlassen. Und natürlich wurde Bourbon Street, der Teil der Stadt, von dem jeder annahm, dass er von Gott zerstört werden würde, von den Wassermassen nicht einmal angerührt. Die Franzosen waren so schlau, sechs Meter über dem Meeresspiegel zu bauen. Auf jeden Fall hatte ich Gelegenheit, es mir anzusehen und in einem guten Restaurant zu essen, auch wenn nicht viel Zeit war.

Und Montreal war fantastisch. Es hat mir viel Spaß gemacht, die Altstadt anzusehen und das Essen zu probieren. Und mein französischer Herausgeber, Marc, nahm uns nach dem Workshop mit in dieses tolle arabische Restaurant. Die Tänzer waren großartig und viele aus dem Publikum standen am Ende auf und tanzten und sangen in einer Sprache, die ich nicht verstand – aber es hat Spaß gemacht!

PURSAH: Wenn die Illusion der Zeit weiter ihren Gang geht, werden wir mir dir noch über deine Beziehungen reden. Damit verbunden haben wir heute eine kleine Abwechslung für dich auf Lager. Wie wäre es, dich mal mit dem Heiligen Thomas zu unterhalten?

GARY: Wie bitte?

PURSAH: Thomas Didymus, der Zwilling, steht zur Verfügung, um dir gleich hier und jetzt zu erscheinen und mit dir zu sprechen. Du wirst ihn genauso sehen, wie er damals in dem Alter aussah, das er bei der Kreuzigung hatte. Er wird mit dir Englisch anstatt Aramäisch sprechen, damit du ihn verstehen kannst. Er wird so aussehen wie J. Wie du weißt, wurde Thomas oft für J gehalten, weil die beiden sich so ähnlich sahen.

GARY: Ja! Ich habe Erinnerungen und Träume gehabt, in denen beide gleich ausgesehen haben.

ARTEN: Nun, jetzt wirst du ihn sozusagen leibhaftig erblicken. Du kannst ihn alles fragen, was du möchtest. Und denk daran, es gibt keinen Grund, nervös zu sein oder Angst zu haben. Du sprichst bloß mit dir selbst. Du warst Thomas, und du wirst Pursah sein. Beide lieben dich, und alles, was du tun musst, ist du selbst zu sein und sie zu lieben.

GARY: Ich versuche seit Jahren, Pursah zu lieben. Aber cool. Bringt den Typen her.

ANMERKUNG: Ich kannte es schon, dass meine Lehrer mich ab und zu einfach vollkommen umhauten. Aber das hier war wieder eine besondere Nummer. Arten verschwand, und Pursah verwandelte sich in eine völlig andere Person. Ich erkannte sie sofort als den Mann aus meinen Visionen wieder. Er sah ziemlich genauso aus, wie ich mich erinnerte, dass J ausgesehen hatte – wenn auch nicht ganz genauso. J hatte damals Y'shua geheißen. Die meisten Menschen von heute betonen diesen Namen auf der ersten Silbe, aber die Betonung sollte auf der zweiten sein. Meine Lehrer nannten ihn natürlich einfach J, aber der Mann, den ich gerade ansah, war nicht J – es war Thomas, oder Didymus, der Zwilling, den man so leicht mit J verwechseln konnte. Ich war sprachlos und saß mit gebannter Aufmerksamkeit da, als er anfing zu sprechen.

THOMAS: Hallo Bruder. Du siehst aus, als hättest du ein Gespenst gesehen.

GARY: Ich glaub's nicht. Okay, ich glaube es. Mich überrascht ja nichts mehr, aber das hier ist nicht zu fassen. Du siehst genauso aus, wie ich dich und J in meinen Träumen und Visionen gesehen habe.

THOMAS: Was hast du denn erwartet, einen Schwindler?

GARY: Nein, so habe ich es nicht gemeint. Sag mir ehrlich: Wo bist du hergekommen? Das ist mir auch mit Arten und Pursah noch nie wirklich klar gewesen.

THOMAS: Du hast gesehen, wie Pursah sich in mich verwandelt hat. Betrachte es so: Ich erscheine dir genausowenig aus der Vergangenheit, wie Pursah aus der Zukunft. Ich erscheine dir von komplett außerhalb des Systems, von vollkommen außerhalb von Zeit und Raum. Ich bin jetzt eine Manifestation des Heiligen Geistes. Pursah ist in der Zukunft erleuchtet worden, in etwa 100 Jahren von heute. Wenn du erleuchtet wirst und deinen Körper das letzte Mal ablegst, dann unterscheidest du dich nicht mehr von Gott, J oder dem Heiligen Geist. Auf der Ebene des Geistes ist es alles dasselbe. Unterscheidungen bedeuten nur in Illusionen etwas, aber im Himmel gibt es keine Illusionen.

GARY: Aber wenn du Illusionen nicht ernst nimmst, wie bist du dann hierhergekommen?

THOMAS: Das ist eine ausgezeichnete Frage. Streng genommen lautet die Antwort, dass ich, Thomas, *nicht* hierhergekommen bin.

GARY: Also hör mal! Ich sehe dich doch gerade vor mir.

THOMAS: Was du siehst, ist eigentlich der Heilige Geist, der auf eine Art in deinem Traum erscheint, die du annehmen und verstehen kannst. Der Heilige Geist kennt deine Illusionen schon, nur ohne daran zu glauben. Und er erscheint dir auf die Weise, die für dich zu einem bestimmten Zeitpunkt am besten funktioniert. Der Heilige Geist ist Liebe, vollkommene Liebe, genauso wie Gott. Aber die Liebe erscheint dir als Form, weil das der einzige Weg ist, wie du sie jemals hören könntest. Weißt du noch, was du, Arten und Pursah einmal über die Realität des Heiligen Geistes gesagt habt?

GARY: Sicher. Sie haben aus dem *Kurs* zitiert: »SEIN ist die Stimme für GOTT und hat daher Form angenommen. Diese Form ist nicht SEINE Wirklichkeit ...«[2]

THOMAS: Ja, und die *Wirklichkeit* des Heiligen Geistes ist reiner Geist, Liebe, echte, allumfassende Liebe.

GARY: Also was bist du, Liebe oder Thomas?

THOMAS: Liebe. Jeder Verstorbene, ob erleuchtet oder nicht, kann im Traum als Manifestation des Heiligen Geistes erscheinen. Aber wenn du das tust, bist es nicht du – es ist ein Bild von dir. Wenn dein Körper erst einmal weg ist, bist du raus, und du kommst nicht mehr als diese bestimmte Form zurück, es sei denn, du lebst das Leben noch einmal.

GARY: Noch einmal?

THOMAS: Ja. Man kann wiederkommen und dasselbe Leben noch einmal leben. Wenn du deine Lektionen dann besser lernst als zuvor, kannst du vielleicht sogar in eine andere Zeitdimension wechseln und etwas anderes erleben. Wie Arten und Pursah gesagt haben, bist nicht du es, der das Drehbuch ändert, sondern du bist nur in der Lage, eine andere Dimension zu sehen als zuvor.

GARY: Ich kenne diese Erfahrung, obwohl man ja normalerweise nicht weiß, dass man die Dimension gewechselt hat, wenn es passiert. Es fühlt sich einfach anders an, als ob gewisse

Umstände anders wären oder vielleicht eine Person, die man kennt, sich verändert hat. Vielleicht erscheinen die Dinge auch einfach leichter.

Ich will mit dir noch über das Leben mit Jesus vor 2.000 Jahren sprechen, aber erst habe ich eine andere Frage. Ich habe gehört, dass manchmal mehr als ein Mensch Erinnerungen daran hat, in einem früheren Leben eine bestimmte Person gewesen zu sein.

THOMAS: Richtig. So muss es definitionsgemäß sein.

GARY: Warum?

THOMAS: Du erinnerst dich an das Bild, wonach der Geist sich teilt wie Zellen unter einem Mikroskop?

GARY: Klar. Er teilt sich immer und immer wieder. Du fängst also mit zwei Menschen an, wie Adam und Eva, und 5.000 Jahre später hast du sechs Milliarden. Reinkarnation könnte nur möglich erscheinen, wenn das eine Wesen, das glaubt hier zu sein, sich immer weiter aufteilt. Jeder scheinbar abgetrennte Geist, den viele Menschen als Seele bezeichnen würden, scheint dann auf der Welt oder im Universum als irgendeine Form von Körper aufzutauchen. Es könnte ein menschlicher Körper sein, muss es aber nicht. Ein Körper ist ein Körper. Alles, was eine Begrenzung hat, ist ein Körper – auch ein Klavier. Geist ist Geist und erscheint als symbolische Form, die durch die Trennung erzeugt wird und als eine Projektion dieses Trennungsgedankens wirksam ist.

> *Geist ist Geist und erscheint als symbolische Form.*

THOMAS: Sehr gut. Aber überleg nochmal. Wenn der Geist sich immer weiter aufteilt, dann wird es ja irgendwann im Laufe der Zeit mehrere Menschen geben, die alle Abspaltungen des einen scheinbar individuellen Geistes sind. Das heißt, dass sie dieselben Erinnerungen an vergangene Leben haben wie die anderen Menschen, die dieser Geist waren. Natürlich ist das jetzt ein lineares Modell, das täuscht. Tatsächlich ist alles auf einmal geschehen, und es sieht dann so aus und fühlt sich so an, als würdest du es jetzt gerade erleben. Innerhalb des linearen Modells wird es immer verschiedene Menschen geben, die berechtigterweise Erinnerungen daran haben, dieselbe Person gewesen zu sein.

GARY: Wenn also ein Mensch behauptet, vor 2.000 Paulus gewesen zu sein, und sich an diese Inkarnation erinnern kann, und ein anderer Mensch würde dasselbe behaupten, dann könnte es sein, dass *beide* die Wahrheit sagen?

THOMAS: Ja, absolut. Und das betrifft auch dich. Es gibt heute mehr als einen Menschen auf diesem Planeten, der vor 2.000 Jahren der Heilige Thomas war und ab und an berechtigte Erinnerungen daran haben könnte.

GARY: Es ist echt schräg, zu wissen, dass da draußen noch jemand ist, der in seinem unbewussten Geist dieselben Erinnerungen hat, weil wir einmal denselben Geist hatten!

THOMAS: Gespenstisch. Aber ihr habt ja *immer noch* denselben Geist. Es sieht nur nicht so aus, weil ihr einen Traum des Getrenntseins durchlebt. Doch zurück zu unserem Thema. Was wolltest du über J wissen?

GARY: Ich wüsste gern, ob meine Erinnerungen, Träume, Visionen und so stimmen. Als ich einmal in meinem visionären Zustand war, habe ich J zum Beispiel als mit Maria Magdalena verheiratet gesehen, und sie war wunderschön.

ANMERKUNG: Ein paar meiner Leser meinten, *Die Illusion des Universums* hätte die Behauptung, dass J und Maria verheiratet waren, aus dem Film *The DaVinci Code – Sakrileg* übernommen. Die ersten Ausgaben sowohl der *Illusion* als auch des *Sakrilegs* erschienen allerdings zur selben Zeit – im Frühjahr 2003 – und hätten gar nichts voneinander übernehmen können.

THOMAS: Maria war viel mehr als wunderschön. Sie war erwacht. Sie war genauso wie J, und die Jünger waren aus vielen Gründen auf sie eifersüchtig.

GARY: Warum?

THOMAS: Zunächst einmal hat er sie immer wieder öffentlich geküsst, und das hat manchen von uns nicht gefallen. Solche Sachen waren damals nicht sehr verbreitet. Zweitens war sie erleuchtet wie J, und wir nicht. Dann war sie auch noch eine großartige Lehrerin. Ich war ein Schreiber und verstand die Lehren besser als die meisten anderen, aber ich wollte ganz bestimmt nicht aufstehen und vor Menschen sprechen. Du hast dieselben Vorbehalte, vor Menschen zu sprechen, in diesem Leben ebenfalls gehabt und sie durch Vergebung überwunden. Respekt. Maria war aber nicht nur eine gute Rednerin – sie war ein spirituelles Genie.

GARY: Willst du damit etwa sagen, ich sei keines?

THOMAS: Ich glaube nicht, dass der Begriff *Genie* auf dich passt.

GARY: Denkst du etwa, ich bin blöd?

THOMAS: Nein, ich würde einfach nur sagen, dass du mit begrenzten Ressourcen dein Bestes gibst.

GARY: Und ich dachte, Arten wäre schlimm.

THOMAS: Ich mache doch nur Witze, Bruder! Wie gesagt, ich habe Respekt vor dir.

GARY: Sag mal, erinnerst du dich an das letzte Abendmahl?

THOMAS: Ja, ich erinnere mich daran.

GARY: Das war klasse.

THOMAS: Vielen Menschen ist über das letzte Abendmahl nicht klar, dass sowohl die Jünger als auch J und Maria dabei viel lachten. In der Regel sahen die beiden wie ein ganz normales Paar aus. Sie spielten sich nicht auf oder machten anderen etwas vor. Das berühmte Gemälde vom letzten Abendmahl zeigt ganz gut, wie sie an jenem Abend zusammen waren, auch wenn es nicht perfekt ist. Und was das Lachen angeht, sieh dir den Psalm Davids an. Er wird viel bei Beerdigungen gelesen, obwohl er gar nicht vom Sterben handelt. Es ist eine Art zu leben, ohne Angst. Du kannst lernen, über den Tod zu lachen. Sowohl J als auch Maria liebten diesen Teil der Schrift. Es heißt dort: »Und ob ich schon wanderte im finstern Tal [des Todesschattens],[h] fürchte ich kein Unglück; denn du bist bei mir.« Natürlich! Während der Kreuzigung schlug einer der römischen Soldaten Jesus einen Nagel durchs Handgelenk. Er fühlte und zeigte keinen Schmerz. Der Soldat war aufgebracht. Er schrie J an und wollte von ihm wissen: »Warum fühlst du keinen Schmerz?« J sah ihn ruhig an und sagte: »Wenn in deinem Geist keine Schuld ist, kannst du nicht leiden.« Der Soldat war völlig entrüstet darüber, dass er J keinen Schmerz zufügen konnte, und rammte einen Speer in seine Seite. Das machte es weder besser für den Soldaten, noch hatte es irgendeine Wirkung auf J.

Es gab einen Moment, in dem J am Kreuz hing, ihm das Blut hinunterlief und er liebevoll Maria ansah und sie ihn. Als ihre Blicke sich trafen, erschien auf ihren beiden Gesichtern ein sanftes Lächeln. Sie wussten, dass er den Tod überwunden hatte. In seinem Geist wusste er, dass er kein Körper war. Was er war, konnte von der Welt nicht getötet werden. Es konnte von der Welt noch nicht einmal verletzt werden! Der reine Geist, der er wirklich und der nicht anders als Gott war, würde ewig weiterleben. Sie erlebte dasselbe wie J, und niemand auf der Welt hätte irgendetwas tun können, um die Wahrheit in ihnen zu ändern.

Das ist die Botschaft der Kreuzigung, oder, wie J später im *Kurs* sagt: »Lehre nur Liebe, weil du nur Liebe bist. Wenn du die Kreuzigung auf irgendeine andere Weise deutest, benutzt du sie als Angriffswaffe statt als Friedensaufruf, als der sie gedacht war.«[3]

GARY: Jesus hat also den Tod überwunden, und ich erinnere mich an einige der Dinge, die du erzählst, genauso, wie sie passiert sind. Dann erschien er uns nach der Kreuzigung. Du sagst aller-

---

h In der englischen Version der King-James-Bibel, auf die sich im Original bezogen wird, ist vom »Tal des Todesschattens« (»valley of the shadow of death«) die Rede, in der deutschen Luther-Bibel heißt es dagegen nur »im finstern Tal«. – *Die Red.*

dings, dass es eigentlich der Heilige Geist war, der als Bild Jesu erschien, obwohl sein Körper genauso echt aussah wie jeder andere und sich auch so anfühlte. Und auf die Art bist auch du mir erschienen, genau wie Arten und Pursah, richtig?

THOMAS: Du hast es erfasst. Und ich habe noch etwas für dich zum Nachdenken.

GARY: Ich bin immer offen für Vorschläge. Ich befolge sie zwar nicht, aber ich bin immer offen für sie.

THOMAS: Stell dir das hier vor. J war gekreuzigt worden. Wir wurden von den Römern gesucht. Die meisten von uns waren demoralisiert, besonders Petrus. Sogar Thaddäus und ich fühlten uns sehr herausgefordert. Wir verstanden Js Botschaft, wie auch Maria, Philippus, Stephanus und ein paar andere, aber für die meisten von uns war es dennoch eine extrem schwere Zeit. Haben wir geglaubt? Hatte J wirklich den Tod überwunden? Definitiv war keiner von uns in der Geisteshaltung, hinauszugehen und vor den Menschen zu behaupten, dass es ihm gelungen war.

An dieser Stelle musst du zwei und zwei zusammenzählen. Unter *gar keinen Umständen* wären die Jünger in die Welt hinausgezogen und hätten versucht, die Bedeutung der Worte Js zu lehren, wenn er uns nach der Kreuzigung nicht *wirklich* als Körper erschienen wäre, genauso echt oder unecht wie der Körper jedes anderen Menschen auch. Jeder, der daran zweifelt, dass J den Tod überwunden hat, sollte diesen Punkt sorgfältig bedenken. Wie sonst kann man das Verhalten der Jünger erklären, wenn nicht durch Js Auferstehung? Es gäbe keine logische Erklärung für unseren wiederentflammten Enthusiasmus. Ja, seine Lehren wie auch seine Vorbildfunktion waren vor seinem Tod außergewöhnlich und inspirierend gewesen, aber der Heilige Geist wusste, dass es uns ganz gut täte, wenn wir zur weiteren Ermutigung einen Beweis erhielten. Manchmal wird der Heilige Geist so mit dir zusammenarbeiten, dass es dich ermutigt, auf deinem Weg zu bleiben. Wir bekamen die Ermutigung, die wir brauchten.

Schließlich änderte die Welt Js Botschaft von einer spirituellen in eine religiöse. Doch das spielte für uns zu der Zeit keine Rolle. Es gab noch kein Christentum oder so etwas. Unserem Verständnis und Glauben nach war J zu Gott zurückgekehrt.

GARY: Aber du wurdest immer als der Zweifler hingestellt.

THOMAS: Das war nur ein Haufen Blödsinn. Nur weil du jemanden anfassen willst, der dir aus einer anderen Sphäre erscheint, heißt das doch nicht, dass es dir an Glauben mangelt. Neugier wäre schon Grund genug, um das zu wollen. Wolltest du Pursah nicht auch anfassen?

GARY: Ja, obwohl ich wahrscheinlich mehr als einen Grund hatte.

THOMAS: Die Kirche hat ein paar Dinge über mich erfunden, und wo sie schon dabei war, hat sie auch gleich noch Maria komplett aus der Geschichte herausgeschrieben, die Rolle von Stephanus zu einer von geringer Bedeutung abgeändert und praktisch kein Wort mehr über Thaddäus verloren. Mich konnten sie nicht aus der Geschichte nehmen, weil ich zu bekannt war. Ich war in viele andere Länder gereist, und viele Menschen wussten, dass ich im indischen Chennai, auch Madras genannt, von einem ziemlich verwirrten Stammeshäuptling getötet wurde. Zufällig steht an dem Ort, an dem ich ausgelöscht wurde, heute die St.-Thomas-Basilika.

GARY: Liegen dort wirklich deine Knochen?

THOMAS: Ja, aber das bin nicht ich, also mach kein großes Gewese daraus. Wichtig ist die Botschaft.

GARY: Wo wir gerade bei der Botschaft sind: Kannst du mir ein Beispiel dafür geben, dass J vor 2.000 Jahren dasselbe gelehrt hat wie heute als Stimme von *Ein Kurs in Wundern*?

THOMAS: Sicher. Sieh dir im Neuen Testament die Antwort an, die er den älteren Gelehrten auf die Frage »Was ist das größte Gebot?« gegeben hat. Ich war dabei. Seine Antwort war unglaublich. Er ignorierte den Glauben der Älteren und ihre Schrift. Er erkannte noch nicht einmal die Zehn Gebote an.

Stattdessen gab er ihnen zwei neue Gebote, die dazu gedacht waren, die alten zu ersetzen!

GARY: Seine waren ja auch wichtig.

THOMAS: Sie waren die Wahrheit. Er sagte: »Auf diesen zwei Geboten beruhen alle Gesetze und alle Aussagen der Propheten. Du sollst den Herrn, deinen Gott, mit ganzem Herzen, mit ganzer Seele und ganzem Geist lieben.« Und er fügte hinzu: »Du sollst deinen Nächsten lieben wie dich selbst.«

GARY: Das erinnert mich an etwas. Thomas Jefferson hat die Bibel für sich selbst bearbeitet. Seine Version wird die *Jefferson-Bibel* genannt, die Arten und Pursah schon vor langer Zeit erwähnt haben. Damals war sie nicht weit verbreitet, aber heute schon. In seiner Bearbeitung ließ Jefferson das Alte Testament auch völlig außer Acht, ebenso die Zehn Gebote. Die Teile, die er übernahm, handelten davon, wie man die Welt und das Leben betrachten sollte. Genau dasselbe tat Jesus in seiner Antwort an die Gelehrten!

J ging es um das Leben, das wahre Leben, das die Liebe Gottes ist.

THOMAS: Interessant, oder? J ging es um das Leben, das wahre Leben, das die Liebe Gottes ist. Dieses Leben ist lebendig, weshalb er zu den Gelehrten auch sagte: »Gott ist kein Gott der Toten, sondern der Lebenden.«

Es gibt kein wahres Leben, außer in Gott, Gary. Das Leben, das du für immer im Himmel erleben wirst, nachdem du erwacht bist, ist das ewige Leben, das kein Gegenteil hat. Du kannst das wahre Leben auch hin und wieder erfahren, während du hier in einem Körper zu sein scheinst. Aber am Ende wirst du dauerhaft zum Leben zurückkehren, nämlich durch wahre Vergebung, die dir erlaubt, dein Ego aufzulösen und wieder nach Hause zu Gott zu gehen. Jeder spirituelle Weg, der dir das nicht beibringt, wird viel, viel Zeit benötigen. Doch wenn du das Ego auflöst, wirst du wissen, dass der Tod zwar das scheinbare Gegenteil des Lebens ist, aber tatsächlich nur ein Konzept, das in der Illusion ausgelebt wird.

Du musst verstehen, dass das Thomas-Evangelium nur eine Auswahl der Aussagen Js beinhaltete, die ich aufgeschrieben hatte. Du weißt schon, dass die Version, die in Nag Hammadi gefunden wurde, nicht das Original war. Im Laufe von insgesamt 300 Jahren waren Dinge hinzugefügt worden. Deshalb hat Pursah dir in deinem zweiten Buch die richtige Version des Evangeliums gegeben. Vierundvierzig der fehlerhaften Aussagen wurden weggelassen, manche der restlichen Zitate abgeändert und einige zusammengeführt. Pursahs Version ergibt viel mehr Sinn als die aus Nag Hammadi, weil sie in sich stimmig ist, während die andere Version sich teilweise direkt selbst widerspricht. In der übereinstimmenden Version kannst du sehen, dass sich seine Lehre nicht verändert hat. Du fängst an zu erkennen, wie die Stimme von *Ein Kurs in Wundern* unsere Kultur vor 2.000 Jahren gelehrt hat.

Die meisten meiner schriftlichen Aufzeichnungen von dem, was J sagte, wurden später von der Kirche zerstört. Es gibt in den anderen Evangelien allerdings auch Aussagen, die von J stammen. Wenn du erst einmal den *Kurs* machst, kannst du selbst herausfinden, welche von ihm sind und welche nicht. Je mehr dein Geist vom reinen Geist erfüllt ist, desto besser kannst du auseinanderhalten, was vom reinen Geist kommt und was vom Ego.

Ich möchte dir von einigen der größten Vergebungslektionen aus meinem damaligen Leben erzählen. Die meisten Leben halten einige schwierige bereit. Auch wenn du lernst, dass es keine Rangordnung in der Schwierigkeit von Wundern gibt, sind sie dennoch hart. Die Leute sollten nicht so tun, als seien sie gegen ihre Gefühle immun. Erlebe deine Gefühle und vergib. Im Laufe der Zeit werden sie sich in Frieden verwandeln.

Eine der schwierigsten Lektionen waren für mich die Folgen davon, dass ich mich in eine wunderschöne und intelligente Frau namens Isaah verliebte. Auf der Ebene der Form waren wir perfekt füreinander, bis auf eine Sache: Sie war Araberin. Eine Beziehung zwischen einem jüdischen Mann und einer arabischen Frau zu der Zeit an dem Ort war ein kulturelles Tabu. Ich heiratete sie trotzdem.

Es war eine Freude, mit ihr zusammen zu sein. Sie war eine hervorragende Bauchtänzerin und verführte mich oft damit. Einer der Gründe, warum du heutzutage auf so etwas stehst, ist, weil du Erinnerungen daran aus besagtem Leben hast. Sie hatte viel Humor, was ein sehr guter Gradmesser für spirituellen Fortschritt ist. Sie hatte keine engen Verwandten, die noch am Leben waren, so dass von ihrer Seite aus unsere Ehe kein großes Problem war. Aber für mich war es eine bedeutende Sache. Ich war in Nazareth, der Stadt, in der J, Thaddäus und ich lebten, gut aufgenommen worden. Thaddäus war mein bester Freund. Wir fingen beide gleichzeitig an, J zu folgen. Als Isaah dazukam, entwickelte sie auch ein großes Interesse an seiner Lehre. Dann freundete sie sich mit Maria an, die ich schon kannte, und wir trafen uns hin und wieder zu fünft, um gemeinsam auszugehen.

Zum Teil deshalb, weil wir so viel Zeit mit ihnen verbrachten, fingen wir an zu verstehen, dass J und Maria auf einer viel tieferen Ebene als die meisten anderen lehrten. Thaddäus, Isaah und ich waren sehr glücklich darüber, einander zu haben. Uns verband mehr miteinander als eine besondere Beziehung. Wir verstanden wirklich, wer die anderen waren. Und J und Maria konnten ihre besondere Beziehung leben. Sie konnten normal sein und den Körper des anderen lieben. Sie konnten ausgehen und sich amüsieren. Aber letzten Endes wussten sie beide genau, wer der andere *wirklich* war.

GARY: Du meinst, dass sie ab einem gewissen Punkt über den Körper hinaussahen und einander nicht nur als Teil des Ganzen, sondern als das Ganze betrachteten – vollkommen unschuldig und Gott gleich?

THOMAS: Ganz genau. Und *so* fanden sie ihre eigene Göttlichkeit, indem sie diese ineinander und in jedem Menschen sahen, dem sie begegneten. Thaddäus, Isaah und ich machten in jenem Leben große Schritte in Richtung dieses Ziels. Wir schafften es nur nicht ganz.

Isaah und ich waren aus der Gemeinschaft verbannt worden, weil wir ein jüdisch-arabisches Paar waren, und wurden zu keiner Hochzeit mehr eingeladen. Das war zu der Zeit eine Riesensache. Hochzeiten waren die kulturellen Ereignisse des Jahres. Die Menschen reisten Hunderte von Kilometern, um Verwandte zu sehen, die sie schon Jahre nicht mehr gesehen hatten, und manche Familienmitglieder überhaupt zum ersten Mal kennen zu lernen. Da ich zu den Hochzeiten meiner Verwandtschaft nicht mehr eingeladen wurde, weil ich Isaah mitbringen würde, war ich praktisch aus der Gemeinschaft und vom größten Teil meiner Familie ausgeschlossen. Das tat weh. Nach der Kreuzigung konnte ich es irgendwann vergeben. Ich sah, durch was Jesus hindurchgehen und dabei seiner Lehre treu bleiben konnte. Fast konnte ich ihn über meine Situation lachen und mich fragen hören: »Du fühlst dich *weshalb* schlecht?«

Sicher war eine Sache, die das Leben einfacher machte, solange J noch am Leben war, dass wir fünf – die zwei Paare und Thaddäus – uns sehr nahe standen und einander nach Kräften unterstützten. Außerdem waren Philippus und Stephanus unsere engen Freunde. Wegen dieser Freunde hatten Isaah und ich nie das Gefühl, niemanden zum Reden zu haben.

GARY: Hat Thaddäus je geheiratet?

THOMAS: Das lasse ich dich ihn selber fragen. Er kommt gleich.

GARY: Oh Gott.

THOMAS: Du wirst dich mit Gott vereinen, wenn du soweit bist, auch wenn du in Wahrheit schon dort bist. Du bist ja nie weg gewesen. – Eine weitere Vergebungslektion für mich war, dass Petrus und Js Bruder Jakobus es einfach nicht kapierten. Ich dachte immer, sie würden irgendwann verstehen, aber sie taten es nicht. Und ich habe niemals Saulus beziehungsweise Paulus getroffen. Er kam ja erst später dazu, als Jakobus und Petrus schon kleine Kirchengemeinden in der Gegend und in einigen anderen Ländern gegründet hatten. Jakobus und Petrus vertrauten Paulus am Anfang nicht, hauptsächlich, weil er J niemals begegnet war. Aber als sie einige seiner Briefe an die Kirchengemeinden gelesen und gesehen hatten, wie wundervoll und inspirierend sie waren, änderten sie ihre Meinung. Er war ein echter Publikumsliebling, und die Kirchen liebten seinen Leiden-und-Opfern-Ansatz. Außerdem gefiel Jakobus und Petrus Paulus' Theologie, auf der das Christentum schließlich begründet wurde anstatt auf den Lehren Js.

Weil er so redegewandt war, wurde Paulus der Führer, zu dem die frühen wie auch die späteren Christen aufsahen. Es sollte allerdings noch 300 Jahre dauern, bevor die offizielle Religion gegründet wurde. Konstantin, seine Frau und seine Berater waren diejenigen, die festlegten, was in ihren Kanon kam und was nicht. Und was nicht hineinkam, wurde zerstört. Darum glauben die meisten Menschen ja auch, dass ich nicht sehr erfolgreich war.

Aber vergiss nicht, dass Geschichte nur eine Geschichte ist. Kümmere dich nicht darum, wie du auf andere Menschen wirkst. Wenn dir das wichtig ist, dann machst du es wahr. Warum geht es immer darum, wie etwas aussieht? Was wäre, wenn es keine Rolle spielte, wie etwas aussieht? Mach du *deine* Erfahrungen, nicht die von jemand anderem.

Und vergib jedem, der dich ungerecht behandelt zu haben scheint. Ich musste das durch meine Verwandten lernen, die mich wegen Isaah ablehnten. Als Kontinuum von mir musst du es jetzt abschließend von den Menschen lernen, die versucht haben, dich zu ruinieren. Auf der Ebene der Form hast du Recht. Du wurdest schlecht behandelt. Was Larry Bedini zu dir sagte, stimmt.

ANMERKUNG: Als ein gewisser Autor (derjenige, der den Versuch anzettelte, mich zu ruinieren) damit drohte, die *Ein-Kurs-in-Wundern*-Konferenz 2007 in San Francisco zu boykottieren, falls mir erlaubt werden sollte zu sprechen, sagte einer der Sponsoren der Konferenz, Larry Bedini, zu mir: »Gary, was sie dir versuchen anzutun, ist falsch.«

THOMAS: Aber genau da musst du wie J sein. Erinnere dich daran, was seine jüngsten Worte sind, die dasselbe bedeuten wie seine Worte vor 2.000 Jahren, auch wenn sie nicht immer dieselben sind. Im *Kurs* sagt er: »Hüte dich vor der Versuchung, dich als ungerecht behandelt wahrzunehmen. Aus dieser Sicht versuchst du eine Unschuld zu finden, die nicht die IHRE ist, sondern allein die deine, und zwar auf Kosten der Schuld eines anderen. Kann Unschuld dadurch erworben werden, dass du einem anderen deine Schuld gibst?«[4]

> *Wenn du dich als ungerecht behandelt wahrnimmst, dann machst du die Situation wahr.*

IHRE ist hier groß geschrieben, denn was sie hinter dem Schleier wirklich sind, ist unschuldiger, reiner Geist. Wenn du dich als ungerecht behandelt wahrnimmst, dann machst du die Situation wahr, wodurch das gesamte Egodenksystem der Schuld in deinem Geist wahr gemacht wird. Der einzige Weg, deine Unschuld zu finden, ist einzusehen, dass die Situation *nicht* wahr ist, und anderen für das zu vergeben, was sie in Wirklichkeit nie getan haben. Und da es nie geschehen ist, kannst du *sie* als unschuldig betrachten. So findest du selbst deine Unschuld. Vergiss das nie. Es ist der einzige Ausweg.

Ich habe es durch meine Familie und andere gelernt. Du kannst es von denen lernen, die ihre unbewusste Schuld auf dich projizieren. Ja, ich hatte noch andere Lektionen zu lernen, so wie du, aber ich habe erhebliche Fortschritte gemacht, und das tust du auch. Mensch, du hast nur noch eine Runde vor dir!

GARY: Könnte ich es schaffen, in diesem Leben so viel zu vergeben, dass ich nicht noch einmal herkommen und mir das letzte Leben als Pursah ansehen muss?

THOMAS: Das ist eine gute Frage, und sie zeigt, dass du nach Hause willst. Eigentlich wäre es möglich. Dir bleibt ja deine einzige Macht, der freie Wille, jederzeit die wahre Vergebung des Heiligen Geistes anstelle der Schuldprojektion zu wählen, nach der das Ego verlangt. Das Drehbuch des Heiligen Geistes zur Auflösung des Egos sieht allerdings vor, dass du noch einmal herkommst. Bedenke, dass du ja nicht der Einzige bist, der hier zu sein scheint. Du wirst einen positiven Einfluss auf bestimmte andere Menschen haben, was ihnen wiederum helfen wird, wahre Vergebung zu üben und ihre Reise nach Hause zu beschleunigen. Alles ist miteinander verbunden.

GARY: Nun ja, zumindest werde ich ein heißer Feger sein. Das sollte interessant werden.

THOMAS: Was auch immer du zu sein scheinst, mach es nicht wahr. Wenn du dich weigerst, es wahr zu machen, bleibst du auf der richtigen Spur. Geh keine Kompromisse ein, was den *Kurs* betrifft. Du hast gute Arbeit geleistet, bleib dabei.

Das Christentum hat J Dinge in den Mund gelegt. Im Neuen Testament lassen sie J als seine letzten Worte sagen: »Vater, Vater, warum hast du mich verlassen?« J würde so etwas *niemals* sagen. Wenn du einen Blick ins Alte Testament auf die Psalmen wirfst, siehst du gleich zu Beginn von Psalm 22 die Worte: »Mein Gott, mein Gott, warum hast du mich verlassen?« Das ist ein gutes Beispiel dafür, wie ein Verfasser nicht nur versuchte, es so aussehen zu lassen, als sei J Gottes einziger Sohn, sondern in der Absicht, eine Brücke zwischen dem Judentum und der aufkeimenden neuen Religion zu bauen, auch noch die alten Lehren nahm und sie J überstülpte. Fall darauf nicht herein.

Nach der Kreuzigung waren Thaddäus, Isaah und ich viel zusammen auf Reisen. Ägypten, Syrien, Griechenland, Persien und schließlich Indien. Als wir durch Indien zogen, liefen wir einem Kriegsherrn über den Weg, der beschloss, mich hinrichten zu lassen. Er wollte nicht, dass Menschen aus unserem Teil der Welt, der aus seiner Sicht der Westen war, in sein Land kamen und diese verrückten Ideen verbreiteten.

Wenn du geköpft wirst und an einen Henker gerätst, der wirklich weiß, was er tut – der ein gutes, scharfes Schwert hat und deinen Nacken genau an der richtigen Stelle trifft –, dann kann dein Kopf nach dem Abschlagen noch für ein oder zwei Minuten weiterleben. Du kannst noch Dinge sehen und denken! Was glaubst du wohl, was ich in dem Moment dachte?

GARY: Ich weiß nicht. Wie komme ich jetzt aus dieser Nummer wieder raus?

THOMAS: Nein, ich dachte an J. Ein paar Jahre vor der Kreuzigung hatte er mir versprochen, für mich da zu sein, wenn die Zeit für meinen Tod kommen würde. Er hielt sein Versprechen. Er kam zu mir, und dann verließ ich meinen Körper. Er führte mich dahin, wo ich als Nächstes hingehen sollte, ins Zwischenleben, und dann meinen weiteren glücklichen Weg entlang.

J wäre für jeden da. Du musst ihn nur darum bitten. Denk daran, dass J und der Heilige Geist jetzt eins sind, und wie der *Kurs* sagt: » ... dass der HEILIGE GEIST deine geringste Einladung voll und ganz annehmen wird.«[5]

Trotzdem war hingerichtet zu werden meine größte Vergebungslektion. In den Minuten vor der Hinrichtung wusste ich, dass Isaah, die dabei war, damit nicht umgehen konnte. Sie war verzweifelt und musste es mit ansehen, obwohl Thaddäus, mein bester Freund, ihren Kopf genau im richtigen Moment beiseite drehte, so dass sie die eigentliche Tat nicht mitbekam.

GARY: Das hat er gut hingekriegt. Ich erinnere mich, von jemandem, der dabei war, die Geschichte gehört zu haben, wie der erste Mann meiner Mutter bei einem schrecklichen Unfall umkam.

Er war auf einer Baustelle, die ihm gehörte, und eine Abrissbirne funktionierte nicht richtig. Sein Pickup, an dem er sehr hing, stand in der Nähe. Er rannte hin, um ihn aus dem Weg zu schaffen, damit er nicht beschädigt oder ruiniert würde, und in dem Moment schwang die Birne los. Sie schlug den oberen Teil des Pickups ab und den Kopf des Mannes gleich mit.

Bei seiner Beerdigung bestanden seine Eltern, die meine Mutter ganz schön unterdrückten, darauf, dass der Sarg offen bleiben sollte. Als meine Mutter hinging, um ihm einen Abschiedskuss zu geben, fiel sein Kopf herunter. Ich brauche wohl nicht eigens zu erwähnen, was für ein Trauma das für sie war.

THOMAS: Natürlich. Das ist eine Spezialität des Egos – es tut alles, was den Körper wirklich erscheinen lässt und dich, deine Mutter oder irgendjemand anderen dazu bringt, auf das zu reagieren, was mit ihm passiert.

Wenn man bedenkt, was für ein Schock es war, habe ich meinen Tod ziemlich gut vergeben. Ich kam zu dem Schluss, dass die Hinrichtung mein Karma war. In Indien haben sie eine interessante Art, Karma zu betrachten: Wenn es dir widerfährt, ist es dein Karma.

Außerdem fand ich später heraus, dass ich diesen Kriegsherrn in einem anderen Leben hingerichtet hatte. Die Menschen tauschen einfach immer wieder die Rollen. Darum ist es das Beste für dich, wenn du denen, die gegen dich fehlen, wahrhaft vergibst. Das ist es, was den Teufelskreis des Egos durchbricht und dich daraus befreit.

Ich kam nicht an den Punkt, meinen Verwandten vollständig zu vergeben, wie sie Isaah und mich in jenem Leben verachtet und abgelehnt hatten – zum Teil, weil ich bei meiner Hinrichtung erst 36 war. Aus dem Grund gibt es für dich als mein Kontinuum noch einige Arbeit auf dem Gebiet. Die Form ist bei dir anders. Es ist diesmal nicht deine Familie, die versucht, dich zu verletzen, sondern Autoren, die über den *Kurs* schreiben. Das ist noch haarsträubender, aber es geht nach wie vor um dasselbe. Bleib dran, Bruder, und schaff es ein für alle Mal aus der Welt.

Ich gehe jetzt, aber ich wollte dich im Hinblick auf diese ganze Vergebung noch ein bisschen bestärken. Sie kann nicht oft genug oder zu oft betont werden. Die meisten Menschen werden sie in diesem Leben nicht anwenden. Aber du musst nicht zu den meisten Menschen gehören. Mach's gut, mein Freund. Ich vereinige mich wieder mit dir im Himmel. Dann wirst du wissen, dass wir niemals getrennt waren.

ANMERKUNG: Thomas verschwand auf der Stelle, genauso wie Arten und Pursah immer auftauchten und wieder verschwanden. Und im selben Augenblick saßen meine beiden Lehrer wieder direkt vor mir.

GARY: Wahnsinn! Ihr beide stellt sowas wie einen neuen Rekord darin auf, meinen Kopf durcheinander zu bringen. Entschuldigung – meinen *Geist*.

ARTEN: Du hast einen Geschmack davon bekommen, wie es ist, mit einer deiner Inkarnationen aus einem vergangenen Traumleben zusammen zu sein. Warum geben wir dir nicht Gelegenheit, mit der Person zu sprechen, die ich damals war?

GARY: Thomas sagte schon, dass mir das bevorsteht, aber mir war nicht klar, dass er heute meinte. Gebt mir eine Pause!

ANMERKUNG: Arten verwandelte sich schlagartig in eine völlig andere Person. Pursah verschwand, und ich erkannte den Mann, der jetzt an Artens Stelle saß, sofort als eine weitere Person aus meinen Visionen. Er hatte etwas Übergewicht, einen Bart und lange schwarze Haare. Er trug eine Tunika und sah so aus, wie ich es von Menschen jener Zeit und an jenem Ort in Erinnerung hatte. Thomas war auch so angezogen gewesen, aber der Anblick seines Gesichts hatte mich dermaßen gebannt, dass es mir kaum aufgefallen war. Mein neuer Besucher lächelte und wirkte unbeschwert und fröhlich, weniger ernsthaft als Thomas.

THADDÄUS: Erinnerst du dich an mich, mein Freund?

GARY: Aber sicher doch. Lange nicht gesehen. Ich nehme an, du bist hier, um mir auf meinem Weg zu helfen, wie Thomas?

THADDÄUS: So habe ich an meinem freien Tag wenigstens etwas zu tun. Thomas hat dir von einigen seiner wichtigsten Prüfungen oder Lektionen zurzeit Js erzählt. Ich werde es auch so machen, denn es hilft dir, die Dinge in die richtige Perspektive zu setzen. Ganz wie die neue Schrift dich lehrt: »Prüfungen sind nur Lektionen, die du nicht gelernt hast und die dir nochmals dargeboten werden, so dass du dort, wo du vordem eine fehlerhafte Wahl getroffen hast, jetzt eine bessere treffen und so allem Schmerz entrinnen kannst, den dir das brachte, was du vordem wähltest.«[6] Das trifft nicht nur auf dein aktuelles Leben zu, sondern auch für ein Leben nach dem anderen.

GARY: Cool. Ich freue mich immer, herauszufinden, was ich nicht gelernt habe.

THADDÄUS: Ich habe es irgendwann gelernt, und du wirst deine Lektionen auch lernen. Die meisten hast du schon gelernt. So wie bei vielen fortgeschrittenen spirituellen Schülern gibt es bei dir noch ein oder zwei große Themen, bei denen du bessere Entscheidungen treffen musst.

GARY: Was waren denn deine großen Themen in der Zeit als Jünger oder nach der Kreuzigung?

THADDÄUS: Zunächst einmal zu deiner Frage an Thomas, ob ich verheiratet war. Ich war schwul und fühlte mich nicht schuldig deshalb. Ich war so schwul, wie man nur sein konnte, und stolz darauf. Es gab nur hier und da ein paar Probleme. Zum einen war ich Rabbi, sogar Kantor, ich konnte also singen. Und ich sang im Tempel. Ich war gut. Die Leute mochten mich, und die Frauen standen Schlange, um mich zu heiraten. Nicht dass ich an so etwas Interesse gehabt hätte.

Da war ich also, der singende Rabbi – wie die in deiner Kindheit beliebte singende Nonne –, und die Menschen erwarteten von mir, ein guter Rabbi zu sein, zu heiraten und hinzugehen und mich zu mehren. Das taten Rabbis nun einmal, auch J, abgesehen von dem Teil mit dem Sich-Mehren. Und das war nicht das einzige Problem. Als Rabbi lehrte ich die Schriften, Gottes Gesetze. Und was war eines der Gesetze? Erinnerst du dich an die kleine Perle aus Levitikus?

GARY: Dass alle Hexer, Ehebrecher, Wahrsager und Homosexuelle umgebracht werden sollen?

THADDÄUS: Nett, oder? Auch wenn ich kein Problem damit hatte, schwul zu sein, hatte ich doch ein Problem damit, tot zu sein. Ich war regelrecht phobisch. Das war eine große Lektion für mich. Es war nicht einfach, die Tatsache zu vergeben, dass ich gut in meiner Arbeit war, und gleichzeitig zu wissen, dass mein Schwulsein nicht herauskommen durfte, weil sonst mein Leben nicht nur auseinanderbrechen würde, sondern vorbei wäre.

> *Man befreit sich selbst nicht, wenn man das wahr macht, was man vergibt.*

GARY: Das ist in der Tat hart. Thomas hat gesagt, ihr fünf wärt Freunde gewesen und hättet euch gegenseitig sehr unterstützt. Das hat dir in den schweren Zeiten bestimmt geholfen?

THADDÄUS: Allerdings. Und eines der Dinge, die J mir beibrachte, war, dass ich nie alleine war, auch wenn meine Freunde nicht bei mir waren. Der Heilige Geist war immer bei mir. Die meisten Menschen glauben, dass sie alleine sind, wenn sie der Einzige im Raum sind. J hat mich eines Besseren belehrt.

Und er lehrte mich Vergebung, mich als Ursache zu erleben und nicht als Opfer der Wirkung. Das ist noch etwas, das nicht oft genug betont werden kann. Du kannst den Menschen nicht vergeben, weil sie etwas getan haben. Das ist, was der *Kurs* »Vergebung-zum-Zerstören« nennt.[7] So zu vergeben ist Zeitverschwendung. Und doch: Obwohl 99 Prozent aller *Kurs*-Lehrer den Menschen sagen, sie sollen vergeben, bringen sie ihnen nicht die Art von Vergebung bei, die funktioniert. So wird das Ego nicht aufgelöst. Sie machen das, was vergeben wird, wahr. Sie haben nicht den Mumm, den Leuten zu sagen, dass die Welt nicht echt ist. Dabei versucht der *Kurs* ihnen beizubringen: Man befreit sich selbst nicht, wenn man das wahr macht, was man vergibt. So funktioniert der Geist nicht. Du sagst deinem unbewussten Geist nur, dass *du* schuldig bist! Jeder, der den *Kurs* macht und dies nicht versteht und lebt, braucht erheblich mehr Zeit, genau wie diejenigen, die es ihnen so beibringen.

Die andere große Vergebungslektion, durch die ich durchmusste, war, dabei zuzusehen, wie mein bester Freund hingerichtet wurde. Wie du weißt, ist das ja nichts anderes als legalisierter Mord. Der Kriegsherr, der dafür verantwortlich war, sagte mir, ich solle in mein Land zurückkehren und den Menschen erzählen, was mit denen geschieht, die in sein Land kommen und versuchen, unseren schlechten Glauben zu verbreiten. Ich hätte mich besser gefühlt, wenn *ich* hingerichtet worden wäre. Aber Isaah war ja noch da, und ich gab mir alle Mühe, sie zu trösten. Dann, zwei Nächte nachdem Thomas erledigt worden war, besuchte er Isaah im Schlaf und sprach mit ihr. Sie erzählte mir, es sei so echt gewesen, als hätte sie es wirklich erlebt. Sie konnte ihn anfassen und fühlen. Thomas sagte ihr, dass es ihm gut ginge und die Dinge auch für sie gut ausgehen würden. Danach war sie nicht mehr dieselbe. Es hat sie so viel mehr getröstet als alles, was ich hätte tun können.

GARY: Mensch, ihr habt was erlebt. Eine ganz schöne Geschichte, auch wenn die metaphysischen Aspekte manchen Leuten vielleicht etwas seltsam vorkommen.

THADDÄUS: Die Wirklichkeit ist seltsamer als jede Geschichte.

GARY: Ja, das ist mir auch schon aufgefallen.

THADDÄUS: Vor der Kreuzigung waren wir mit J unterwegs. Isaah war normalerweise dabei, und Maria auch meistens, nur manchmal war sie alleine unterwegs, um zu unterrichten. Sie hatte auch ihre Anhänger, überwiegend Frauen. Auf ihre Art war sie genauso gut wie J. Nach Js Tod blieb sie ein paar Jahre in Nazareth. Dann ging sie nach Südfrankreich, wo sie bis zum Ende ihres Lebens blieb. Sie hatte kein Kind, wie manche glauben. Sie unterrichtete die Menschen und wurde ein lebendes Beispiel für das Erwachen beziehungsweise die *Erlösung,* wie der *Kurs* es nennt.

Sowohl J als auch Maria benutzten Gleichnisse, um zu lehren, was J im *Kurs* ja ebenfalls macht. Es gibt einige Menschen, die behaupten, alles, was J vor 2.000 Jahren sagte, müsse wörtlich genommen werden – und einige behaupten das auch über alles, was J im *Kurs* sagt. Das ist vollkommen *absurd*. Wenn es um die Worte Js geht, dann sollte die nonduale Wahrheit wörtlich genommen werden, aber *alles andere* ist bildlich gemeint. Wenn du das verstehst – ob vor 2.000 Jahren oder heute –, dann ergeben die Worte Js einen Sinn. Sein *Kurs* ergibt durchgängig einen Sinn, und die echten, von ihm überlieferten Worte von vor 2.000 Jahren, die die Zeit überstanden haben, ergeben auch einen Sinn. Und wenn du es nicht verstehst, dann scheint der *Kurs* sich zu widersprechen. Es gibt Menschen, die ihn aufgegeben haben, weil sie dachten, er widerspräche sich, auch wenn es gar nicht der Fall war. Das ist nur einer der vielen Gründe, warum es so wichtig ist, dass Lehrer wissen, wovon sie reden.

GARY: Ich nehme an, dass ihr damals von den Menschen versorgt wurdet, die kamen, um J zu hören? Haben sie euch unterwegs Essen gegeben und eine Unterkunft gestellt?

THADDÄUS: Meistens. Js Ruf eilte ihm voraus. Es gab aber auch Zeiten, in denen wir hungerten.

GARY: Hat J überhaupt Geld angenommen?

THADDÄUS: Ja. Er nahm Trinkgeld.

GARY: Nein, im Ernst.

THADDÄUS: Nimm nichts davon ernst. Du hast eine Art von Humor, die es sich lohnt zu bewahren. Ich habe übrigens noch gar nicht über meine Ängste gesprochen. Aber darüber wirst du später mehr erfahren. –

Ich gehe jetzt auf eine kleine nichträumliche Wanderung, doch vorher wollte ich dir erscheinen und dich ermutigen. Arbeite weiter so gut, und wir sehen uns.

ANMERKUNG: Thaddäus verschwand einfach so, und meine zwei langjährigen Freunde waren wieder da. Arten saß genau dort, wo zuvor Thaddäus gewesen war, und Pursah neben ihm.

ARTEN: Das war also ich vor 2.000 Jahren.

GARY: Ein echter Trip. Ihr habt mir in letzter Zeit einiges geboten.

PURSAH: Ja, und da du jetzt auch deinen Freund Thäddeus und dich selbst, Thomas, aus den alten Tagen zu Besuch gehabt hast, verraten wir dir ein kleines Geheimnis, das mit der damaligen Zeit und Umgebung zu tun hat.

GARY: Wenn ihr es mir verratet, wird es nicht lange ein Geheimnis bleiben.

PURSAH: Das ist in Ordnung. Erinnerst du dich noch an den letzten unserer ersten Besuche? Wir sagten dir, dass Arten und Pursah nicht unsere richtigen Namen seien, sondern wir sie benutzten, um die Menschen in der Zukunft davon abzuhalten, nach uns zu suchen.

GARY: Natürlich erinnere ich mich.

PURSAH: Nun, vor 2.000 Jahren waren Arten und Pursah die Namen zweier Freunde, die wir in langen Abständen sahen, wenn wir nach Persien reisten. Sie lebten in einer Oase auf dieser Route und waren auch Freunde von J. Sie hatten ihn in seinen früheren Tagen kennen gelernt, noch bevor ich ihn getroffen hatte.

GARY: Toll. Eure Namen sind also kein Zufall. Sie gehörten echten Menschen – oder Menschen, die mehr oder weniger so echt waren wie wir alle – und noch dazu eure Freunde. Zum Andenken an sie benutzt ihr ihre Namen?

PURSAH: Ja, sie waren gute Menschen. Natürlich lebten auch wir damals in der Dualität. Du konntest von Banditen überfallen und getötet oder von Fremden in ihr Haus eingeladen werden, die dann deine Freunde wurden. So läuft es in einer dualistischen Welt.

GARY: Ich werde die Dualität langsam leid. Sie ist eine echte Plage.

ARTEN: Ist das der Grund, warum du trinkst?

GARY: Ich denke ja. Ich meine, ich habe einfach nicht das Gefühl, hierher zu gehören.

ARTEN: Das tust du auch nicht, aber du weißt schon, dass es bessere Wege gibt, um von hier wegzukommen – denk einmal darüber nach. Wir werden dir keine Vorträge halten und dich sicher nicht verurteilen. Aber in der Illusion der Zeit wirst du nicht jünger. Das ist einer der Gründe dafür, warum wir über Gesundheit gesprochen haben.

GARY: Ich verstehe. Ihr kennt Benjamin Franklins Worte »Gesundheit ist der größte Wohlstand«. Nachdem ich gesehen habe, was meine Eltern mitgemacht haben, glaube ich es. Ich werde besser auf mich aufpassen. Versprochen.

ARTEN: Sehr gut. Es ist deine Entscheidung, nicht unsere. Und deine Handlungen werden sich aus deiner Entscheidung ergeben.

PURSAH: Noch etwas würde dir helfen – wenn du aufhörtest, dir darüber Sorgen zu machen, was die Menschen über dich denken. Vergiss nicht, als J sagte: »Vergib ihnen, Vater, denn sie wissen nicht, was sie tun«, bezog sich das darauf, dass sie nicht wussten, was sie taten, weil sie ihre unbewusste Schuld auf ihn projizierten. Das war ihnen allerdings nicht klar. Sie dachten einfach, sie hätten Recht. Tatsächlich waren sie natürlich einfach nur verrückt.

GARY: Abgesehen davon, dass sie gar nicht wirklich da waren.

PURSAH: Du verstehst es so langsam. Du hast die Bilder, die sie sind, gemacht, aber sie sind gar nicht wirklich hier. Wie der

Kurs lehrt, sind sie Teil der Welt, die du als Ersatz für die Wirklichkeit gemacht hast:

> Du, der du glaubst, dass GOTT Angst ist, hast nur einen einzigen Ersatz vorgenommen. Dieser hat viele Formen angenommen, weil er das Ersetzen der Wahrheit durch die Illusion, der Ganzheit durch die Fragmentierung war. Er hat sich derart aufgesplittert, unterteilt und immer wieder aufgeteilt, dass jetzt beinahe nicht mehr wahrgenommen werden kann, dass er einmal eins war und nach wie vor das ist, was er war. Dieser eine Irrtum, der die Wahrheit der Illusion, die Unendlichkeit der Zeit und das Leben dem Tod überbracht hat, war das Einzige, was du je gemacht hast. Deine gesamte Welt beruht darauf. Alles, was du siehst, spiegelt ihn wider, und jede besondere Beziehung, die du je gemacht hast, ist Teil davon.[8]

Und du kennst jetzt den Ausweg, Gary. Du benutzt den Geist, um zwischen Körper und Geist zu wählen, und welchen zu wählen du dir angewöhnst, wird für dich echt werden. Wie J es formuliert, ist der Geist »die aktivierende Kraft des reinen Geistes (spirit) ...«[9]

ARTEN: Du bist nicht hier, Kumpel. Und von jetzt an wirst du das noch stärker so erfahren. Du verdienst es. Deine Vergebung hat dir gut gedient und wird es auch weiterhin tun. Wir sehen dich beim nächsten Mal. Bis dahin behalte die folgenden Worte aus dem *Kurs* im Kopf und vertraue darauf, dass deine Erlösung sicher ist:

> Vergebung ist der Schlüssel zum Glück. Ich will vom Traum erwachen, dass ich sterblich bin, fehlbar und voller Sünden, und erkennen, dass ich GOTTES vollkommener Sohn bin.[10]

6

Die Lektionen des Gary

••

Genau wie du nur dich selbst verurteilst, vergibst du auch nur dir
selbst.[1]

••

Im Juni 2007 hatten Karen und ich unsere Entscheidungen getroffen. Wir wussten, dass es an der Zeit war, getrennte Wege
zu gehen. Jeder von uns nahm sich einen Anwalt, und der Prozess
der Scheidung hatte begonnen. Für beide war es eine schwere Zeit.
Wir waren 26 Jahre zusammen gewesen, davon 25 verheiratet. Es
war nicht so, dass wir es nicht versucht hätten.

Zwanzig Jahre zuvor, im August 1987, hatte ich noch eine andere Entscheidung getroffen. Es war zurzeit der Harmonischen
Konvergenz, bei der die Planeten unseres Sonnensystems alle auf
einer Linie standen. Millionen Menschen weltweit standen damals für ihre Wahrheit ein und erklärten ihre Überzeugungen und
Absichten. Danach fingen viele Leben an, in eine neue Richtung
zu laufen. Und wie es ja zwangsläufig sein muss, standen sie alle
miteinander in Zusammenhang. Ich entschied, mein Leben zu
ändern, nachdem ich acht Jahre lang mit meiner Band Hush gespielt hatte, hauptsächlich in der Gegend von Boston, manchmal
aber auch in anderen Teilen Neuenglands.

Obwohl Beverly in Massachusetts und Poland Spring in Maine
nur zweieinhalb Stunden voneinander entfernt sind, liegen sie

in verschiedenen Welten. Als Vorort von Boston ist die Gegend zwischen Beverly und Salem dicht bevölkert, und wenn man will, kann man leicht ein Leben auf der Überholspur führen. Bis in die Innenstadt Bostons sind es etwa 40 Minuten. Ich war bestimmt 100 Mal im Fenway Park gewesen, hatte in den Nachtklubs am Kenmore Square gefeiert, wenn ich früh genug Feierabend hatte, und war zur Förderung meines spirituellen Lebens jahrelang in ein EST-Zentrum in der Newbury Street gegangen.

Poland Spring dagegen ist eine kleine Stadt ungefähr 45 Minuten nördlich von Portland und 45 Minuten südlich von Augusta, der Hauptstadt von Maine. Der Ort erstreckt sich über mehrere Meilen in ländlichem Gebiet und ist somit sehr ruhig und entspannt. Es gibt weder Bürgersteige noch Straßenlaternen. Im Winter ist es oft fünf Grad kälter als in Boston und zehn Grad kälter als in der Innenstadt New Yorks. Wenn es in Boston regnet, schneit es in Maine vermutlich, zumindest nördlich von Portland. Hier hatte ich echtes Landleben, dabei war ich doch ein Stadtjunge. Ich sollte aus erster Hand einen Kulturschock erleben. Über Menschen in so einer Situation sind schon witzige Komödien gedreht worden, aber ich fand es nach einer Weile nicht mehr witzig.

Bei EST handelte es sich um einen transformierenden Prozess, der 1974 von Werner Erhard entwickelt worden war. Ich nahm im Dezember 1978 an einem sogenannten EST-Training im Ramada Inn in der Nähe des Internationalen Flughafens Boston Logan teil und war recht angetan. Nachdem ich sieben Jahre lang unter sehr schlimmen und davor schon sieben Jahre lang unter leichten Depressionen gelitten hatte, war EST genau das Richtige für mich. Es machte mich zum ersten Mal mit einem Denksystem bekannt. Das wiederum gab mir eine neue und beständige Art, über alles, was ich sah, zu denken und es auf eine neue Weise zu interpretieren, die mich innerhalb von zwei Jahren aus meiner Depression herausbrachte. EST war nicht *Ein Kurs in Wundern*, sorgte aber für eine sehr gute Geistesschulung in verblüffend kurzer Zeit, und dadurch lernte ich es durchaus zu schätzen.

Während der Harmonischen Konvergenz 1987 traf auch eine Frau namens Doris Lora eine Entscheidung. Sie zog mit ihrer Tochter Cindy von Ohio ins sonnige Südkalifornien. Ihre andere Tochter, Jackie, studierte bereits und folgte ihnen später. Doris, eine hochintelligente Frau mit zwei Doktortiteln – einem in Musik und einem in Psychologie –, war wie ich zu jener Zeit von Shirley MacLaine beeinflusst und fühlte sich veranlasst, bei den frei denkenden Menschen Südkaliforniens ein neues Leben anzufangen.

Doris fuhr mit ihrer Tochter durch das halbe Land. Als sie in Texas unterwegs waren, wurde sie müde und der Tank war fast leer. Sie wusste nicht, ob sie noch viel länger weiterfahren konnte, und rief: »Bitte sag mir, ob ich das Richtige tue!« Doris bekam ihre Antwort.

Auf einmal wurde das Auto von einer unsichtbaren Kraft weitergeschoben. Es war, als müsste Doris eine Zeitlang gar nicht selbst fahren. Das Auto wurde geschoben, und mit ihm die zwei Insassen. Es war der Heilige Geist, der dem Geist die Kraft verlieh, Doris und ihre Tochter dorthin zu bringen, wo sie sein sollten. Viel später sollte ich fasziniert davon sein, dass Menschen gleichzeitig in völlig verschiedenen Teilen des Landes Entscheidungen trafen, die sie eines Tages zusammenführen würden. Als Doris und Cindy umzogen, war ich dabei, nach Maine zu gehen, was mich wiederum eines Tages an denselben Ort wie die beiden führen würde. Der *Kurs* sagt: »Es gibt keine Zufälle in der Erlösung. Diejenigen, die einander begegnen sollen, werden einander begegnen, weil sie gemeinsam das Potenzial für eine heilige Beziehung haben. Sie sind füreinander bereit.«[2]

Es ist, als gäbe es Gruppen, deren einzelne Mitglieder umeinander kreisen, und selbst wenn wir uns voneinander wegzubewegen scheinen, läuft es doch nur auf eins hinaus: Es ist unsere Bestimmung, eines Tages in Zeit und Raum wieder zueinanderzufinden. Wir sollen unsere Beziehungen leben und Gelegenheit bekommen, das Gute in jedem zu genießen, die negativen Aspekte zu vergeben und einander so zu sehen, wie wir wirklich sind.

Nach meiner Entscheidung 1987 brauchte ich noch zwei Jahre, um aus meiner Band herauszukommen, weil meine Unterschrift auf vielen Verträgen stand und die Band immer anderthalb Jahre im Voraus gebucht war. Ich zog am ersten Januar 1990 nach Maine und sollte dort 17 ½ Jahre bleiben.

Während dieser Zeit hatte ich Kalifornien kein bisschen auf dem Schirm. Ich träumte immer noch davon, auf Hawaii zu leben. Sogar 2004, ein Jahr nach dem Erscheinen von *Die Illusion des Universums,* war ich außer zu einer sehr kurzen Stippvisite noch nie in Kalifornien gewesen. Dann machte ich meine erste richtige Reise dorthin. Ich weiß noch, wie mein Gastgeber Tom mich die Ocean Avenue in Santa Monica entlangfuhr. Mir gefiel, was ich sah. Während ich mich umschaute, dachte ich: *Das ist wirklich cool!* Wie ich in meinem zweiten Buch berichte, frage Pursah mich nach diesem Besuch: »Wie hat dir Kalifornien gefallen?« Als ich ihr sagte, dass es mir sehr gut gefallen habe, meinte sie: »Bestens. Du wirst dich noch oft dort aufhalten. Viel Spaß schon mal!« Sie wusste etwas, das ich nicht wusste.

> *Es ist unsere Bestimmung, eines Tages in Zeit und Raum wieder zueinanderzufinden.*

Bei diesem Aufenthalt wohnte ich im *Hyatt* auf dem Sunset Strip, einem Hotel, das mittlerweile durch ein anderes ersetzt worden ist. Als ich es zu meinem ersten Spaziergang in Hollywood verließ, hatte ich keine Ahnung, wo ich eigentlich war oder wohin ich ging, außer dass ich mich auf dem berühmten Sunset Strip befand. Allein davon war ich schon vollkommen hin und weg. Mein ganzes Leben hatte ich Filme geliebt. Und jetzt war ich genau da, wo sie herkamen.

Nachdem ich eine Weile die Straße entlanggegangen war, betrat ich ein kleines Einkaufszentrum und sah einen Virgin-Records-Laden. Ich weiß nicht, warum ich beschloss, in den Laden zu gehen, obwohl eine weitverbreitete Musikkette nicht gerade repräsentativ für die Geschichte Hollywoods ist. Als ich umherschlenderte und mir die Musikauswahl und die Menschen ansah, fiel mir eine Frau auf, die vor einem der Gänge stand. Ein starkes Gefühl des Wiedererkennens überkam mich.

Sie war klein und zierlich, hatte goldbraunes Haar und ein hinreißendes Gesicht. Sie sah mich kurz an, aber wir sprachen nicht miteinander. Ich starrte sie ungefähr eine Minute lang an. Hinterher war ich dankbar dafür, dass sie damit beschäftigt gewesen war, sich eine CD anzusehen und mich nicht dafür gescholten hatte, dass ich sie so anstarrte. Ich hatte dieses starke Gefühl, sie zu kennen und dass wir uns nicht zum ersten Mal begegneten, und gleichzeitig wusste ich, dass es nicht in diesem Leben gewesen war.

Es mag für Menschen, die erlebt haben, wie ich öffentlich vor Publikum auftrete, schwer vorstellbar sein, aber den größten Teil meines Lebens bin ich unglaublich schüchtern gewesen. Ich konnte nicht einfach so auf eine Frau zugehen und sie ansprechen – das wäre gar nicht auszudenken gewesen. Und ich bin auch nicht zu *dieser* Frau gegangen und habe sie angesprochen, aber ihr Gesicht habe ich nie mehr vergessen. Es hatte sich in meinen Geist eingepflanzt. Ich dachte oft an sie und hätte mich dafür treten können, nicht »Hallo« gesagt zu haben. Aber was hätte ich zu ihr sagen sollen? »Ich glaube, ich habe dich in einem früheren Leben gekannt?« Das hätte wie eine ziemlich dämliche Anmache geklungen. Außerdem war ich verheiratet. Nach einer Minute ging sie.

Zwei Jahre später trat ich in Las Vegas auf, der spirituellen Hauptstadt der Welt. Ich war auf einer Veranstaltung für meinen Verleger Hay House und signierte nach meinem Vortrag Bücher. Eine sehr angenehme Frau kam zu mir, um ihr Buch signieren zu lassen. Sie war freundlich und liebenswürdig und schätzungsweise in ihren späten Sechzigern. Ich fühlte auch eine Verbindung zu ihr, von der ich allerdings nicht genau ausmachen konnte, woher sie kam. Sie sagte ein paar nette Dinge über meine Arbeit, und wir tauschten Komplimente aus. Das war Doris Lora.

Dann passierte es. Die nächste Person in der Reihe kam zu mir und fing an zu sprechen. Ich konnte nicht glauben, wer da vor mir stand. Auf einmal wurde mir alles schlagartig klar: Ich wusste, dass ich diese Frau in meinen Visionen von vor 2.000 Jahren als Thaddäus gesehen hatte. Ich wusste, wer sie war und in diesem Leben sein würde. Ich wusste, dass sie in 100 Jahren ein Mann namens Arten sein würde – einer meiner aufgestiegenen Lehrer –, und ich wusste auch, dass sie die Frau war, die ich zwei Jahre vorher in dem Plattenladen in Hollywood gesehen hatte.

Sie nannte mir ihren Namen, Cindy Lora, und sagte, sie sei Musikerin. Sie hatte in Kalifornien gelebt, seit ihre Mutter sie 1987 von Ohio aus dorthin gefahren hatte. Sie wusste aus *Die Illusion*, dass ich ebenfalls Musiker war, und sagte, sie hätte eine Webseite. Ich konnte nicht wirklich klar denken, weil ich ein wenig neben mir stand, versuchte jedoch ruhig zu bleiben. Ich konnte sie nicht noch einmal gehen lassen. Selbst wenn nichts dabei herauskam, musste ich sie wenigstens näher kennen lernen. Ich fragte sie, ob es eine Möglichkeit gäbe, über ihre Webseite mit ihr Kontakt aufzunehmen. Sie sagte ja, und nach einer Minute wurde es Zeit für mich, weitere Bücher zu signieren. Sie ging wieder, zusammen mit ihrer Mutter, aber sie blieb in meinem Geist.

Cindy und ich schrieben uns ein paar E-Mails. Es stellte sich heraus, dass sie ebenfalls verheiratet war – mit einem Mann namens Steve. Als wir einander besser kennen lernten, wurde für uns beide allerdings offensichtlich, dass unsere Ehen vorbei waren. Cindy und ich sahen uns im ersten Jahr nach unserer Begegnung nicht sehr oft. Sobald Karen und ich die Scheidung eingereicht hatten und Cindy ihre Scheidung von Steve, fragte ich dann wie immer den Heiligen Geist um Rat. Die Antwort war so eindeutig, wie eine Antwort nur sein kann. Ich bat Cindy, nach einer Wohnung in der Gegend von Los Angeles zu suchen und mit mir zusammenzuziehen. Am 18. Juni 2007 flog ich nach Kalifornien und war entschlossen, nie wieder irgendwo östlich davon zu leben.

Jeder Staat der USA hat seine eigenen Scheidungsgesetze. In Maine sieht das Gesetz vor, dass die getrennten Eheleute versuchen, ihre eigene Regelung miteinander zu finden. Die Idee ist, dem Gericht Zeit und Kosten zu sparen. Teil des Prozesses war, dass sich die Eheleute gemeinsam mit ihren jeweiligen Anwälten und einem dritten Anwalt trafen, dem sogenannten Scheidungsmediator. Ich betrachtete ihn als Schiedsrichter. Im August flog ich also nach Maine, um mich mit Karen und den anderen in einem Büro im Gerichtsgebäude von Lewiston zu treffen.

Ich war der Letzte, der den Raum betrat, und die Stimmung wirkte auf mich angespannt. Karen sah nervös aus, ihre Anwältin ärgerlich. Der Mediator eröffnete die Besprechung, und nach seiner Einleitung wurden die Samthandschuhe ausgezogen. Karen und ich hatten kein Problem miteinander, aber wir bekamen diese zwei Anwälte nicht dazu, sich auf irgendetwas zu einigen. Es stellte sich heraus, dass es nicht das erste Mal war, dass die beiden dieses Spiel spielten. Sie hatten eine Geschichte miteinander, und man konnte den Groll zwischen ihnen spüren, vor allem auf der Seite der Frau mittleren Alters, die Karen vertrat. Mein Anwalt war ein älterer Herr, der sich eher verhalten gab, wie ein verdienter Staatsmann. Karens Anwältin war alles andere als das. Nachdem sie mir vorgeworfen hatte, zu 300-Dollar-Abendessen auszugehen (ich hatte einmal mehrere Personen zu einem wichtigen Geschäftsessen eingeladen und für sie bezahlt), fragte ich sie, wie viel Geld sie denn für Karen wolle. Ihre Antwort lautete: »Alles.«

Das erschien mir nicht ganz fair. Ich war bereit, alles zur Hälfte zu teilen. In einem Staat wie Kalifornien mit dem Prinzip »Keiner ist schuld« wäre das die gängige Praxis. In Maine besagt das Gesetz allerdings, dass – wenn man mehr als zehn Jahre miteinander verheiratet war – einer von beiden Unterhalt zahlen muss, auch wenn es keine Kinder gibt. Da ich das meiste Geld verdiente, würde ich dazu auserkoren.

Es lag immer noch keine Einigung im Raum, und das Gezänk der Anwälte schien nirgendwo hinzuführen. Nach zwei

Stunden machten wir eine Pause. Vor meiner Ankunft in Maine hatten Karen und ich ausgemacht, zusammen zu Abend zu essen. Ich erinnerte sie während der Pause daran, und sie wollte es immer noch. Während der weiteren Verhandlung gab es keine Fortschritte, und unser Mediator schlug vor, dass beide Seiten weiter versuchen sollten, zu einer Einigung zu gelangen, anstatt einen Richter entscheiden zu lassen. Karens Anwältin wollte nicht, dass sie sich mit mir zum Essen traf, aber wir machten trotzdem aus, uns abends im *Applebee's* zu treffen, dem feinsten Restaurant in Auburn.

Karen hatte in den 1990ern etwa zwei Jahre lang den *Kurs* gemacht, und wir waren zu derselben *Kurs*-Gruppe in Lee gegangen, einem Ort, der noch kleiner ist als Poland Spring. Karen mochte, ja liebte die Menschen in der Übungsgruppe, aber zu der Zeit war sie nicht mit dem Herzen dabei. Sie machte eher mir zuliebe mit, und nach einer Weile entwickelte sie ihre eigenen Interessen und hörte mit dem *Kurs* auf und kam auch nicht mehr mit zu der Gruppe, außer zu besonderen Anlässen wie Weihnachten.

Aber als ich sie verließ, änderte sich das. Karen kehrte zum *Kurs* zurück. Es war fast, als ob ich sie dazu erst verlassen musste. Die Idee musste aus ihr heraus kommen. Nach einigen Monaten war ich erstaunt darüber, wie tief sie die Botschaft verstand. Sie fing wieder mit dem Übungsbuch an und gleichzeitig mit Ken Wapnicks *Journey Through the Workbook,* einem Meisterwerk. Dieses Buch gleichzeitig mit dem *Kurs* durchzuarbeiten ist, als würde man das Übungsbuch zusammen mit Ken machen. Er erklärt nicht nur die Lektionen, sondern bringt sie auch noch in Beziehung zu den Stellen im Textbuch, die zu ihnen passen. Es würde Schüler des *Kurses* mindestens ein Jahrzehnt, wenn nicht mehrere kosten, das selbst zu tun. Ken, der den *Kurs* kennt wie kein Zweiter, hat es für sie erledigt.[i]

---

[i] Das insgesamt fast 1200 Seiten umfassende US-Original erschien 2005 in acht Einzelbänden und wurde bisher nicht übersetzt. – *Die Red.*

Vergebung kann sehr praktische Aspekte haben. Als Karen und ich uns an dem Abend zum Essen setzten, war die Stimmung zwischen uns eine ganz andere als nachmittags in dem Raum. Sobald wir anfingen zu reden, erinnerte es mich an die alten Tage, als wir einfach Essen gehen und eine gute Zeit haben konnten, ohne etwas zu tun außer da zu sein. Wir sprachen über unsere guten Zeiten. Wir schwelgten in Erinnerungen an unsere Hündin Nupey, die acht Jahre zuvor gestorben war, nachdem sie 15 Jahre mit uns als »Rudelmitglied« verbracht hatte.

Nupey kannte ihren Rang im Rudel. Ich war der Anführer, und wenn Nupey Schutz brauchte – oder ich –, dann waren wir füreinander da. Wenn sie es donnern hörte, wovor sie Angst hatte, rannte sie weg und versteckte sich in der Badewanne. Es war meine Aufgabe, ihr gut zuzureden und die Sache mit ihr durchzustehen. Karen stand an zweiter Stelle im Rudel, und Nupey sah es als ihre Aufgabe an, Karen zu beschützen. Nupey respektierte mich, aber wenn Karen und ich einmal in Streit gerieten, stellte Nupey sich zwischen uns, als wollte sie Karen beschützen. Nicht, dass das nötig gewesen wäre. Aber für Nupey stand Karen zu beschützen ganz oben. Es war spannend, diese Dynamiken zu beobachten, und Karen und ich hatten großen Spaß dabei, an diesem Abend darüber zu reden.

Wir hatten beide Vergebung geübt – und zwar eine Menge. Aus dem Grund gab es auch keine Feindseligkeiten am Tisch. Nach einer Weile hatte ich dann so etwas wie eine Inspiration. Ich nahm eine Serviette und schrieb darauf einen kurzen Vorschlag für eine Scheidungsvereinbarung. Dann schob ich die Serviette langsam zu Karen hinüber und fragte: »Was hältst du davon?« Sie antwortete: »Ich weiß nicht. Warum kommst du nicht morgen vorbei, und wir reden darüber.«

Es fühlte sich eigenartig an, in mein altes Zuhause zurückzukehren. Obwohl ich erst seit zwei Monaten weg war, fühlte es sich an wie zwei Jahre. Ich merkte, dass die Zeit immer weniger Bedeutung zu haben schien, je mehr ich tat. Doch Dinge, die ich einen Monat zuvor getan hatte, fühlten sich an, als seien sie vor einem Jahr geschehen. Ein Jahr zuvor fühlte sich wie drei Jahre an. Hier war ich, zurück an dem letzten Ort, an dem ich in Neuengland gewohnt hatte, und es schien, als wäre das ein anderer Mensch gewesen – nicht ich.

Karen öffnete freundlich die Tür. Sie reichte mir gleich ein Stück Papier. Es handelte sich um eine alternative Scheidungsvereinbarung. Ich sah sie mir eine Minute an. Es gab ein paar Details, die ich so nicht wollte, also änderte ich sie etwas ab. Ich gab ihr das Papier zurück und fragte: »Was meinst du dazu?« Sie dachte eine Minute nach. Dann sah sie mich an und sagte: »Gut.«

Ich bestimme die Dimensionen der Zeit, ohne mir dessen bewusst zu sein.

Die praktische Wirkung von Vergebung kann sich auf viele verschiedene Weisen zeigen, oder man erkennt sie gar nicht.[3] Der *Kurs* sagt, dass das Wunder, das die Vergebung der Ursache und nicht der Wirkung darstellt, »… ungeahnte Veränderungen erzeugen [kann] in Situationen, deren du nicht einmal gewahr bist.«[4] Wenn ich auf der Schnellstraße in Los Angeles fahre, und mich jemand plötzlich schneidet, kann ich mich vergessen und dem Typen den Stinkefinger zeigen, besonders wenn ich schlechte Laune habe. Und wenn dieser Typ eine Waffe dabei hat? Dann könnte ich tot sein. Wenn ich vergebe, lebe ich weiter. Das ist eine sehr praktische Auswirkung mit einem völlig anderen Ergebnis. Ich ändere nicht das Drehbuch. Ich bestimme die Dimensionen der Zeit, ohne mir dessen bewusst zu sein. In einer Dimension lebe ich weiter, und in der anderen bin ich ein verblichener Teil der Statistik über Gewalt im Straßenverkehr.

In Maine kamen Karen und ich in den wenigen Minuten, die wir miteinander redeten, zu einem Ergebnis, für das diese zwei Anwälte Jahre gebraucht hätten, und sie hätten auch noch einen großen Teil des Geldes eingestrichen. Mein Anwalt war mit unserer Regelung einverstanden. Karens Anwältin nicht, aber Karen blieb dabei. Ich verließ Maine am folgenden Tag, würde aber in zwei Monaten noch einmal kommen müssen.

Auch wenn man seine Scheidungsvereinbarung selbst trifft, muss ein Richter das Ganze noch absegnen, und das Scheidungsurteil muss im Gerichtsgebäude vom Urkundsbeamten festgehalten werden. Man weiß nie genau, was auf einen zukommt, wenn man zum Gericht geht. Obwohl man eine Vereinbarung hat, kann einem der Richter noch seine eigene Meinung aufdrücken. Und bei Gericht ist die Meinung des Richters Gesetz, es sei denn, sie wird später revidiert.

Im Oktober kam ich wieder nach Maine und blieb diesmal in einem Hotel am Androscoggin, einem Fluss. Die meisten Orte in Neuengland, seien es Städte, Berge oder Flüsse, sind entweder nach einem Stamm der Ureinwohner oder einer Stadt in England benannt. Dieser Fluss, der nach einem indianischen Stamm benannt ist, trennt Auburn von Lewiston. Nach den Indianern war Lewiston von den Franzosen besiedelt worden, die sich ihren Weg von Quebec aus nach Süden gebahnt hatten. Maine hatte sogar einmal zu Kanada gehört. Später wurde es dann Teil von Massachusetts, bevor es 1820 ein eigener Staat wurde.

An dem Abend ging ich am Fluss entlang spazieren. Es war warm für einen Oktoberabend in Maine, und die frische Luft tat mir gut. Dann passierte etwas, das ich nie erwartet hätte. Im Schamanismus ist ja der Glaube an »Krafttiere« weit verbreitet. Die Idee dahinter ist, dass es einen Hinweis auf deine nahe Zukunft gibt, wenn ein Tier deinen Weg kreuzt – je nach dem, welches Tier es ist und besonders, ob es sich freundlich oder feindlich verhält. Das Tier ist dann ein Symbol für die Energie, die du gerade dabei bist, in dein Leben zu ziehen. Ich habe schon immer an Zeichen geglaubt und missachte sie nicht, wenn sie auftauchen.

Bei meinem Spaziergang hörte ich eine Gans schnattern. Danach noch eine. Sie waren hinter mir. Ich hatte vorher schon Gänse gehört, die in der Nähe des Hauses auf dem White Oak Hill in Poland Spring vorbeigeflogen waren, aber ich hatte noch nie welche gesehen. Einen Augenblick später waren die Gänse direkt über mir, höchstens 15 Meter. Ich hatte den Eindruck, dass sie glücklich waren. Ich bin mir nicht sicher, wie sich glückliches Geschnatter anhört, aber es schien ihnen gut zu gehen. Was sie dann taten, erstaunte mich. Die zwei Gänse, die bisher nebeneinanderher geflogen waren, drehten ab und flogen in genau entgegensetzte Richtungen weiter – eine flog von mir aus gesehen nach links, die andere nach rechts. Ich konnte es nicht fassen, und die Botschaft hätte deutlicher nicht sein können.

Ich wusste, dass der Richter am nächsten Tag nicht nur unserer Scheidungsvereinbarung zustimmen würde, sondern dass es sich als gute Entscheidung herausstellen würde. Karen und ich würden in unterschiedliche Richtungen fliegen, aber wir würden beide glücklich sein.

Am nächsten Morgen ging alles glatt. Der Richter war nett und stellte uns nur ein paar Routinefragen. »Sind Sie sicher, dass Sie das so wollen? Ist es das, was Sie vereinbart haben? Haben Sie Drogen genommen?« Dann begleiteten wir die Urkundsbeamtin, und sie füllte die Papiere so aus, dass es seine Ordnung hatte und rechtsgültig wurde. Karen sah allerdings traurig aus. Als wir gingen, sagte sie zu mir: »Du hast bekommen, was du wolltest, Gary.« Das löste bei mir Schuldgefühle aus. Ich konnte sehen, dass es Karen immer noch wehtat. Mir war damals nicht klar, dass es beim Auseinandergehen einer langjährigen Beziehung manchmal dazugehört, durch einige derselben Trauerphasen zu gehen, die man beim Tod eines geliebten Menschen durchlebt. Am Anfang sind da vielleicht erst Ärger und dann Verleugnung, anschließend kommen andere Phasen, die am Ende hoffentlich zur Annahme der Situation führen. Selbst wenn man wahre Vergebung anwendet, kann man sich unerwartet in jeder dieser Phasen wiederfinden, bis sie vollkommen geheilt sind. Karen drückte ihre Enttäuschung aus, und ich musste es zulassen.

Abends dachte ich darüber nach, was Karen gesagt hatte, obwohl mich Erleichterung erfüllte, dass der Scheidungsprozess vorüber war. Mir war danach, auszugehen und zu trinken. Dann tauchten aber, Gott segne sie, meine Lehrer auf, genau als ich sie am meisten brauchte. Es sollte ihr kürzester Besuch überhaupt werden. Arten und Pursah sagten mir nur selten etwas über meine persönliche Zukunft, aber in diesem Fall meinten sie, es wäre richtig, eine Ausnahme zu machen. Ich weiß nicht, was an dem Abend passiert wäre, wenn die beiden nicht gekommen wären. Aber ich war sehr froh, dass sie plötzlich in meinem Hotelzimmer saßen, das praktischerweise eine Couch hatte.

ARTEN: Also, es ist vorbei. Wie fühlst du dich?
GARY: Irgendwie eigenartig. Ihr wisst ja bestimmt, was Karen sagte, als wir gingen.
PURSAH: Mach dir keine Sorgen, Gary. Morgen wird Karen dich anrufen, und morgen Abend werdet ihr euch treffen. Ihr werdet ein bisschen feiern, und ihr werdet Freunde sein. Alles wird gut. Viel Spaß.
GARY: Wirklich?
ARTEN: Das war's, Bruder. Wir verschwinden wieder. Mach's gut.

Sie kamen überraschend und gingen überraschend. Aber ich fühlte mich besser. Ich sah fern und wunderte mich darüber, dass meine Gäste gesagt hatten, Karen würde mich am nächsten Tag anrufen. Würde es stimmen? Ja, es musste stimmen. Meine Lehrer hatten mein Vertrauen verdient. Das Handbuch für Lehrer im *Kurs* lehrt die Entwicklung des Vertrauens, aber es meint damit nicht eine Form von blindem religiösen Glauben. Ich sage den Menschen andauernd, dass der Heilige Geist ihr Vertrauen verdienen wird. Es ist ihre Erfahrung, die ihnen sagen wird, dass der Heilige Geist immer mit ihnen ist und ihr wahres, bestes Interesse im Blick hat. Und manchmal wird ein Symbol des reinen Geistes in der Welt erscheinen. Wenn das Symbol wirklich vom reinen Geist kommt, dann kann der Realität dahinter immer vertraut werden, und genauso der Botschaft, die durch dieses Symbol überbracht wird.

Am nächsten Tag rief Karen mich an und fragte, wie lange ich noch in der Stadt wäre und ob ich am Abend schon etwas vorhätte. Wir aßen nett miteinander und landeten am Ende noch auf ein paar Drinks auf meinem Zimmer. Sie schien entspannter zu sein, als ich sie seit Jahren erlebt hatte. Es war, als wäre ihr eine schwere Last von den Schultern genommen worden. *Ich.* Wir hatten einen schönen Abend, und in mir kam das Gefühl auf, dass in unserer Beziehung eine neue Phase begonnen hatte. Sie war nicht vorbei – sie veränderte sich nur.

Zwei Monate später rief Karen mich an, um mir frohe Weihnachten zu wünschen. Außerdem hatte sie Neuigkeiten. Sie würde nach Hawaii ziehen! Nach einem kleinen Stich Neid darauf, dass sie den Traum, auf den Inseln zu leben, vor mir verwirklichen würde, freute ich mich für sie. Seitdem wir 1986 das erste Mal auf Hawaii gewesen waren, wusste ich, dass sie es genauso liebte wie ich. Sie würde eine Wohnung in Waikiki kaufen. Ich gratulierte ihr und sagte, ich sei überrascht, weniger darüber, dass sie nach Oahu ziehen, sondern darüber, dass sie ihre Mutter verlassen würde. Ihre Mutter war ihre beste Freundin, und jetzt zog Karen mehr als 5.000 Meilen weg. Dieser Schritt erforderte Mut und Entschlossenheit. Ich war beeindruckt.

Was mich anging, wusste ich genau, wo ich sein sollte und dass ich genau die Menschen traf, die ich treffen sollte. Es gab Arbeit für mich in Kalifornien, vielleicht sogar in Hollywood, dessen Stars mich so begeistert hatten. Ich wusste nicht, wie das Drehbuch sich entwickeln würde, aber ich musste meinen Part spielen. Ich wusste, dass es Herausforderungen geben würde – so war es immer. Und wie in allen Phasen des Lebens würden einige Herausforderungen dabei sein, die ich nicht erwartete.

Im Februar gab ich einen Workshop in der Diamond Head Unity Gemeinde auf Oahu, der von meiner Agentin Jan organisiert worden war. Einige von uns luden Karen zu ihrem Geburtstag am 13. Februar zum Essen ein. Sie wirkte gelassen und zufrieden. Irgendwann während des Abends schlug jemand vor anzustoßen und sagte: »Hebt die Gläser!« Wie verabredet setzten wir alle auf dieses Kommando Marx-Brothers-Brillen mit falschen Nasen und Bärten auf. Die Menschen in dem vornehmen Restaurant starrten uns einfach nur ein. Es machte Spaß, albern zu sein und sich keine Sorgen darüber zu machen, was jemand anderes denken könnte.

Als ich Hawaii verließ und weiter meinem Terminkalender folgte, musste ich mir etwas eingestehen. Ich konnte nicht schreiben und gleichzeitig unterwegs sein. Es gab unterwegs zu viele Ablenkungen. Es gab immer etwas zu tun. Abgesehen vom Reisen an sich traf ich Menschen, ging mittags und abends mit den Organisatoren von Workshops und meinen Lesern Essen, bereitete die Ganztagesveranstaltungen vor und führte sie durch, musste noch genügend ausruhen, um effektiv funktionieren zu können, und versuchte, E-Mails und Anrufe zu beantworten. – Es war hektisch und fordernd. Und eine Vergebungslektion. Ich *wollte* die Botschaft des *Kurses* und meiner Bücher mit den Menschen teilen. Aber die Menschen wollten auch Bücher, mehr als alles andere, und ich hatte mich schon zu weiteren Jahren ständigen Reisens verpflichtet.

Ich wollte mit meinen Lehrern darüber und über ein paar andere wichtige Vergebungslektionen sprechen, denen ich mich gegenübersah. Obwohl ich zum Beispiel gedacht hatte, ich hätte die Beziehung zu meinen Eltern vergeben, kamen mir gelegentlich Erinnerungen daran in den Sinn, dass ich nicht die Art von Sohn gewesen war, die ich hätte sein wollen, wenn ich es gekonnt hätte. Außerdem hatte ich immer noch unschöne Erinnerungen an meine Zeit in Maine, meine Jahre als Musiker und an einige Menschen, mit denen ich gearbeitet hatte. Und dann war da noch der große Schritt, nach Kalifornien zu ziehen, und die damit verbundenen Veränderungen in meinem Lebensstil, ein zusätzlicher Kulturschock und neue Beziehungen.

Gegen Ende 2009, nachdem ich zwei Jahre und vier Monate in meiner neuen Wahlheimat gelebt hatte, bekam ich einen Brief vom Internal Revenue Service, der amerikanischen Steuerbehörde. Genau dann, wenn du denkst, du hättest genug zu vergeben, taucht der IRS auf.

Als Karen und ich uns trennten, fing sie an, Geld von unseren Bankkonten abzuheben, also dachte ich, dass ich das besser ebenfalls tun sollte. Wir hatten drei Konten: eines für laufende Kosten, eines für Ersparnisse und ironischerweise eines, um Geld für Steuern auf die Seite zu legen. Also eröffnete ich drei weitere Bankkonten nur auf meinen Namen. Einige Monate später zog ich nach Kalifornien und eröffnete auch dort wieder drei Bankkonten. Nun hatte ich neun. Deshalb ging scheinbar beim IRS eine rote Warnlampe an, und sie beschlossen, mich zu überprüfen – und zwar nicht nur für 2007, sondern auch für 2008. Sie behaupteten, dass es sich bei dem Geld, dass ich nach Kalifornien transferiert hatte, um Einkommen handelte. War es aber nicht. Es war Geld, das ich verdient und auf das ich bereits Steuern gezahlt hatte. Das schien sie nicht weiter zu interessieren, und es folgte eine Auseinandersetzung, die bis weit in 2012 hineinreichte und bei der ich zu beweisen versuchte, dass ich denen wirklich kein Geld schuldete. Es waren sehr schwierige und frustrierende zweieinhalb Jahre, und die Sache lenkte mich sehr von meiner Arbeit ab.

Eines der Probleme bei Prüfungen durch die IRS ist, dass die Beweislast bei einem selbst liegt. Man ist schuldig, bis man bewiesen hat, dass man unschuldig ist! Die Tatsache, dass dieser Ansatz völlig unamerikanisch ist, scheint keinerlei Bedeutung zu haben.

Meine aufgestiegenen Freunde, die das alles sahen, aber dem keinen Glauben schenkten – und so funktioniert ja auch die wahre Wahrnehmung des Heiligen Geistes –, kamen an einem Nachmittag zu mir, von dem sie wussten, dass ich ein bisschen freie Zeit hatte.

ARTEN: Na, Heißsporn, du hast ja alle Hände voll zu tun gehabt.

Ich weiß, es ist frustrierend für dich, weil die Menschen das meiste von dem, was du machst, gar nicht sehen. Sie wollen einfach nur wissen, wo das verdammte Buch bleibt.

GARY: Erzähl mir mehr darüber. Ich bin etwas überrascht, wie stark manche mich verurteilen.

PURSAH: Gib den Menschen eine Gelegenheit zu projizieren, und sie werden es tun! Natürlich wissen sie nicht, dass sie projizieren. Wie bei den anderen, über die wir gesprochen haben, denken *sie* einfach, sie hätten Recht!

ARTEN: Ja, aber dein Fehler liegt nicht darin, das Buch noch nicht fertig zu haben. Dein Fehler war es, den Leuten von dem Buch zu *erzählen*. Wenn sie nichts darüber wüssten, dann würde es sie auch nicht stören, dass es noch nicht erhältlich ist. Vielleicht solltest du den Leuten von jetzt an besser nichts mehr über ein Buch sagen, bevor es nicht fertig ist. Dann sind sie angenehm überrascht, statt dass es ihnen auf den Magen schlägt.

GARY: Den Fehler mache ich nicht noch einmal. Wenn ich einfach nur weniger reisen könnte, könnte ich viel mehr schreiben.

PURSAH: Wir *haben* dir geraten, weniger zu reisen. Vielleicht solltest du einfach ein bisschen öfter auf uns hören. Oder vielleicht solltest du lieber ein bisschen öfter auf *dich* hören, denn du hast ja den Wunsch geäußert, mehr zu Hause zu sein. Statt so etwas einfach nur zu sagen, solltest du es auch tun.

GARY: Ich weiß. Ich habe mir zu viel aufgeladen. Ich muss mich besser organisieren und meine Illusionen unter Kontrolle bekommen, wie Zeit und so.

ARTEN: Dann mach das, mein Freund. Aber auf jeden Fall haben dein Reisen, deine Vorträge und deine Vergebung zu einer hervorragenden Entwicklung geführt, ganz abgesehen davon, dass deine Workshops so vielen Menschen für den Rest ihres Lebens helfen.

GARY: Was ist denn jetzt los, o großer, dunkelhaariger Gut aussehender?

ARTEN: Spar dir deine Schmeicheleien für Pursah. Die hervorragende Entwicklung ist die, dass du deine Schüchternheit überwunden hast. Weißt du noch, wie es bei deinem ersten Workshop war?

GARY: Ja. Ich hatte so viel Angst, dass ich dachte, ich schaffe es nicht. Wenn ich mich nicht an den Heiligen Geist erinnert hätte, als ich raus vor die Leute ging, glaube ich, *hätte* ich es auch nicht geschafft. Danach habe ich gemerkt, dass ich mich immer mit dem Heiligen Geist verbinden sollte, bevor ich auf die Bühne gehe. Und ich habe gelernt, wie ich dem Publikum gegenüber Vergebung anwende. Statt zu denken, dass die Menschen wirklich da sind, was mich dem ausliefern würde, was ich sehe, stelle ich mir vor, dass sie aus mir kommen. Dann bin ich die Ursache, und sie sind gar nicht wirklich da. Sie sind eine Projektion aus dem Unbewussten, dem großen Teil des Geistes, den die Menschen nicht sehen können.

> *Es gibt kein Universum von Zeit und Raum, sondern nur die Projektion eines Universums von Zeit und Raum!*

Die Indianer pflegten zu sagen: »Sieh das große Geheimnis.« Nun, der *Kurs* sagt: »Sieh die große Projektion«[5], denn das ist alles, was es ist. Es ist nur eine riesige, abgefahrene Projektion, auf die wir hereingefallen sind. Sie existiert gar nicht wirklich. Es gibt kein Universum von Zeit und Raum, sondern nur die Projektion eines Universums von Zeit und Raum! Wenn ich es so betrachte, kann ich über die Bilder vor meinen Augen hinwegsehen und die Wahrheit des reinen Geistes erkennen, die hinter dem Schleier liegt. *Das* ist spirituelle Sicht. Und es ist auch der dritte Schritt der Vergebung. Wenn man mit der spirituellen Sicht arbeitet, gibt es nur die Wahrheit, also gibt es nichts, wovor man Angst haben müsste. Ich liebe, was der *Kurs* über *Wunder* sagt: »Sie heilen, weil sie die Identifikation mit dem Körper leugnen und die Identifikation mit dem reinen Geist bejahen.«[6] Das ist echt cool.

PURSAH: Wie umfassend. Du verstehst es auf einer immer tieferen Ebene. Und wir möchten diesen Schritt besonders hervorheben, weil nur sehr Wenige ihn gehen und fast kein Lehrer ihn betont. Ohne ihn ist es jedoch keine Vergebung. Sie ist nicht vollständig, bevor du in Begriffen der Ganzheit denkst und siehst, so wie der Heilige Geist es tut.

Also, als du dich das erste Mal vor Menschen gestellt hast, warst du nervös wie ein kleines Kätzchen. Und heute betrittst du einen Raum, als würde er dir gehören. Vor Menschen zu sprechen bedeutet für dich keinen Stress mehr. Es ist wie Zähneputzen. Und so sollte es auch sein. Gar nichts sollte mehr Stress sein, als sich die Zähne zu putzen. Herzlichen Glückwunsch zu deinen großen Fortschritten in diesem Bereich.

ARTEN: Konntest du auf eine schöne Frau zugehen und sie ansprechen?

GARY: Ich glaube, mittlerweile könnte ich es, aber ich muss es ja nicht.

ARTEN: Ja. Wir sprechen noch über deine neue Beziehung.

PURSAH: Lass uns erst deine alten Beziehungen abschließen. Die Beziehung zu deinen Eltern hast du fast vergeben. Du dachtest, du seist ein schlechter Sohn, weil du ihnen nicht helfen konntest, als sie dich brauchten. Durch deine persönlichen, mystischen Erfahrungen hast du mittlerweile aber herausgefunden, dass sie dir vergeben haben. Was ist also das Problem? Vielleicht ist das Problem, dass die Person, der du wirklich vergeben musst, du selber bist. Darauf kommen wir noch zurück.

Dein gutes Gedächtnis ist oft ein Segen, weil es dir hilft, den *Kurs* zu behalten, aber es kann auch ein Fluch sein. Du erinnerst dich an die schlechten Zeiten in deinem Leben. Das ist es, was das Ego will, denn so wird alles wahr gemacht.

GARY: Ja. Ich habe die Schauspielerin Ingrid Bergman einmal sagen hören, dass das Geheimnis des Glücks in einer guten Gesundheit und einem schlechten Gedächtnis liegt. Mit einem schlechten Gedächtnis würde man nicht über die schlechten Zeiten nachgrübeln und was einem die Menschen angetan haben.

PURSAH: Das stimmt. In deinem Fall solltest du dich, wenn eine belastende Erinnerung hochkommt, allerdings daran erinnern, wozu etwas laut Aussage des *Kurses* gut ist. Sie ist dazu da, um vergeben zu werden, so wie alles Unangenehme. Ob das in deinem Geist aus der Vergangenheit, der Gegenwart oder der Zukunft kommt, spielt keine Rolle. Es ist alles dasselbe, weil es alles gleich unwahr ist. Schlechte Erinnerungen sind eine Form dessen, was der *Kurs* das Umherschweifen von Gedanken nennt. Denke daran, er sagt: »Du bist viel zu nachsichtig gegenüber dem Umherschweifen von Gedanken und entschuldigst stillschweigend die Fehlschöpfungen deines Geistes.«[7] Das Ego liebt das Umherschweifen des Geistes, und schlechte Erinnerungen eignen sich hervorragend dazu, dich in deiner Identifikation mit dem Körper gefangen zu halten. Die Gefühle, die mit den schlechten Erinnerungen einhergehen, lassen dich nämlich an die Echtheit von allem glauben, was bedeutet, dass alles, woran du dich erinnerst, wirklich passiert ist. Das wiederum macht *alles* davon wahr. Der Heilige Geist sagt dir allerdings, dass *nichts* davon wahr ist!

GARY: Also, wie vergebe ich die Vergangenheit?

PURSAH: Genauso wie du das vergibst, was jetzt gerade vor deiner Nase auftaucht. Was ist eine Erinnerung denn anderes als ein Bild in deinem Geist? Und was ist das, was du jetzt gerade siehst, anderes als ein Bild in deinem Geist? Wenn du dich dabei ertappst, stillschweigend die Fehlschöpfungen deines Geistes zu entschuldigen, dann musst du Verantwortung übernehmen. Hör auf, mit dem Ego zu denken, wechsele zum Heiligen Geist und hör auf, es wahr zu machen.

GARY: In Ordnung. Manchmal habe ich zum Beispiel Erinnerungen an die Zeit mit meiner letzten Band in den 1980ern und ebenso an die Zeit davor, bis 1965 – und viele Erinnerungen sind gut, manche tun aber auch weh. Ich erinnere mich noch sehr genau an viele der unfreundlichen, teilweise geradezu fiesen Bemerkungen, die ein paar Leute in der Band mir gegenüber gemacht haben. Ein Schlagzeuger war ein echtes Arschloch.

ARTEN: Du hast es gerade wahr gemacht.

GARY: Tut mir leid. Ich meine, ich erinnere mich auch an diese eine Gestalt aus meinem Traum, die ein Bild war, das ich aus meinem unbewussten Geist heraus projiziert hatte und das als Sündenbock für meine Schuld wegen der ursprünglichen Trennung von Gott herhalten sollte, die gelegentlich Dinge zu mir zu sagen schien, die man eventuell als unangemessen ansehen könnte.

ARTEN: Etwas lang, aber zutreffend. Sag übrigens nie, dass dir etwas leid tut. Damit gehst du davon aus, schuldig zu sein.

GARY: Jedenfalls versuchte ich, nett zu diesem Typen zu sein, und verteidigte ihn eine Weile, aber er machte immer weiter Ärger, und am Ende habe ich ihn nur noch gehasst. Ich weiß noch, wie er im Frühjahr immer eine schlimme Allergie bekam – schrecklichen Heuschnupfen. Das fand ich gut. Ich freute mich über sein Leiden. Es war wie eine Art Rache.

ARTEN: Und?

GARY: Sogar neulich kamen mir ein paar der Sachen in den Kopf, die er zu mir gesagt hatte, und ich fing an, mich aufzuregen. Ich habe das meiste von damals vergeben, aber ich habe den Eindruck, als müsste man vor diesen belastenden Erinnerungen wirklich auf der Hut sein. Sie scheinen einfach aus dem Nichts aufzutauchen, und das auch noch jeden Moment. Vermutlich ist es egal, worum es geht. Das Ego wird einem einfach immer weiter Dinge vor die Füße werfen, und in den meisten Fällen scheinen diese Dinge von draußen zu kommen, obwohl sie in Wahrheit von innen kommen. Letzten Endes läuft es aber wahrscheinlich aufs Gleiche hinaus, denn nichts davon ist wahr.

PURSAH: Deshalb ist Beharrlichkeit ja auch die wichtigste Eigenschaft, die ein Schüler des *Kurses* haben kann. Wenn der *Kurs* sagt: »Setze deine Wachsamkeit nur für GOTT und SEIN REICH ein«,[8] ist das nicht nur heiße Luft.

GARY: Oh ja. Ich glaube, als ich damals entschieden habe, allen Konflikt aus meinem Leben zu entfernen, war mir nicht klar, was ich da von mir verlangte.

PURSAH: Ja, sei vorsichtig, worum du bittest. Aber früher oder später hättest du sowieso durch die Auflösung deines Egos durchgemusst, also warum nicht früher? Je später du es machst, desto mehr verlängerst du dein Leiden.

GARY: Also ist es alles dasselbe, egal, wie es aussieht. Ans andere Ende des Landes zu ziehen, noch einen Kulturschock zu bekommen, neue Beziehungen zu erleben, von denen die meisten toll, aber manche immer noch eigenartig sind ... Das ist alles nur eine große Vergebungslektion?

ARTEN: Ja, aber denke daran, dass es die kleinen alltäglichen Dinge sind, die am Ende in der Summe deine Erlösung ausmachen, wenn du sie vergibst. Indem du diese alltäglichen Dinge vergibst – zum Beispiel, dass du nicht bekommst, was du willst –, gewöhnt sich dein Geist ans Vergeben. Wenn dann etwas wirklich Großes zum Vergeben zu passieren scheint, wirst du es viel wahrscheinlicher tun, weil dein Geist schon Übung darin hat. Ich sage nicht, dass es einfach sein wird, diese scheinbar großen Dinge zu vergeben, aufgrund deiner Geübtheit ist es aber viel eher möglich, auch wenn du eine Weile brauchst.

Zwischendurch ist dann auch wieder Gelegenheit zum Lachen, und du erlebst die guten Zeiten, an die du dich ebenfalls erinnern solltest. Wenn du schon an die Vergangenheit denkst, denke an Momente, in denen jemand seine Liebe ausgedrückt hat. Das wiederum hilft dir, in einer liebevollen Geisteshaltung zu bleiben. Denk an all die Male, die du gelacht hast. Lachen ist definitiv ein Kennzeichen des Heiligen Geistes, solange es nicht auf Kosten eines anderen geht. Lachen hilft dir dabei zu fühlen und zu erfahren, dass diese Welt nicht ernst genommen werden kann. Sie ist zu verrückt! Sie hat Gelächter verdient, keine Tränen. Tränen machen sie echt und halten dich hier gefangen.

GARY: Aber was ist mit Menschen, die etwas Tragisches erleben? Von denen erwartet ihr doch sicher nicht, dass sie lachen.

ARTEN: Nicht zu dem Zeitpunkt. In so einem Fall sollte man sich an Kens Rat »Vergiss nicht, normal zu sein« halten. Lass sie trauern. Lass ihnen ihre Erfahrung. Sie werden schließlich in der Lage sein, die Tragödie zu vergeben, wenn sie so weit sind. In der Zwischenzeit ist es *deine* Aufgabe, zu vergeben. Statt Menschen als Opfer zu sehen, betrachte sie als das, was sie wirklich sind, nämlich reiner Geist.

PURSAH: Wo wir gerade bei den guten Zeiten sind, erzähl uns doch von etwas Lustigem, das dir auf deinen Reisen passiert ist.

GARY: Okay. Ich sollte einen Workshop in einem Vorort von Seattle halten, und eine nette junge Frau, Shelora, sollte mich dorthin fahren. Sie holte mich also ab und hatte eine Menge Fragen an mich, und so gerieten wir ins Quatschen. Sie bog auf den Highway ab, den wir nehmen sollten, und wir fuhren und redeten. Das ging etwa eine halbe Stunde, weil sie mir eine Frage nach der nächsten stellte.

Statt Menschen als Opfer zu sehen, betrachte sie als das, was sie wirklich sind.

Zu ihrem Entsetzen fuhren wir dann plötzlich über die Grenze nach Kanada! Sie war in die falsche Richtung gefahren! Sie war zwar auf dem richtigen Highway, aber nach Norden statt nach Süden gefahren. Jetzt steckten wir in Schwierigkeiten, und zwar gleich aus mehreren Gründen. Erstens würden wir mindestens eine Stunde zu spät zum Workshop kommen, auch wenn wir gleich umdrehten. Und zweitens konnten wir die Gegenfahrbahn sehen und die lange Reihe von Autos, die darauf wartete, in die USA hineinzukommen. Es sah so aus, als würde es schätzungsweise drei Stunden dauern, bis man an der Reihe war. Dann wären wir vier Stunden zu spät zum Workshop gewesen und hätten ihn vermutlich absagen müssen. Drittens, und das war wahrscheinlichst das Wichtigste: Wir würden erklären müssen, was wir in Kanada wollten. Es war 2005, kurz bevor man einen Reisepass brauchte, um zwischen Kanada und den USA hin- und herzureisen. Bis dahin ging es auch mit einer Geburtsurkunde. Natürlich hatten wir an dem Tag gerade nicht unsere Geburtsurkunden dabei, nur unsere Führerscheine. Also was zum Teufel sollten wir tun?

Vergebung üben. Das taten wir. Wir haben die ganze Situation vergeben. Wir haben sie nicht wahr gemacht. Wir übten Vergebung und baten den Heiligen Geist um Führung. Dann sah Shelora eine kleine Verbindung zwischen den beiden Fahrbahnen. Sie bog ein und flehte die Fahrerin eines der Autos Richtung Süden an, uns vorzulassen. Es war eine ziemlich üble Autoschlange, und die Frau hatte bestimmt schon lange warten müssen. Wir hätten es ihr nicht vorwerfen können, wenn sie uns nicht vorgelassen hätte. Shelora hob ihre Hände, als würde sie zu ihr beten. Und als die Fahrerin das sah, ließ sie uns vor. Zehn Minuten später waren wir am Grenzübergang.

Ich glaube, der Beamte hatte gesehen, wie wir über die Grenze gefahren waren und dann gedreht hatten. Der kanadische Kontrollpunkt war noch ein Stück weiter, und bis dahin waren wir gar nicht gekommen. Shelora war vernünftig genug, einfach die Wahrheit zu sagen und zuzugeben, dass sie nicht gemerkt hatte, in die falsche Richtung unterwegs zu sein, und aus Versehen über die Grenze gefahren war. Der Grenzbeamte konnte sehen, dass sie ehrlich war und ihre Geschichte mit dem übereinstimmte, was er beobachtet hatte. Er ließ uns wieder in die USA und fragte noch nicht einmal nach einem Ausweis. Ich weiß nicht, ob sie heutzutage noch so nachsichtig wären. Die Amerikaner scheinen seitdem jedes Jahr strenger geworden zu sein. Du weißt schon, gib ihnen den kleinen Finger, und sie nehmen die ganze Hand. Aber an diesem Glückstag übten wir Vergebung, folgten unserer Führung und waren zurück in den Vereinigten Staaten!

Nach dieser Aktion rechneten wir damit, etwa eine bis anderthalb Stunden zu spät zu sein. Eine halbe Stunde später musste ich ganz dringend. Wir sahen einen Rasthof, hielten an, und ich ging hinein. Auf der Toilette öffnete ich meinen Reißverschluss, und er ging kaputt! Das war mir noch nie passiert. Jetzt lief ich also mit offener Hose herum, weil der Reißverschluss kaputt war.

Wir kamen zum Workshop und gingen zusammen rein. Zum Publikum gehörte ein sympathischer Mann, den der Organisator des Workshops gebeten hatten, morgens zur Einstimmung zu singen und Gitarre zu spielen. Er spielte einfach länger als geplant und unterhielt die Leute, bis ich kam. Ich ging nach vorne und sagte zu den Leuten: »Es tut mir leid, dass Shelora und ich uns verspätet haben, und die Tatsache, dass mein Reißverschluss kaputt ist, hat nicht das Geringste mit unserer Verspätung zu tun.«

PURSAH: Gute Geschichte. Und die Leute haben ordentlich gelacht.

GARY: Ja. Nur ist mir manchmal überhaupt nicht danach, Witze zu machen und zu lachen, etwa bei dieser IRS-Sache. Ich gebe mir die größte Mühe, sie zu vergeben, aber sie ist wirklich absolut schrecklich. Egal, wie viele Informationen man ihnen gibt, sie wollen immer noch mehr. Es nimmt kein Ende.

PURSAH: Damit du weißt, womit du es zu tun hast: Du machst gerade das durch, was ich bei unseren ersten Besuchen einen Schwelbrand genannt hatte, um zu beschreiben, was ich mit dem Studenten erlebte, der mir in meinem letzten Leben meine Karriere ruinierte. Ein Schwelbrand ist immer eine deiner größten Vergebungslektionen. Du musst bei dieser hier besonders hartnäckig sein.

Gut ist, dass du auf der Ebene der Form ganz praktisch geführt wirst. Du hast um Führung gebeten, und das hat dich zu jemandem gebracht, der dir eine gute Buchprüferin empfohlen hat, und du lässt dir von ihr helfen. Sie weiß, dass du dir vom IRS keine Angst machen lässt, und sie *werden* versuchen, dir Angst zu machen. Sie werden versuchen, dich so weit zu bekommen, dass du ihnen Geld zahlst, das du ihnen gar nicht schuldest. Sie halten sich nicht immer an die Gesetze, und manchmal noch nicht einmal an ihre eigenen Regeln. Ihr Ziel ist es, Geld von dir zu bekommen, und viele Menschen haben so viel Angst, dass sie sogar zahlen, wenn sie gar nicht müssten.

Der IRS weiß, dass die meisten Leute ihn nicht verklagen werden. Die meisten würden lieber zahlen, wenn sie könnten, und die ganze Sache hinter sich bringen. Was sie nicht wissen ist, dass wenn der IRS vor Gericht kommt, er in 80 Prozent der Fälle verliert, weil er sich nicht an die Gesetze hält. Während der Prüfung liegt die Beweislast bei dir, was falsch ist, aber so ist es nun einmal. Wenn du allerdings vor Gericht gehst, liegt die Beweislast bei ihnen. Sie müssen die Rechtmäßigkeit ihrer Forderungen beweisen, und meistens können sie es nicht. Aber sie hoffen, dass du dir das Geld für einen Steueranwalt sparen willst. Sie wissen, dass auch wenn du gewinnst, du in manchen Fällen dem Anwalt schließlich so viel zahlen musst, wie du ihnen hättest zahlen müssen. Das System ist offensichtlich zu ihren Gunsten zurechtgelegt.

Wir steigen jetzt nicht weiter darauf ein, dass der IRS eingeführt wurde, kurz nachdem ihr zum Federal-Reserve-System übergegangen seid, oder dass die Federal Reserve keine Regierungsinstitution, sondern in privater Hand und niemandem gegenüber verantwortlich ist![j] Aber hinter den Kulissen ist viel

---

j   Unter dem Eindruck der Weltwirtschaftskrise Ende des 19. Jahrhunderts forderte erstmals 1907 der Bankenvertreter Jacob Schiff: »Wenn wir keine Zentralbank mit einer ausreichenden Kontrolle über die Kreditbeschaffung bekommen, dann wird dieses Land die schärfste und tiefgreifendste Geldpanik seiner Geschichte erleben.« Fünf Jahre später wurde das Fed-System mit zwölf übergeordneten regionalen Banken gegründet, allgemein US-Notenbank genannt. Die Fed berichtet dem Kongress über ihre Aktivitäten und Pläne zur Geldpolitik, entscheidet aber autonom über das Tagesgeschäft und ihr operatives Vorgehen. Der Kongress darf lediglich Gesetze in Bezug auf ihre Geschäftstätigkeit ändern. – *Die Red.*

mehr los, als die meisten Menschen je erkennen. Ihr lebt hier nicht in einer Demokratie. Die Menschen sind Marionetten, und sie verhalten sich wie Marionetten. Dein Geist kann allerdings frei sein, auch wenn du nicht in einem freien Land lebst.

GARY: Gut. Und wo wir gerade über Vergebungslektionen sprechen: Wie vergibt man sich selbst? Ich weiß, ihr habt mir schon einmal Gedanken dazu mitgeteilt, aber die Menschen fragen mich immer wieder.

ARTEN: Das liegt daran, dass sie diese Gedanken nicht umsetzen. Dabei ist es für alle eine wichtige Frage. Wir haben dir ans Herz gelegt, nicht zu sagen, dass dir etwas leid tut. Die Menschen sollten vor der Verwendung bestimmter Ausdrücke auf der Hut sein. Wenn du sagst, dass dir etwas leid tut, dann korrigiere dich im Geist. Du musst nicht alles laut aussprechen. Was du denkst, hat mehr Macht als das, was du sagst, weil der Gedanke immer zuerst da ist, auch wenn du ihn nicht aussprichst. Sage dir im Geiste Folgendes, denn danach richtet der Heilige Geist dich aus:

Ich bin unschuldig, und nichts ist geschehen.
Der Heilige Geist weiß, was ich bin.
Ich erwache in Gott.

Wenn du so denkst, wird dein unbewusster Geist unweigerlich vom Heiligen Geist geheilt.

PURSAH: Die Menschen müssen sich daran erinnern, dass Dinge sich in einem Traum zwar zu ereignen scheinen, dies aber nicht heißt, dass sie wirklich geschehen. Letzte Nacht im Bett hattest du Träume, die dir so wirklich erschienen, dass der Traum für dich im Grunde Realität war. Erst wenn du aufwachst, wird dir seine Unwirklichkeit klar.

Genauso, wie du andere Menschen auf zweierlei Weise betrachten kannst – aus der Sicht des Egos und aus der Sicht des Heiligen Geistes –, kannst du auch dich selbst auf zweierlei Weise betrachten. Die meisten Menschen entscheiden sich für die Betrachtungsweise des Egos, weil sie nicht wissen, dass es einen besseren Weg gibt. Aber wenn du erst einmal weißt, dass es einen besseren Weg gibt, musst du ihn auch *bis zum Ende* gehen. J hat sich nicht damit begnügt, das Ego aufzudecken oder das Problem zu definieren. Jeder kann das Problem definieren, aber dir deshalb noch lange keinen Ausweg zeigen. Solche Leute bieten dir keine Lösung. Sie zeigen dir nicht den Weg nach Hause. Sie stecken in der Analyse des Problems fest, und so machen sie es wahr.

GARY: Ja, und so macht es die Welt mit allem. Wir studieren und analysieren sie, und wir denken, dass die Forschungen der gebildetsten Menschen sie am besten analysieren. Wissenschaftler und Physiker analysieren, genauso wie Ärzte, Ingenieure, Psychoanalytiker und so weiter. Dabei bezeugen sie nur die Realität der Illusion. Die Art von Vergebung, an die sie denken, wenn sie überhaupt an Vergebung denken, ist die, die etwas wahr macht. »Doch niemand kann eine Sünde, die er für wirklich hält, vergeben«,[9] meint J im Textbuch. Und darum wollen wir das, was wir vergeben, auch nicht analysieren. Wir wollen uns damit nicht lange aufhalten. Wir nehmen es einfach nur *zur Kenntnis,* sehen darüber hinweg und ersetzen es durch die Wahrheit.

J hat es nicht bei der Paralyse durch die Analyse bewenden lassen. Er hat die Sache zu Ende gebracht. Er hat das Denksystem des Egos *voll und ganz* durch das Denksystem des Heiligen Geistes ersetzt und gelehrt, dass spirituelle Sicht bedeutet, über den Tellerrand hinauszuschauen und das System ganz hinter sich zu lassen. Indem du deinen Blick *hinter* den Schleier auf eine Realität außerhalb des Traums richtest, zu der du erwachen kannst, ist es möglich, deine Identifizierung mit dem Körper aufzulösen und dich als etwas völlig Grenzenloses, Unveränderliches und Ewiges zu erleben.

PURSAH: Sehr gut, denn wenn du die Art von Vergebung lehrst, die das Geschehene wahr macht, dann lehrst du nicht wirklich *Ein Kurs in Wundern*. Wie viele *Kurs*-Lehrer hörst du dort draußen – und dazu gehören auch die bekanntesten, die ins Fernsehen kommen – über Vergebung reden, aber sie kommen nie dazu, einem zu erzählen, was wahre Vergebung ist? Genau deshalb sind sie ja im Fernsehen: Weil sie die Sache *nicht* konsequent bis zum Ende verfolgen. Sie machen die Dinge immer noch wahr. Sie sind in Sicherheit. Du bist nicht im Fernsehen, weil du konsequent bis zum Ende gehst. Du machst die Dinge nicht wahr. Du bist nicht in Sicherheit. Du sagst die Wahrheit, und das macht dich für die Masse der Ich-hab's-gern-einfach-Spirituellen zu radikal. Akzeptiere es. Einer muss die Aufgabe erledigen.

Und wenn die anderen einmal ihrer Führung folgen und den Mumm aufbringen, da raus ins Fernsehen zu gehen und den Menschen zu erzählen, was der *Kurs* tatsächlich sagt – nämlich dass es keine Welt gibt; dass wir den Menschen nicht für das vergeben, was sie wirklich getan haben, sondern weil sie gar nichts getan haben, weil es sie gar nicht gibt; und dass der unbewusste Geist niemals geheilt werden wird, bis wir den Unterschied zwischen Traum und Wirklichkeit kennen und in unserem Geiste nur einem der beiden treu sind – dann können auch sie sich Lehrer von *Ein Kurs in Wundern nennen*.

Und *du*, lieber Bruder, musst über den Schleier hinaus denken und anderen beibringen, dasselbe zu tun. Es reicht nicht, den Irrtum zu beschreiben. Du musst etwas haben, wodurch du ihn ersetzt. Den Menschen muss gesagt werden, dass sie spirituelle Sicht niemals mit den Augen des Körpers finden werden, sondern durch ihre Art zu denken. Wie der *Kurs* sagt: »Des Körpers Augen sehen nur die Form. Sie können nicht über das hinaussehen, was zu sehen sie gemacht wurden. Sie wurden dazu gemacht, auf den Irrtum zu schauen und nicht, um über ihn hinauszuschauen.«[10]

> *Es hat hier vor dir keine Welt gegeben.*

Der Geist muss dahingehend trainiert werden, durchgängig das zu wählen, was zwar nicht gesehen, aber als Wahrheit erkannt und erfahren werden kann.

GARY: Man könnte also gewissermaßen sagen, dass der Zweck der halben Million Wörter im *Kurs* ist, uns eine Erfahrung *jenseits* aller Worte zu verschaffen.

ARTEN: Hervorragend. Und vergiss nicht: Wenn es keine Welt gibt, dann hat es hier auch vor dir keine Welt gegeben, und du wirst keine Welt zurücklassen, wenn du gehst. Sie hat niemals existiert, genauso wenig wie du als getrenntes Wesen. Was du wirklich bist und was du immer sein wirst, ist vollkommener Geist in vollkommenem Einssein mit deinem Schöpfer. Denke immer daran:

> *Das Ego verleugnet die Wahrheit.*
> *Der Heilige Geist verleugnet das Ego.*
> *Die Entscheidung für die Heiligkeit ist mein.*

Der *Kurs* ist eine Disziplin zum Aufgeben des Egos. Du erwischst dich dabei, mit dem Ego zu denken, und lässt es. Dann kannst du dich mit dem Heiligen Geist verbinden. Es ist wie mit dem Rauchen aufzuhören. Du musst mit den Zigaretten aufhören, bevor du die frische Luft atmen kannst.

GARY: Das kenne ich. Ich habe früher anderthalb Päckchen Zigaretten am Tag geraucht. Das waren täglich 30 Zigaretten. Es kostet Zeit, 30 Zigaretten am Tag zu rauchen! Es ist 30 Jahre her, seit ich aufgehört habe. Ich musste damals eine Entscheidung treffen. Wenn der Geist einmal eine Entscheidung getroffen hat, ist er zu allem fähig. Ich habe von heute auf morgen aufgehört. Das ist hart. Es erfordert Entschlossenheit. Und ich verstehe, was du darüber sagst, das Ego aufzugeben. Das ist noch viel schwieriger, weil das Ego im-

Du wirst keine Welt zurücklassen, wenn du gehst.

mer wieder zurückkommt. Es lässt nicht locker, aber der Heilige Geist noch weniger. Man könnte sogar sagen, dass der *Kurs* in seiner Kompromisslosigkeit nicht locker lässt, und ganz egal, wie sehr sich das Ego auch abmüht, die Antwort des Heiligen Geistes es immer besiegen wird.

Pursah: Ja, und der Heilige Geist weiß alles. Auf den Veranstaltungen, auf denen du sprichst – wo siehst du die längsten Warteschlangen?

Gary: Die längsten Schlangen sind voller Menschen, die darauf warten, mit einem Hellseher zu sprechen oder die Karten gelegt zu bekommen. Die Menschen möchten gesagt bekommen, was sie tun sollen, und die meisten von ihnen haben dieselben Fragen. »Wie finde ich meinen Seelenpartner?« »Wie finde ich die richtige Karriere?«

Pursah: Ja, und auch wenn sie von einem Hellseher oder Kartenleger eine Antwort bekommen, die für sie funktioniert, haben sie bald darauf die nächste Frage, und sie müssen wieder und wieder zum Hellseher oder Kartenleger zurück. Und wenn sie Glück haben, bekommen sie in der Hälfte der Fälle eine gute Antwort. Aber was wäre, wenn sie sich an eine Quelle wenden könnten, die immer zur Verfügung steht, nicht nur die Hälfte der Zeit oder weniger? Wenn sie mehr im Geiste wären und Zugang zu der Inspiration des Heiligen Geistes hätten, bekämen sie regelmäßig Antworten, die sie immer zu dem führen würden, was für sie und alle anderen am besten ist.

Gary: Ich bin mir sehr darüber im Klaren, dass ich vom Heiligen Geist geführt worden und genau da bin, wo ich hin soll, auch wenn es nicht wie erwartet auf Hawaii ist.

Arten: Es gibt hier Arbeit für dich, aber das schließt nicht aus, dass du eines Tages doch noch auf Hawaii leben wirst, auch wenn es nur für einen Teil des Jahres ist.

Gary: Ich kenne Leute, die einen Teil des Jahres auf Hawaii leben und einen Teil hier an der Westküste – oder, wie manche Politikinteressierten uns nennen, der *Linken Küste*. Aber es ist toll, dass ich irgendwann auf Hawaii leben könnte. Ich liebe es, dort spazieren zu gehen. Hier ist es auch herrlich, spazieren zu gehen, aber dort ist das Wasser warm und der Wind streichelt abends dein Gesicht, sogar im Winter, anstatt dich wie im Nordwesten ins Gesicht zu schlagen. Und auch wenn es hier normalerweise warm ist, wissen die meisten Menschen doch nicht, dass das Meer in Kalifornien kalt ist, weil das Wasser aus dem Norden kommt – es ist genau andersherum wie an der Ostküste. Aber ich beschwere mich nicht. Menschen kommen hierher, um Urlaub zu machen, und ich kann hier leben. Los Angeles, Hollywood, Beverly Hills, Malibu, Santa Monica, Venice Beach ... Alles liegt direkt vor meiner Haustür. Unsere Lage ist prima: Wir sind innerhalb von zwanzig Minuten am Flughafen und können zu hervorragenden Restaurants laufen. Es ist fantastisch. Nur blöd, dass unser Stadtteil – Brentwood – durch O. J. Simpson in Verruf gekommen ist.

ANMERKUNG: Cindy und ich wohnen gerade die Straße hinunter von dem Ort, an dem O. J. die schrecklichen Taten begangen haben soll, die ihm zur Last gelegt werden. Die grässliche Ermordung von Nicole Brown Simpson und Ronald Goldman war ungewöhnlich für Brentwood. Hier ist es ruhig, die Kriminalitätsrate niedrig und die Menschen können noch spätabends zu Fuß unterwegs sein, ohne Angst haben zu müssen.

ARTEN: Denke daran, dass deine Erfahrung zählt und nicht die Vorstellungen, die Menschen von Orten oder von dir haben. Du bist dabei, das Ego aufzulösen. Das ist eine Errungenschaft. Du erweist der Menschheit einen echten Dienst, indem du nicht nur zur Heilung deines eigenen Geistes beiträgst, sondern zur Heilung des gesamten Geistes. Nicht viele Menschen in der Geschichte haben die Art von Vergebung geübt wie du, bei der du dich als Ursache von etwas siehst und nicht als Opfer. Es ist eine historische, neue Entwicklung, dass es eine so beträchtliche Menge an Menschen gibt, die dies tatsächlich tun. Du kommst vielleicht nicht in die Geschichtsbücher, na und? Die meisten Menschen in den Geschichtsbüchern waren Kriegstreiber – du und deine Leser dagegen seid Friedensstifter. Das ist doch was.

GARY: Oder, wenn man den *Kurs* macht, könnte man auch sagen: Das ist nichts – ist das nicht was? Haha.

PURSAH: Bei dir gibt es wirklich jede Minute etwas zu lachen. Was hatte Cindy doch gleich gesagt, als du als Geschworener auftreten solltest? Mit Gary gibt es keinen Moment Langeweile!

ANMERKUNG: Ich war aufgefordert worden, als Geschworener aufzutreten, und zwar am selben Gericht in Los Angeles, an dem O. J. der Prozess gemacht worden war. Ich nahm eine Bibel mit. Die Ankläger und die Anwälte der Verteidigung suchten die Geschworenen aus und konnten dabei jeweils eine bestimmte Anzahl von ihnen entlassen, die sie als nicht geeignet empfanden. Als der Staatsanwalt mich fragte, ob ich in der Lage wäre, auf schuldig zu plädieren, wenn die Beweise es rechtfertigten, sagte ich in aller Aufrichtigkeit *nein* und hob hervor, dass Jesus in der Bibel sagte: »Richtet nicht, auf dass ihr nicht gerichtet werdet.« Der Staatsanwalt sprach sich gegen mich aus, und ich konnte gehen. Der Richter sah nicht gerade begeistert aus, aber zum Glück ging er nicht wegen Missachtung des Gerichts gegen mich vor.

GARY: Wie war doch gleich das Zitat? »Sei dir selber treu.« Die meisten Leute wissen aber nicht, wie es weitergeht: »Und daraus folgt, so wie die Nacht dem Tage, du kannst nicht falsch sein gegen irgendwen.« Wusstet ihr, dass diese Worte von William Tecumseh Shakespeare stammen?

ARTEN: Du weißt also, was sie bedeuten?

GARY: Klar, es geht um Konsequenz. Der *Kurs* selbst sagt ja – Moment, es steht im Handbuch –, Ehrlichkeit meint, »dass du konsequent bist. Es gibt nichts, was du sagst, das dem widerspricht, was du denkst oder tust; kein Gedanke widersetzt sich irgendeinem anderen Gedanken, keine Tat straft deine Worte Lügen, und keinem Wort mangelt es an Übereinstimmung mit einem anderen. So sind die wahrhaft Ehrlichen. Auf keiner Ebene stehen sie im Konflikt mit sich selbst. Deshalb ist es für sie unmöglich, mit irgendjemandem oder irgendetwas in Konflikt zu sein.«[11]

Ich mache oft Witze mit J. Ich sage: »Also echt, warum legst du die Latte nicht noch ein bisschen höher?« Er war vollkommen konsequent. Ich glaube, ich muss dafür noch ein bisschen mehr üben. Aber das ist in Ordnung. Ich habe ja sowieso nichts Besseres zu tun.

PURSAH: Nein, hast du nicht. Das Ego aufzulösen und die Wahrheit des *Kurses* mit anderen zu teilen, ist das Höchste, auf das du hoffen kannst. Deshalb kommen wir dich ja auch immer wieder besuchen, oder du uns. Der Zweck unserer Besuche dieses Mal ist, wie schon beim zweiten Mal, die Auflösung des Egos in dir und anderen fortzusetzen und zu beschleunigen. Das ist auch das Ziel deiner Workshops. Und wenn wir mit dir sprechen, gibt es ein paar Wiederholungen, die nötig sind, um den *Kurs* zu lernen und ihn sich setzen zu lassen. Er wird sich nicht setzen, wenn du nicht deine Vergebungsarbeit leistest, aber Wiederholung ist trotzdem entscheidend.

Jemand hat gesagt, dass der Text von *Ein Kurs in Wundern* aus sechs Seiten besteht, die auf 100 verschiedene Arten wiederholt werden.

GARY: Eigentlich, um technisch genau zu sein, macht das sechs Seiten, die auf 111 verschiedene Arten wiederholt werden.

PURSAH: Arten, sollen wir etwas sagen oder ihn einfach nur angucken?

ARTEN: Wir gucken ihn einfach nur an.

ANMERKUNG: 30 Sekunden später ...

Pursah: In der Zeit scheint es Wiederholung zu geben, aber wenn die richtige Botschaft wiederholt wird, dann wird die Zeit dadurch aufgelöst. Zeit ist genauso wie Raum nur ein Konzept der Trennung. Ihr habt verschiedene Zeitpunkte und Orte. Dabei gibt es so etwas gar nicht. *Alles* im Universum von Zeit und Raum beruht auf Trennung. Alles hat einen Anfang und ein Ende oder eine Grenze. Du musst lernen, dich nicht davon einnehmen zu lassen, wie beeindruckend das Universum zu sein scheint. Wir sagen nicht, dass du keine Freude daran haben kannst, du sollst es nur nicht wahr machen.

Gary: Das sehe ich. Wenn ich ins Kino gehe, weiß ich, dass der Film nicht echt ist, aber das hält mich nicht davon ab, ihn zu genießen. Und so kann auch dieser Film sein. Nur weil man weiß, dass er nicht wahr ist, heißt es nicht, dass man aufhören muss, Spaß zu haben. Ich bin mein ganzes Leben lang Musiker gewesen, und heute höre ich lieber Musik als jemals zuvor. Neulich haben wir die Eagles auf der Hollywood-Bowl-Bühne gesehen, und wir hatten einen Mordsspaß.

Pursah: Wenn du das Ego auflöst, wird dir dein Leben mehr Spaß machen, nicht weniger. Das liegt daran, dass weniger unbewusste Schuld in deinem Geist ist, und wenn du dich weniger schuldig fühlst, wirst du alles mehr genießen können, und ich meine wirklich alles. Denke also immer daran, dass es nicht gegen die Regeln ist, eine tolle Zeit zu haben. J, Maria, Thaddäus, Isaah und ich, Stephanus, Phillippus und sogar Petrus waren oft in der Stadt und haben so viel gelacht, dass die Leute uns für betrunken gehalten haben. Das waren wir aber nicht. Manchmal bekamen ein paar von uns einen kleinen Schwips. Wir tranken Wein. Es gab ja kein sauberes Trinkwasser. Nicht selten starben Menschen an unsauberem Wasser oder verdorbenem Essen.

Gary: Das klingt nach einem ziemlich jämmerlichen Dasein.

Arten: Wenn dein Glück von äußeren Umständen abhängig war, dann führte man damals in der Regel eine jämmerliche

Existenz, es sei denn, man gehörte zum Adel. Und die Menschen heute leben besser als der Adel damals, aber sie schätzen es nicht, was zeigt, dass die Spielzeuge dieser Welt die Menschen nicht wirklich glücklich machen. Sie reizen sie vielleicht eine Weile, aber das ist immer vorübergehend. Wenn du die Schuld in deinem Geist auflöst, kannst du voller Freude sein. Du wirst auch weniger leiden. Denke daran, und dies kann nicht genug betont werden, dass der *Kurs* sagt: »Der schuldlose Geist kann nicht leiden.«[12]

GARY: Ja schon, aber was ist mit mir?

ARTEN: Das heißt, wenn du gar keine unbewusste Schuld mehr in deinem Geist hättest, was der Fall wäre, wenn dein Geist vollständig vom Heiligen Geist geheilt wäre, was er wäre, wenn du alle deine Vergebungslektionen erfolgreich abgeschlossen hättest, dass du dann buchstäblich nicht mehr in der Lage wärst, körperlichen Schmerz zu empfinden. Zurzeit der Kreuzigung konnte J keinen Schmerz mehr fühlen, in welcher Form auch immer. Er konnte nicht mehr leiden. Das ist nur ein Grund dafür, warum die Vorstellung, dass er gelitten und sich für die Sünden anderer geopfert hat, eine der größten Mythen in der Geschichte der Menschheit darstellt. Er konnte nicht leiden, und opfern war einfach nicht Teil seiner Sicht der Dinge. Ein Körper kann sich opfern, wenn du dich mit ihm identifizierst, aber die Kreuzigung sollte ja lehren, dass man J nicht verletzen konnte, weil er kein Körper war. Er identifizierte sich nicht mit dem Körper. In seinem Geist erfuhr er sein vollkommenes Einssein mit Gott. Was er wirklich war, konnte nicht getötet *werden*. Auch du kannst das erfahren. Stell dir vor, wie es ist, auf der Erde zu wandeln wie J und ich und Pursah in unserem letzten Leben, mit einem Gefühl vollkommener Unverletzlichkeit und ganz ohne Angst?

Gleichzeitig lebten Pursah und ich ein ganz normales Leben. Wir wussten, wie wir Spaß haben konnten, genau wie du und wie Thomas, Isaah und Thaddäus vor 2.000 Jahren. Wir waren nicht immer fromm auf die Art, wie es im Neuen Testament beschrieben wird. Damals gab es ja auch noch kein Neues Testament, das kam später. Die Zeit Js war immer noch die alte Zeit, wie im Alten Testament. Wie Thaddäus angedeutet hat, wussten diese Menschen, wie man hingeht und sich mehrt!

GARY: Das ist der Weg des Herrn.

PURSAH: Du hast immer noch eine gute Zeit, aber dein Leben hat sich verändert. Vergibst du dein jüngstes Beispiel für einen Kulturschock?

GARY: Nun ja, es gab viele Veränderungen, überwiegend zum Guten, außer dass ich mein Reisen nicht genügend beschränkt habe, um mich aufs Schreiben konzentrieren zu können. Tut mir leid.

PURSAH: Denk daran, was wir dir über *leid tun* gesagt haben.

GARY: Oh, tut mir leid. Auf jeden Fall liebe ich meine neue Familie. Das letzte Thanksgiving ist ein gutes Beispiel für meine neuen Erfahrungen. Als ich noch in Maine war, ging ich mit Karen immer zu meinen Schwiegereltern. Natürlich waren immer ihre Mutter und ihr Vater da, bis ihr Vater starb, plus ihre Brüder mit ihren Familien, und wir haben praktisch nur über Sport geredet. Ich kann mich eine Stunde lang über Sport unterhalten, aber ich möchte keine sechs Stunden darüber reden. Jetzt ist das ganz anders. Cindy und ich verbringen den Tag bei ihrer Schwester Jackie, zusammen mit ihrer Mutter. Jackie ist Hypnotherapeutin und macht den *Kurs,* und Cindys Mutter Doris macht den *Kurs* schon lange. Sie haben wie Cindy unsere Bücher gelesen, und die meiste Zeit sprechen wir über den *Kurs!* Es ist ganz anders als mein Leben in Maine, das sich mittlerweile wie ein vergangenes Leben anfühlt, aber ich vermute mal, dass wir alle in diesem einen Traumleben mehrere Leben leben.

ANMERKUNG: In der Zwischenzeit ist noch Mark zu uns vier gestoßen, den Jackie auf einer Kreuzfahrt für meine Leser nach

Mexiko kennen gelernt hat. Acht Monate später haben sie geheiratet. Mark ist auch eifriger Schüler des *Kurses* und dazu ehemaliger Major der Air Force. In Afghanistan flog er große Frachtmaschinen und bildete Piloten aus. Außerdem ist er ein versierter Musiker und produziert Aufnahmen und Videos. Mark hat ein Aufnahmestudio zu Hause. Für mich ist er nicht nur ein Schwager, sondern auch ein Bruder, und ich komme nicht umhin zu bemerken, dass er beide Seiten seines illusionären Gehirns nutzt.

GARY: Als Kind in Massachusetts hatten wir oft Familientreffen. Dabei kamen rund 40 Leute zu meinem Onkel ins Haus, und die meisten von uns konnten singen oder ein Instrument spielen oder beides, und wir haben viel zusammen improvisiert. Das scheint jetzt so lange her zu sein. Ich kann gar nicht glauben, dass ich bald 60 werde. Ich fühle mich wie in meinen Dreißigern.

ARTEN: Ist dir schon aufgefallen, dass du gar nicht mehr gealtert bist, seit wir zu dir kommen? Bald ist es zwanzig Jahre her, dass wir das erste Mal aufgetaucht sind.

GARY: So habe ich das noch nie gesehen. Ich habe gedacht, ich sehe einfach jung aus, aber du hast Recht. Liegt das daran, dass ihr meine Denkmuster durchbrochen habt und ich mit Vergebung angefangen habe?

ARTEN: Ja. Du denkst, dass du eine Menge mitgemacht hast, aber der Stress ist für dich überhaupt nicht so groß gewesen, wie er hätte sein können. Es liegt nie an der Situation. Jeder erlebt Dinge, die zu stressigen Situationen führen. Aber es kommt immer darauf an, wie man etwas betrachtet.

GARY: Ich wollte euch etwas fragen. Ich habe überlegt, einen Film aus den Büchern zu machen, aber es ist so viel Material, dass es für einen Film vielleicht zu viel ist. Meint ihr, eine Fernsehserie wäre besser?

PURSAH: Das sagen wir dir nicht. Wir möchten, dass du den dazugehörigen Entscheidungsprozess durchmachst. Er ist Teil deines Drehbuchs, und wir möchten, dass du erlebst, was du erleben sollst. Frag den Heiligen Geist, was du tun sollst. Du wirst zu dem geführt werden, was für alle am besten ist.

GARY: Wie wäre es hiermit? Ich sehe, wie du und Arten Gewehre abfeuernd von den Bösen durch Salt Lake City gejagt werdet. Auf dem Platz vor dem Tempel brecht ihr zusammen, und es gibt eine Schießerei zwischen euch, den Bösen und den abtrünnigen Mitgliedern des Tabernakelchors der Mormonen.

PURSAH: Daran ist noch etwas Arbeit nötig. Du warst doch dabei, über das Thema Kulturschock zu sprechen.

GARY: Oh ja. Nach einer Weile gewöhnt man sich daran, dass man dauernd Berühmtheiten sieht und die Schnellstraße fünfspurig ist, und man fängt an, die kleinen Perlen abseits des Weges zu finden, die das wahre Kalifornien ausmachen. Es ist bisher nicht schlecht gewesen. Um ehrlich zu sein, ist es die meiste Zeit bisher gut gewesen, abgesehen davon, dass es hier echt teuer ist. Ich glaube, das viele Reisen ist inzwischen das Härteste daran. Damit will ich sagen: Zu Beginn meiner Reisen wurde ich noch wie ein Kunde behandelt, aber jetzt behandelt man mich wie einen Verdächtigen. Jedes Jahr finden sie wieder einen Weg, um Reisenden das Leben noch schwerer zu machen. Das ist für mich eine große Vergebungsgelegenheit gewesen. Als ich mitansehen musste, wie Cindy abgetastet wurde, wurde ich wirklich sauer.

ARTEN: Und Cindy?

GARY: Ich sage dir, Cindy war so wütend, dass sie fast etwas gesagt hätte.

ARTEN: Aber nicht wirklich.

GARY: Nee. Sie ist der positivste Mensch, der mir je begegnet ist. Ihr kennt doch Lektion 68 aus dem Übungsbuch – die Liebe hegt keinen Groll? Das ist Cindy.

ARTEN: Ja, du hast großes Glück. Und wenn doch etwas zum Vergeben auftaucht, wie es in jeder Ehe unweigerlich passiert, dann vergiss nicht, wozu es ist. Wenn du damit das machst, was der

Heilige Geist dir rät, und den anderen als das betrachtest, was er wirklich ist, dann wirst du eine heilige Beziehung haben.

GARY: Ja, und gleichzeitig können wir auch den Film genießen und das Reisen. In Denver hatte ich zum Beispiel ein lustiges Erlebnis. Ich ging durch die Sicherheitskontrolle, und da war dieser ältere Mitarbeiter der Sicherheitsbehörde, der die Sachen durch den Metalldetektor schob. Er sah aus, als sei er in den Siebzigern, und ich hatte den Eindruck, dass er womöglich über seine Rente hinaus arbeiten musste, um über die Runden zu kommen. Jedenfalls kam ich zufällig in seine Nähe und fragte ihn: »Wie läuft's?«, und er sagte: »Ich lebe den Traum.«

PURSAH: Er machte einen Witz, und es ist gut, dass er seine Situation mit Humor sehen kann. Aber es ist möglich, den glücklichen Traum zu erleben, von dem J spricht. Sein *Kurs* steht für eine glückliche Form von Spiritualität. Er vertritt nicht das verbissene religiöse Dogma des Leidens, an das die Leute so gewöhnt sind. Er garantiert dir sogar ein glückliches Ende des Dilemmas, in dem du dich wiederzufinden scheinst. Du weißt, dass die Zeit enden wird, weil der Kurs lehrt, dass der Heilige Geist zurücksah »von einem Punkt, an dem die Zeit beendet war«.[13] Als wir sagten, der Heilige Geist könne alles überblicken, war das ernst gemeint.

> *Niemand wird aus dem Himmel ausgeschlossen, denn sonst wäre der ja nicht in sich vollständig.*

Jeder ist unterwegs zum selben Ort. Niemand wird aus dem Himmel ausgeschlossen, denn sonst wäre der ja nicht in sich vollständig.

GARY: Aber was ist mit diesen Vollpfosten, die ihn nicht verdienen?

ARTEN: Diese Brüder kommen nicht als Vollpfosten in den Himmel, weil sie ja nicht als Körper in den Himmel kommen. Sie werden am Ende die ganze Identifikation mit einem Körper vergessen. Es war nur ein Traum, und wo ist der Traum, wenn du daraus erwachst? Er verschwindet. Darum haben wir dir gesagt, du sollst das erste Buch *Das Verschwinden des Universums* nennen.[k]

GARY: Oh. Ich habe mich immer gewundert, warum es so heißt.

ARTEN: Sie werden in ihr Zuhause zurückkehren, das vollkommenes Einssein ist. Denk daran, Gary, dass es niemanden auf dieser Erde gibt, der nicht zur einen oder anderen Zeit ein Mörder war. Das ist Dualität. Glaubst du etwa, dass ihr alle in den »Träumen von der Hölle«[14] bleiben sollt, um die Worte des *Kurses* zu benutzen?

GARY: Ich überlege gerade. Gut, ich habe alles über scheinbare Gegensätze vergessen. Viele Menschen machen sich Sorgen darüber, in die Hölle zu kommen. Sie erkennen nicht, dass sie schon da sind. Laut J ist alles Hölle, was nicht das vollkommene Einssein des Himmels ist. Und wenn man mal darüber nachdenkt: Die ganzen schrecklichen Dinge, die man in diesen alten Büchern mit den Bildern von der Hölle sieht – Menschen, die brennen und denen der Kopf abgeschlagen wird und sowas –, das kann einem alles hier passieren! Dafür muss man nicht in die Hölle kommen, denn wenn man nicht im Himmel ist, ist man in der Hölle. Aber weil das, was allumfassend ist, kein Gegenteil haben kann,[15] gibt es in Wirklichkeit keine Hölle, nirgendwo, obwohl es den Anschein haben mag.

PURSAH: Ein Anflug von Brillanz. Also, sag mir, welchen Eindruck du hattest, als du in diesem Esoterikbuchladen in Auburn das allererste Mal den *Kurs* in die Hand genommen und ein bisschen darin gelesen hast?

GARY: Ich dachte: *Was zum Teufel soll das denn sein?* Ich meine, er hätte genauso gut in einer exotischen Sprache geschrieben sein können. Das erinnert mich daran, als Cindy und ich zu einem Workshop in Athen waren und ich die Leute fragte: »Wenn wir etwas nicht verstehen, so wie den *Kurs,* dann sagen wir:

---

[k] Die deutsche Ausgabe trägt den Titel *Die Illusion des Universums. – Die Red.*

›Das hört sich Griechisch an.‹ Und was sagt *ihr?*« Sie meinten: »Chinesisch.«

PURSAH: Und warum, glaubst du, ist der *Kurs* so schwer zu verstehen?

GARY: Du meinst, abgesehen von der halben Million Begriffe in akademischer, Freudscher und biblischer Sprache sowie dem jambischen Pentameter – und der ganzen Aussage, die so abgedreht und schwer verdaulich ist, dass die Leute davon körperliche Symptome kriegen?

PURSAH: Ja, abgesehen davon.

GARY: Keine Ahnung.

ARTEN: Er ist so schwer zu verstehen, weil er holografisch aufgebaut ist. Er beschreibt die Dinge nicht in linearer Weise. Der *Kurs* beginnt mit seinen fortgeschrittensten Grundsätzen. Sieh dir den ersten Grundsatz der Grundsätze für Wunder an. Dort heißt es: »Es gibt keine Rangordnung der Schwierigkeit bei Wundern.«[16] Es ist völlig unmöglich, dass jemand das liest und irgendeine Idee haben könnte, was es bedeutet.

Zunächst einmal weißt du ja noch gar nicht, was ein Wunder überhaupt ist. Der Grund, warum J sein Werk *Ein Kurs in Wundern* genannt hat, war dass er die Definition des Wortes *Wunder* ändern wollte. Anstatt sich ein Wunder als etwas vorzustellen, das da draußen auf der Leinwand passiert, die ihr die Welt nennt – die wie zum Beispiel der brennende Busch nur die Wirkung darstellt –, wollte er, dass die Menschen anfangen, ein Wunder als etwas zu betrachten, das im Geist passiert, also an der Ursache. Das Wunder mag als Symbol auf der Leinwand erscheinen oder auch nicht, aber das wahre Wunder findet statt, wenn du anderen Geistes wirst und mit dem Heiligen Geist wahre Vergebung übst, anstatt mit dem Ego zu denken.

Durch ständige Wiederholung wirst du hoffentlich anfangen, zu begreifen, was der *Kurs* wirklich sagt, aber wie du weißt, ist das selten. Durch deine Bücher präsentieren wir dir und anderen den *Kurs* auf lineare Weise. Wir erklären ihn dir ganz einfach. Wir machen ihn dir so weit verständlich, dass du hingehen und ihn selbst lesen kannst und er für dich einen Sinn ergibt.

GARY: Das glaube ich. Ich habe mit zig Leuten gesprochen, die den *Kurs* aufgegeben hatten und bei denen er jahrelang zu Hause im Bücherregal stand, bis sie unsere Bücher lasen und zum *Kurs* zurückkehrten, weil sie ihn plötzlich verstanden. Man kann nicht etwas auf sein Leben anwenden, wenn man es nicht versteht, aber nun taten sie es. Das allein macht die ganzen Schwierigkeiten, durch die ich hindurch musste, schon wert.

ARTEN: Was du oder ein anderer durchmachst hat nur Wert, wenn es vergeben wird. Denk immer daran, wofür es ist. Der Sinn unserer Arbeit besteht darin, eine lineare Beschreibung des *Kurses* zu geben, die die Menschen in die Lage versetzt, ihn auf eine Weise zu begreifen, dass sie ihn selbst lesen, verstehen und anwenden können.

GARY: Verstehe. Und diese Sache mit dem Heiligen Geist, der vom Ende der Zeit zurücksieht – das ist ziemlich abgefahren, cool.

ARTEN: Die Sicht des *Kurses* auf Zeit ist unfassbar. Das liegt daran, dass die Zeit ein Paradox enthält. Auf der einen Seite ist sie holografisch. Alles passiert auf einmal und ist, wie der *Kurs* sagt, schon vorbei. Vergangenheit, Gegenwart und Zukunft ereignen sich gleichzeitig, worauf bereits Einstein hingewiesen hat und womit der *Kurs* auch einverstanden wäre, abgesehen davon, dass er sagt, dass sie sich nur *scheinbar* ereignen. Neben dem holografischen Modell ist dann da noch die unwirkliche Erfahrung von Linearität. Nebenbei bemerkt ist das holografische Modell übrigens auch falsch, denn wie wir schon sagten, stellt die Zeit letzten Endes nur einen Trennungsgedanken dar.

In deinem Erleben passiert ein Ereignis nach dem anderen. Du glaubst tatsächlich, dass du dir dein Leben Stück für Stück erschaffst. Ich sage nicht, dass das nicht die Erfahrung der Menschen ist. Sie erleben es so. Ich sage nur, dass diese Erfahrung *nicht wahr* ist. Was du siehst, ist nicht wahr. Wo stehst du dann? Es bedeutet: Auch wenn etwas schon passiert ist, musst du es trotzdem noch tun!

GARY: Eine meiner Lieblingsstellen im *Kurs* befindet sich im Übungsbuch, Lektion 169. J präsentiert uns diese ganzen esoterischen Aussagen über die Zeit und spricht darüber, wie der Heilige Geist das »Drehbuch der Erlösung schrieb in SEINES SCHÖPFERS NAMEN und im NAMEN DES SOHNES SEINES SCHÖPFERS«.[17] Das wäre Christus, der ich bin, wenn ich gerade einmal nicht da bin, und er gab die Antwort auf das Drehbuch des Egos und all das. Dann kommt mein Lieblingssatz. J sagt: »Es ist nicht nötig, weiter klarzustellen, was niemand in der Welt verstehen kann.«[18] Ich liebe das. Ich meine, warum spricht er das überhaupt an?

ARTEN: Nun, das Drehbuch des Heiligen Geist spielt sich nicht in der Welt ab. Denk daran, dass es keine Welt gibt! Und ich glaube, du weißt, dass die meisten Lehrer und Schüler, auch wenn dies ein *Kurs* über Ursache und nicht über Wirkung ist, den *Kurs* nehmen, da draußen auf die Leinwand stellen und so tun, als ginge es um die Rettung der Welt. Jetzt sind sie also dabei, eine Welt zu retten, die gar nicht da ist. Nein. Das Drehbuch des Heiligen Geistes ist eine andere *Interpretation* des Ego-Drehbuchs. Das Drehbuch des Egos ist das, was passiert. Du könntest es auch Karma nennen. Es handelt sich dabei um eine falsche Ursache und eine falsche Wirkung, die sich auf der Leinwand abzuspielen scheinen, und dazu gehört auch das, was scheinbar mit deinem Körper passiert. Aber auch der Körper ist nur eine Wirkung. Er ist ein Symptom, ein Symbol der Trennung.

Das Drehbuch des Heiligen Geistes spielt sich im Geist ab. Du lernst, deine eine wahre Macht einzusetzen und von dem, was du siehst, die Interpretation des Heiligen Geistes zu wählen. Wenn du das tust, wechselst du ins Drehbuch des Heiligen Geistes, das von außerhalb von Zeit und Raum zu dir kommt und deine Sichtweise von Zeit und Raum verändert.

GARY: Wow. Ich glaube, ich verstehe das sogar. Heißt das jetzt, dass ich spirituell fortgeschritten bin?

PURSAH: Bring uns nicht dazu, dich wieder anzugucken.

GARY: Manchmal fragen mich Leute, was der beste Weg ist, um den *Kurs* zu machen. Sie wollen zum Beispiel wissen, ob sie erst den Text lesen oder erst die Übungen machen sollen, ob sie die Übungen in einem Jahr machen müssen oder sich mehr Zeit nehmen können, ob sie noch einmal von vorne anfangen sollten, wenn sie den Eindruck haben, dass sie es nicht richtig machen, und solche Sachen.

ARTEN: Erstens: Wenn sie *Die Illusion* gelesen haben, wie viele deiner *Leser*, dann können sie direkt mit dem Übungsbuch anfangen. Sie werden es ziemlich gut verstehen, wenn sie dein erstes Buch gelesen haben, und noch besser, wenn sie dein zweites Buch gelesen haben und bald das Buch, an dem wir gerade arbeiten. Und sie müssen das Übungsbuch nicht in einem Jahr machen. Du hast bei deinem ersten Durchgang ein Jahr und viereinhalb Monate gebraucht. Manchmal findet man eine Übungsbuchlektion, die für einen persönlich besonders hilfreich ist, also bleibt man für ein paar Tage dabei, oder man nimmt sich einmal zwei Tage frei. Das ist in Ordnung. Wie du weißt, ist die einzige Regel, nicht mehr als eine Lektion am Tag zu machen.

Außerdem: Wenn du das Übungsbuch durcharbeitest, hör nicht auf und fang wieder von vorne an, wie so viele es machen. Sie denken, sie machen es nicht richtig. Aber niemand wird das Übungsbuch so gut hinbekommen, wie er denkt, dass er es sollte. Wenn sie die Übungen perfekt hinbekämen, würde ich fragen, was sie überhaupt noch hier tun. Mach es einfach so gut du kannst. Dich davon zu überzeugen, dass du die Übungen nicht richtig machst, und dich dazu zu bewegen, von vorne anzufangen, ist einer der Wege des Egos, dich auszutricksen und dazu zu verleiten, die Übungen nicht zu machen.

Und was den Text angeht: Erinnerst du dich noch, wie du am Anfang versucht hast, ihn möglichst schnell durchzulesen?

GARY: Ja, das war blöd. Ich habe nicht viel verstanden, auch wenn ich sehen konnte, dass es J war, der da in der ersten Person sprach, denn ich hatte schon einen Teil der Bibel gelesen.

ARTEN: Die beste Art, den Text zu lesen, ist langsam. Lies ungefähr zwei Seiten am Tag. Überstürze es nicht. Wenn du zwei Seiten oder noch weniger am Tag liest, wirst du das ganze Textbuch immer noch in weniger als einem Jahr durchbekommen. Du kannst auch ab und zu einmal freie Tage einlegen. Du wirst den Text besser verstehen und praktisch anwenden, wie die Übungen. Anstatt es bei der reinen Theorie zu belassen, kannst du die Ideen, die du liest, nehmen und auf deinen Alltag anwenden, wenn es passt. Das ist, was der *Kurs* rechtgesinntes Denken nennt. Du denkst mit dem Heiligen Geist. Du durchbrichst die Denkmuster des Egos. Das wird allmählich verändern, wie du das Leben erfährst, weil du an der Ursache ansetzt.

> *Der Heilige Augenblick ist der Augenblick, in dem du den Heiligen Geist anstelle des Egos wählst.*

Mach dasselbe mit dem Handbuch für Lehrer. Nimm dir Zeit und lies zwei Seiten am Tag. Lass es sich setzen. Gewöhne dich daran, so zu denken wie der Heilige Geist, und du wirst zum reinen Geist zurückkehren.

PURSAH: Wir haben gesagt, der *Kurs* lehrt, dass der Himmel unveränderlich und ewig ist. Und wir haben auch gesagt, dass der Heilige Augenblick der Augenblick ist, in dem du den Heiligen Geist anstelle des Egos wählst. Behalte diese Worte aus dem Kapitel *Der Heilige Augenblick* im Textbuch in Erinnerung:

Zeit ohne Veränderung ist unvorstellbar, Heiligkeit aber ändert sich nicht. Lerne von diesem Augenblick mehr als nur, dass die Hölle nicht existiert. In diesem erlösenden Augenblick liegt der HIMMEL. Und der HIMMEL wird sich nicht verändern, denn die Geburt in die heilige Gegenwart ist die Erlösung der Veränderung.[19]

GARY: Danke. Es ist gut zu wissen, dass der Himmel sich nie verändern wird – dass es etwas gibt, auf das man sich für immer verlassen kann. Es ist auch gut, sicher zu wissen, dass Vergebung der
Weg ist, dorthin zu kommen. Wisst ihr, ich habe Leute getroffen,
die seit fünf Jahren den *Kurs* machen und immer noch nicht wissen, dass es dabei um Vergebung geht – wahre Vergebung. Sie
lassen sich von der Metaphysik faszinieren oder von Lehrern,
die es nicht richtig kapiert haben, ablenken, und das Ergebnis ist,
dass sie den Wald vor lauter Bäumen nicht sehen können.

ARTEN: Vergiss nicht, dass es einen enormen unbewussten Wi-
derstand dagegen gibt, das hier wirklich zu verstehen und anzuwenden. Es ist keine Frage der Intelligenz, es ist eine Frage
des Widerstandes, den das Ego leistet. Das hier ist der Tod des
Egos, und auf einer gewissen Ebene spürt es das. Und dann
wird das Ego sich tausend verschiedene Wege ausdenken, um
dich von der Wahrheit abzulenken. Sein oberstes Ziel ist natürlich, dich davon zu überzeugen, dass du ein Körper bist, aber
es wird noch viele andere Ablenkungen auffahren. So weit es
das Ego betrifft, ist alles recht, was dich noch eine Weile davon
abhält, die Wahrheit zu erfahren.

GARY: Du meinst, wie die ganze Diskussion über frühere Versionen des *Kurses,* die angeblich die richtige Version darstellen,
anstatt die Ausgabe der Foundation for Inner Peace, die die
meisten Menschen kennen?

PURSAH: Ja. Genau das ist gemeint, wenn der *Kurs* Kontroversen
als »eine Abwehr gegen die Wahrheit in Form eines Verzöge-
rungsmanövers«[20] beschreibt. Die meisten Unterschiede zwischen den verschiedenen Versionen finden sich in den ersten
fünf Kapiteln, die persönliches und auf den Beruf der Verfasser bezogenes Material enthielten, das nur für sie gedacht war
und das sie entfernen wollten. Aber der Text des *Kurses* umfasst
keine fünf Kapitel – er umfasst 31 Kapitel, und dazu kommen
noch das Übungsbuch und das Handbuch für Lehrer. Soviel
dazu, den Wald vor lauter Bäumen nicht zu sehen!

Der *Kurs* entstand im Laufe eines Zeitraums von sieben Jahren. Bill Thetford, Helens Vertrauter und Kollege, tippte ihn einmal so ab, wie Helen ihm Js Diktat aus ihren Stenoaufzeichnungen weitergab. Dann tippte Helen ihn in den sechs folgenden Jahren noch weitere sechs Mal ab, wobei J immer Korrekturen machte. Als Helen Ken Wapnick 1972 zum ersten Mal Teile des *Kurses* zeigte, war sie mit der Überarbeitung des Inhalts schon fertig. Bei Änderungen, die sie mit Ken Wapnick zusammen machte, ging es nur um konsequente Großschreibung, Zeichensetzung, Kapitelüberschriften und Unterüberschriften. Bill war nie daran interessiert, den *Kurs* zu überarbeiten. Er änderte nur die Zahl der Grundsätze der Wunder von 51 auf 50, indem er zwei zusammenfasste, weil er fand, dass es so besser aussah. Abgesehen davon änderte er nichts.

Manche Menschen wollen ein Riesending daraus machen, dass es in einer der früheren Versionen, dem »Urtext«, heißt, dass im Falle einer Meinungsverschiedenheit darüber, was im *Kurs* enthalten sein soll, Bill die Entscheidung treffen solle. Da ist allerdings diese eine Sache, die diese Menschen dir nicht sagen, weil sie nicht dabei waren, und sie lautet, dass es zwischen Helen und Bill nie eine Meinungsverschiedenheit darüber gegeben hat, was in den *Kurs* hineinkommt. Sie wussten, was er sagt, und so war es offensichtlich, was in den *Kurs* hineingehörte. Und vergiss nicht, dass Helen und Bill in den späten 1970ern nach Kalifornien kamen, um den *Kurs* hier vorzustellen. Sie kamen mit der Ausgabe, die von der Foundation for Inner Peace herausgegeben worden war, zu deren Gründungsmitgliedern sie gemeinsam mit Ken Wapnick, Bob Skutch und Judy Skutch gehörten, die heute Judy Skutch Whitson heißt. Dies war die Ausgabe, die sie benutzten und hinter der sie standen.

Die mittlerweile erhältlichen früheren Versionen des *Kurses* schließen Material mit ein, das aus dem U.S. Copyright Office, dem Amt für Urheberrecht der USA, und der Bücherei der Association for Research and Enlightenment in Virginia Beach gestohlen wurde. Das hat nichts mit Integrität zu tun. Wie fändest du es, wenn du dir die ganze Mühe machen würdest, ein Buch zu schreiben und es herauszugeben, und dann jemand deinen ersten Entwurf stähle, ihn illegalerweise ins Internet stellte und dann behauptete, dies sei die richtige Version des Buches und du verkauftest die falsche? Genau das ist beim *Kurs* passiert. Und weil ein ziemlich verwirrter Richter, der den *Kurs* als »angeberisch« betrachtete, ihm später das Copyright entzog und den *Kurs* für gemeinfrei erklärte, können die Leute heute die früheren Entwürfe verkaufen und gestohlenes Material zu Geld machen. Wenn du das unterstützen möchtest, dann nur zu. Du kannst aber auch beim Original bleiben, das Helen über einen Zeitraum von sieben Jahren durchgegeben wurde, in denen J sie immer wieder korrigierte, genau wie der Heilige Geist dich immer wieder korrigiert.

GARY: Sag mir, was du wirklich fühlst. Ich will jetzt nicht das Thema wechseln, aber wenn Maria genauso erleuchtet war wie J, hat sie dann auch einige der scheinbaren Wunder gewirkt wie er, wie Tote erwecken und so?

PURSAH: Ja, sie war erleuchtet, und sie hat Wunder gewirkt. Natürlich findet das Wunder im Geist statt, der Ursache, und dann zeigt es sich in der Welt, der Wirkung. Um erleuchtet zu sein, musst du nicht Tote erwecken so wie J. Wenn jeder durch die Gegend liefe und die Toten erweckte, dann würde niemand jemals sterben, und ihr alle wärt hier für immer gefangen. Maria hat ihre Katze von den Toten erweckt, nachdem sie starb – nicht dass irgendein Mensch oder Tier jemals wirklich stirbt, aber Maria fühlte sich dahin geführt, ihre Katze zurückzuholen, und das tat sie. Sie lebte noch ein paar Tage, und Maria freute sich sehr.

Einmal wandelten J und Mary zusammen auf dem Wasser.

GARY: Zusammen!

PURSAH: Ja, es schockierte die Menschen, die es sahen, auch Thaddäus und mich. Es kam sehr unerwartet, um es vorsichtig auszudrücken. Es geschah wenige Tage vor ihrer Hochzeit. J war 27 und Maria 22. Das war damals schon ziemlich alt, um zu heiraten, aber so war es vorherbestimmt.

GARY: Das Drehbuch ist geschrieben.

PURSAH: Ja. Sie taten es nicht, um Glauben zu bewirken. Sie taten es, um zu zeigen, dass die Gesetze dieser Welt keine Gültigkeit mehr haben, wenn man weiß, wie man die Kraft des Geistes unter der Führung des Heiligen Geistes anwendet. Wie J später in seinem *Kurs* sagen würde: »Durch deine Heiligkeit wird die Macht GOTTES manifestiert. Durch deine Heiligkeit wird die Macht GOTTES zugänglich. Und es gibt nichts, was die Macht GOTTES nicht vermag.«[21]

Isaah und ich konnten auf J und Marias Hochzeit gehen. Ich schenkte ihm eine Schriftrolle und ein Schreibinstrument. J und ich konnten lesen und schreiben, aber die meisten anderen Menschen nicht. Er gab mir beides sofort zurück und sagte: »Reise mit mir. Benutze diese Dinge, um über mich zu schreiben.« Ich war so glücklich, als ich das hörte. Es fühlte sich so richtig an, und Isaah, die es so liebte, wenn wir fünf zusammen waren – mit Thaddäus –, war voll und ganz dafür. Die nächsten Jahre waren die aufregendsten unseres Lebens, weil wir einen Anteil daran hatten, die Botschaft des Heiligen Geistes mit anderen zu teilen und sie gleichzeitig selbst von J und Maria lernen konnten.

J und Maria konnten die Kraft des Geistes auch dazu nutzen, sich innerhalb eines Augenblicks an einen beliebigen Ort auf der Welt zu versetzen. J war wirklich an vielen der Orte, von denen die Menschen es glauben, wie Indien, Tibet, China, und sogar in Frankreich und England. Er und Maria mochten Stonehenge. Sie wussten zwar, dass Energie nicht wirklich ist, aber sie konnten sie trotzdem würdigen, genauso wie den astronomisch-astrologischen Plan hinter der ganzen Anlage.

GARY: Ich weiß. Ich war schon da!

PURSAH: Ja, aber du hast es nicht in seiner ursprünglichen Form gesehen. Die ersten tausend Jahre oder so war es noch ganz, und es gab nicht nur die stehenden Steine, sondern diese waren auch noch mit Steinen bedeckt und bildeten einen in sich vollständigen Kreis. J und Maria gingen eines Morgens hin und verbanden sich mit Gott. Dann fingen sie an zu schweben und verschwanden, was die paar Leute, die es gesehen hatten, ziemlich beeindruckte.

GARY: Als ich in Griechenland war, sagte jemand zu mir, J wäre im Laufe seines Lebens auch dort gewesen.

ARTEN: Ja, Griechenland war ja nicht so weit weg, und auch wenn die beiden die Kraft des Geistes zum Reisen nutzten, wären sie dort ohne sie ebenfalls hingekommen. Die Menschen sind damals viel weiter gereist, als den Menschen heute bewusst ist. Wir hatten Handelswege, die um die halbe Welt gingen, J und Maria nahmen allerdings den einfachen Weg.

Manche wissen, dass Saulus beziehungsweise Paulus zwanzig Jahre nach der Kreuzigung im Parthenon in Athen sprach. Weniger verbreitet ist, dass J dort auch gesprochen hatte, und zwar ungefähr 25 Jahre zuvor. Die Menschen waren von seiner Weisheit verblüfft.

Wir sprechen hier über jemanden, der 12 Jahre alt war, als er mit den Rabbis im Tempel von Jerusalem sprach. Und sie sprachen ihn als *rabbi* an, was Lehrer bedeutet. Es gab kein höheres Kompliment, als von einem Rabbi Rabbi genannt zu werden. Wenn ein Meister für sein letztes Leben wiederkehrt, ist da keine steile Lernkurve mehr. Sie wissen schon so gut wie alles, das sie zu ihrer Erleuchtung wissen müssen. Normalerweise haben sie nur noch eine große Lektion zu lernen und zu lehren – in Js Fall die Kreuzigung –, und sie sind außerdem hier, um andere als Licht in die richtige Richtung zu führen. Du wirst unweigerlich einen Einfluss auf Menschen haben, wenn du wahre Vergebung übst, weil ja jeder Geist mit jedem verbunden ist. Du kannst zwar anderen nicht ihre Vergebungsarbeit abnehmen, aber du kannst als Vorbild dienen.

ARTEN: Nun lass uns ein Spiel spielen.

GARY: Ein Spiel? Ihr werdet mich nicht wieder durchs Universum schicken, oder? Ich habe nämlich einen Termin beim Chiropraktiker.

ARTEN: Nein. Sag uns, was du aus dem *Kurs* gelernt hast oder was du als Ergebnis, den *Kurs* zu machen, erlebt hast. Schieß einfach los, assoziiere frei, aber stell dir vor, du solltest es für uns auflisten. Es wird natürlich von dem abweichen, was du tatsächlich gelernt hast, aber es wird als Beispiel dienen. Wir sagen dir hinterher, wieso.

GARY: Gut, lass mich nachdenken.

PURSAH: Nicht nachdenken.

GARY: Naja, manchmal, wenn man Menschen, die etwas wirklich Beeindruckendes geschafft haben, fragt: »Sag mal, woher hattest du bloß die Idee dazu?«, dann sagen sie: »Oh, sie kam mir einfach.« Das ist Inspiration. Sie kommt einfach zu einem. Es fühlt sich nicht so an, als sei man selbst derjenige, der es sich ausgedacht hat. Die Idee taucht einfach im Geist auf. Und dann folgt man ihr, und sie funktioniert. Und dann wird man angesichts dieser Art von Ideen begeistert, weil man erkennt, dass man eine Führung hat, die immer für einen da sein und funktionieren wird.

Die Menschen denken, dass der *Kurs* viel Zeit braucht. Das liegt daran, dass sie sofortige Belohnung wollen. Aber wenn sie diese Belohnung bekommen, sind sie immer noch nicht zufrieden, weil sie das nicht glücklich macht, außer vielleicht für ein paar Tage. In Wahrheit sind zehn oder zwanzig Jahre gar nichts, wenn man das Gesamte betrachtet. Wir haben allein in dem Teil der Geschichte, in dem Menschen vorkommen, Millionen von Jahren gebraucht, um zu lernen, mit dem Ego zu denken, und das ist nur wie ein Tropfen in einem Eimer. All das in nur ein oder zwei Leben aufzulösen, *ist* ein absolutes Wunder.

Auf einem meiner Workshops war eine alte Dame, die achtzig Jahre alt war. Ich sagte den Leuten, dass es bis zu zehn Jahren dauern könne, um wirklich gut in Vergebung zu werden.

Es ist wie ein Instrument zu lernen. Es braucht Zeit, und man muss jeden Tag üben. Sie kam in der Pause zu mir und sagte: »Zehn Jahre? Wenn ich zehn Jahre brauche, um das hier zu tun, bin ich 90!« Ich dachte für ein paar Sekunden nach und fragte sie dann: »Und wie alt werden sie in zehn Jahren sein, wenn Sie es *nicht* tun?«

Du kannst deine Erfahrung des Mangels nicht auflösen, ohne die Idee der Trennung von Gott aufzulösen.

Später sprach ich über die Auflösung des Egos und das Erwachen, und ich fragte das Publikum: »Was ist, wenn es Zeit braucht? Ihr habt doch nichts Besseres zu tun.«

Wenn ich daran denke, rate ich den Leuten bei manchen Workshops vor der Mittagspause, nicht zu viel zu essen. Die Menschen benutzen Essen als Betäubungsmittel, und sich vollzustopfen macht benommen. Wir müssen gar nicht so viel essen, wie wir denken. Es ist nur ein weiterer Weg, den das Ego ausheckt, um uns im Körper festzuhalten. Wenn ich darüber nachdenke, wette ich, dass J und Maria nicht viel gegessen haben.

Der *Kurs* sagt: »Der Himmel ist die Entscheidung, die ich treffen muss.«[22] Man muss es also selbst tun. Triff die Entscheidung, dass der Himmel dein Ziel ist, und der Weg dorthin ist, durch Vergebung so schnell wie möglich zu erwachen. Es gibt nichts außerhalb von dir, was dir das abnehmen wird. Es gibt keinen Grund, glücklich zu sein, also sei grundlos glücklich.

Wenn ich mit dem Heiligen Geist denke, befinde ich mich über dem Schlachtfeld.[23] Ich liebe die Stelle im Text, in der es darum geht. Es ist einfach, als wäre man nicht darin gefangen – man ist ohne Anhaftung.

Das Wort *Namasté* sollte, wie wir besprochen haben, keine Trennungsidee ausdrücken. Wenn die Menschen sich mit seiner Bedeutung beschäftigen – die Göttlichkeit in mir verneigt sich vor der Göttlichkeit in dir –, dann klingt es danach, als sei deine Göttlichkeit da drüben und meine hier, und bitte fass meine nicht an. Aber worauf der Begriff Göttlichkeit wirklich Bezug nimmt, ist vollkommenes Einssein.

Geschichte ist nur eine Geschichte. Sie ist nie passiert, genauso wenig wie heute oder morgen.

Es ist nicht das Ziel des *Kurses,* irgendetwas in der Welt geschehen zu lassen. Aber wenn du das Ego auflöst und mehr Zugang zum Geist hast, dann ist es ironischerweise wesentlich wahrscheinlicher, dass du zu guten Dingen in der Welt geführt wirst. Dafür gibt es allerdings keine Garantie. Wenn du dir J am Ende seines Lebens ansiehst, dann liefen die Dinge nicht wirklich gut. Aber der Punkt ist: Es spielte keine Rolle.

Du kannst deine Erfahrung des Mangels nicht auflösen, ohne die Idee der Trennung von Gott aufzulösen. Solange deine Erfahrung noch die des Getrenntseins ist, wirst du niemals ein Gefühl von Fülle haben. Wenn du die Erfahrung des Getrenntseins auflöst, wirst du nie ein Gefühl des Mangels haben. Du wirst auch dann noch ein Gefühl von Fülle haben, wenn du pleite bist. Aber in der Trennung fühlst du Mangel, auch wenn du reich bist.

Ich liebe J. Er bleibt wirklich beim *Kurs.*

Judy Skutch und Ken Wapnick, Menschen, die schon dabei waren, bevor der *Kurs* veröffentlicht wurde, sind immer sehr freundlich zu mir gewesen. Ich schätze ihre Liebenswürdigkeit sehr.

Wir hätten keine Angst vor dem Tod, wenn wir nicht unbewusst Angst vor Gott hätten.

Das Christentum ist voll von Bildern der Gewalt. In South Carolina habe ich eine Reklametafel mit einem Bild gesehen, worauf Jesus ans Kreuz genagelt war. Er sah irgendwie aufgedonnert und wütend aus. Als Bildunterschrift legten sie ihm die Worte in den Mund: »Ihr habt zuerst Blut vergossen, aber ich komme wieder.« Das muss wohl Rambo Jesus sein.

In Santa Barbara habe ich die Geschichte der Heiligen Barbara gehört. Offensichtlich hatte ihr Vater ihr den Kopf abgeschlagen, und später wurde er von einem Blitz erschlagen. Heute gibt es in der Stadt Statuen der Heiligen Barbara, wie sie einen Blitz in der Hand hält. Gewalttätige Tussi – dafür, dass sie eine Heilige ist.

Weil wir Schuld fühlen, tut verlieren mehr weh als sich gewinnen gut anfühlt.

Vor 2.000 Jahren sagte Jesus: »Wenn ihr genug Glauben hättet, könntet ihr Berge versetzen.« Die meisten Menschen wissen allerdings nicht, was er als Nächstes sagte: »Aber wo tut ihr die hin?«

Meine Exfrau Karen hat meine Bücher und meine ganze Arbeit immer unterstützt. Ich bin dafür sehr dankbar. Sie verschenkt sogar Exemplare meiner Bücher.

PURSAH: Du kannst aufhören. Manchmal ist es gut, so zu denken. Rassel einfach rechtgesinnte Dinge herunter, die du gelernt und beobachtet hast. Das verstärkt rechtgesinntes Denken. Und es ist in Ordnung, anzuerkennen, wie weit du gekommen bist. In deinen Zwanzigern ging es dir ziemlich schlecht. Sei dankbar für das, was seitdem für dich geschehen ist.

GARY: Ich höre dich.

ANMERKUNG: Es scheint, dass mein Leben in Zyklen von jeweils 14 Jahren verlaufen ist. Und von meiner Zeit an der Börse und aus meiner Beobachtung der Welt weiß ich, dass alles in Zyklen verläuft. Von meiner Geburt bis zu meinem vierzehnten Lebensjahr war mein Leben ziemlich gut. Die Menschen mochten mich, ich war klug, ich konnte schnell rennen, ich war ein guter Baseballspieler und ich hatte Freunde. Ich hatte Skoliose, wusste aber nichts davon. Ich konnte Energieschübe haben, durch die ich für kurze Strecken schnell wie der Wind rennen konnte, aber ich hatte keine Ausdauer. Ich war nur für knapp 100 Meter schnell.

Als ich 14 war, wurde ich langsam depressiv, und im Laufe der Jahre wurde es immer schlimmer. In meinen Zwanzigern war ich nur noch ein Häuflein Elend. Vierzehn Jahre lang wusste ich nicht, was mit mir los war oder dass meine Gedanken meine Erfahrung geprägt hatten.

Mit 28 machte ich dann das EST-Training. Die nächsten 14 Jahre lernte ich sehr viel. EST durchbrach meine Denkmuster, und dieses erste Denksystem gab mir die Macht, mein Leben zu ändern.

Vierzehn Jahre später lebte ich in Maine. Mit 42 war ich schließlich so weit, von Arten und Pursah *Ein Kurs in Wundern* zu lernen. Das führte in den darauffolgenden 14 Jahren zu einer anderen Art des Lernens. Die neunjährige Einführungsphase, durch die sie mich führten und in der ich davon, nichts über den *Kurs* zu wissen, dahin kam, ihn zu machen und auf mein Leben anzuwenden, sorgte dafür, dass ich nie wieder derselbe sein würde. Als ich 52 war, wurde *Die Illusion des Universums* veröffentlicht, und von da an sollte mein Leben *definitiv* nie wieder dasselbe sein.

Mit 56 sollte der nächste 14-Jahres-Zyklus für mich beginnen. Ich tat, was fast mein ganzes Leben undenkbar gewesen wäre: Ich zog nach Kalifornien. Das war mit Sicherheit ein neuer Zyklus. Würde Kalifornien sich als ein guter Ort entpuppen oder einfach nur als eine einzige riesige Vergebungslektion? Das Drehbuch würde sich enthüllen. War ich bereit?

Und was würde mit 70 geschehen, dem Beginn von Zyklus Nummer fünf? Würde ich nach Hawaii ziehen? So viel von meinem Leben hatte sich mir schon offenbart, aber so vieles war auch noch unbekannt. Durch Arten und Pursah hatte ich manchmal den Eindruck, dass ich mehr über mein nächstes, letztes Leben wusste als über die Zukunft des jetzigen.

Und nun war ich mit Cindy zusammen. Der *Kurs* sprach unmissverständlich über den Unterschied zwischen einer besonderen Beziehung und einer heiligen. Wir kannten beide den Unterschied. Würden wir eine heilige Beziehung aufbauen können? Ich hatte das Gefühl, dass wenn *wir* es nicht konnten, niemand es konnte. Js Beschreibung besonderer Beziehungen ließen die Herausforderung allerdings entmutigend aussehen, wie beispielsweise in dieser eindringlichen Stelle aus dem *Kurs*:

Wer braucht die Sünde? Nur die, die einsam und allein sind und ihre Brüder anders sehen als sich selbst. Gerade dieser Unterschied, der zwar gesehen wird, aber nicht wirklich ist, lässt das Bedürfnis nach der Sünde, das nicht wirklich ist, aber gesehen wird, gerechtfertigt erscheinen. Das alles wäre wirklich, wenn die Sünde es wäre. Denn eine unheilige Beziehung fußt auf Unterschieden, bei denen jeder denkt, der andere habe das, was er nicht hat. Sie kommen zusammen, jeder, um sich selber zu vervollständigen und den anderen zu bestehlen. Sie bleiben so lange, bis sie denken, es gebe nun nichts mehr zu stehlen, und dann ziehen sie weiter. So wandern sie durch eine Welt von Fremden, die anders sind als sie, leben vielleicht mit ihren Körpern unter einem gemeinsamen Dach, das weder einen noch den anderen schützt, im selben Raum und doch in einer Welt für sich.[24]

Ich wusste, dass diese Passage die meisten Paare dieser Welt beschrieb. Und doch war es möglich, hinter den Schleier zu sehen, sich niemals aufgrund von Unterschieden allein zu fühlen und von der Einheit erfüllt zu sein. Wie der *Kurs* im selben Abschnitt weiter sagt:

Eine heilige Beziehung geht von einer anderen Voraussetzung aus. Jeder hat nach innen geschaut und keinen Mangel dort gesehen. Da er seine Vollständigkeit annimmt, möchte er sie ausdehnen, in dem er sich mit einem anderen verbindet, der ganz ist, wie er selbst. Zwischen diesen Selbsten sieht er keinen Unterschied, denn Unterschiede sind nur vom Körper. Deshalb schaut er auch auf nichts, was er nehmen möchte. Er verleugnet seine eigene Wirklichkeit nicht, *weil* sie die Wahrheit ist. Er steht gerade unterhalb des HIMMELS, aber nahe genug, um nicht zur Erde zurückzukehren. Denn diese Beziehung hat die HEILIGKEIT des HIMMELS. Wie weit von zu Hause weg kann eine Beziehung sein, die so dem HIMMEL gleicht?[25]

Es gab also Hoffnung. Durch spirituelle Sicht, das Ergebnis wahrer Vergebung, war es möglich, zusammen unter einem Dach zu leben, im selben Zimmer, und doch die Ganzheit des Himmels zu erkennen und niemals getrennt zu sein.

GARY: Ich *bin* dankbar, glaubt mir, auch wenn ich es manchmal vergesse. Außerdem macht es Spaß, mit dem *Kurs* zu leben. Du kannst über die Welt und ihre Dummheit Witze machen, ohne zu hart zu werden.

PURSAH: Vor allem, weil es sie ja nie gegeben hat.

GARY: Genau. Wenn ich also den Apfel da vorne auf dem Wohnzimmertisch esse und er weg ist, dann macht das nichts, weil er von Vornherein sowieso nie wirklich da gewesen ist.

PURSAH: Das ist richtig.

GARY: Und wenn ich ein Sturmgewehr hätte, und es würde verboten, dann würde das eigentlich auch nichts machen, denn *das* hat es auch von Vornherein nie wirklich gegeben.

PURSAH: Ja, und ich glaube, du solltest diesen Punkt auf dem nächsten Treffen der Nationalen Schusswaffenvereinigung ansprechen. Ich bin mir sicher, dass es die ganze Veranstaltung in ein neues Licht setzen würde.

ARTEN: Du wirst merken, dass ganz egal worüber wir hier gemeinsam reden, wir das Thema früher oder später immer zu wahrer Vergebung zurückbringen. Sie beschleunigt deinen Prozess des Erwachens am meisten. Und du weißt ja, dass es schwer sein kann, diese Art von Vergebung zu lernen und anzuwenden, vor allem am Anfang, denn sie ist das Gegenteil dessen, wie die Welt denkt. Aber du gewöhnst dich daran. Sie wird zu einem Teil von dir. Dein Geist wird auf positive Weise mehr und mehr vom Heiligen Geist beherrscht. »Und so sind Wunder so natürlich, wie es Angst und Todesqual zu sein erschienen, ehe die Wahl für die Heiligkeit getroffen wurde.«[26]

Das war ein langer Besuch für dich. Nimm dir Zeit, um alles zu integrieren. Du hast eine ganz schöne Achterbahnfahrt hinter dir.

PURSAH: Wir wissen, dass unsere Entscheidung, dich unsere Gespräche dieses Mal nicht aufzeichnen zu lassen, es für dich schwieriger macht, das Buch zu schreiben. Zusätzlich zu den ganzen anderen Dingen ist es eine ziemliche Aufgabe für dich. Aber du weißt auch, dass es gut für dich ist und dass du uns jetzt zwischen unseren Besuchen noch deutlicher hören kannst. Du bist ein recht gutes Medium geworden. Und mach dir keine Sorgen über die Verzögerungen. Schaff einfach nach und nach mehr Zeit zum Schreiben, und irgendwann wirst du angekommen sein. Du wirst wieder schreiben. Danke, dass du *für uns* schreibst. Wir schätzen dich wirklich, auch wenn wir dich gnadenlos aufs Korn nehmen.

GARY: Ich liebe euch.

ARTEN: Wir lieben dich auch, Bruder. Und wir möchten diesen Besuch mit zwei Absätzen aus dem *Kurs* über das Wunder der Vergebung beenden. Lass es dir gutgehen und löse weiter das Ego auf.

Ein Wunder enthält die Gabe der Gnade, denn es wird als eins gegeben und empfangen. So illustriert es das Gesetz der Wahrheit, dem die Welt nicht gehorcht, weil sie der Wahrheit Wege überhaupt nicht versteht. Ein Wunder kehrt die Wahrnehmung, die vordem auf dem Kopf stand, um, und also macht sie den seltsamen Verzerrungen ein Ende, die manifest waren. Jetzt steht die Wahrnehmung der Wahrheit offen. Jetzt wird die Vergebung als gerechtfertigt gesehen.

Die Vergebung ist das Zuhause der Wunder. Die Augen CHRISTI übergeben sie an alle, auf die sie in Barmherzigkeit und Liebe schauen. Die Wahrnehmung ist in SEINER Sicht berichtigt, und was verfluchen sollte, ist gekommen, um zu segnen. Jede Lilie der Vergebung bietet aller Welt das stille Wunder der Liebe an. Und jede wird vor das WORT GOTTES hingelegt, auf den universellen Altar für den SCHÖPFER und die Schöpfungen im Licht vollkommener Reinheit und endloser Freude.[27]

7

Arten in diesem Leben

....

Es gibt keine Vergangenheit oder Zukunft, und die Idee der Geburt in einen Körper – ob einmal oder mehrere Male – hat keine Bedeutung. Reinkarnation kann also nicht in irgendeinem wirklichen Sinne wahr sein. Unsere einzige Frage sollte sein: »Ist das Konzept hilfreich?« Und das hängt natürlich davon ab, wofür es verwendet wird. Wenn es verwendet wird, um die Einsicht in das ewige Wesen des Lebens zu stärken, ist es in der Tat hilfreich.[1]

....

Die meisten Menschen auf der Welt akzeptieren die Vorstellung, dass wir von Leben zu Leben gehen und dabei verschiedene Körper annehmen. In Amerika weiß ich zwar von keiner genauen Meinungsumfrage zu diesem Thema, aber es gibt ganz klar viele Menschen, die glauben, dass sie schon einmal gelebt haben und wieder leben werden. Im *Kurs* wird diese Vorstellung anders behandelt, weil er lehrt, dass wir nie wirklich ein Körper sind. Wir »inkarnieren« nicht. Der Körper ist lediglich ein Teil derselben Projektion wie der Rest des Universums von Zeit und Raum auch. Als ein Teil des Egoplans für die Trennung scheint uns der Körper zu umgeben, aber in Wirklichkeit existiert er genauso wenig wie der Rest der Welt.

Unsere Leben sind also illusorische Träume vom Leben im Körper. Während die meisten ihre früheren Leben als physische

Inkarnationen betrachten, würde der *Kurs* sie für serielle Halluzinationen halten, denen man lieber ein Ende bereiten sollte, als sie zu hegen und zu pflegen. Es ist sehr verführerisch, auf ein früheres, scheinbar wichtiges Leben stolz zu sein. Das macht besagtes Leben und den Körper wahr. Die Menschen, die sich an ihre Leben erinnern, erinnern sich normalerweise an die bemerkenswerten und selten an die Leben, in denen sie im Gefängnis oder mit dem Gesicht in der Gosse starben. Das Ego möchte die Dinge attraktiv erscheinen lassen und uns dazu bringen, immer wieder für eine weitere Runde zurückzukommen.

Die Idee der Reinkarnation kann allerdings hilfreich sein, wenn sie zur Untermauerung des Konzeptes benutzt wird, dass dieses scheinbare Leben nicht alles ist, was es gibt, und dass das Leben – ob illusorisch oder echt – niemals endet. Wie J im *Kurs* sagt, müssen wir erkennen, dass »die Geburt nicht der Anfang und der Tod nicht das Ende ist«.[2] Wenn wir nur im Geiste Revue passieren lassen, was schon vergangen ist, dann ist der ganze Film eine Täuschung, auch wenn es den Anschein hat, als steckten wir in einem Körper fest. Innerhalb der Täuschung scheint er weiterzulaufen, aber nichts davon ist wahr, auch der Körper nicht. Obwohl die Reinkarnation kein Fakt, sondern auch eine Illusion ist, nährt sie doch die Vorstellung, dass dieses Leben nicht so wichtig ist, wie wir denken, weil wir so viele davon erleben. Arten und Pursah sagten einmal zu mir, dass wir Tausende Leben zu haben scheinen. Das stünde in Übereinstimmung mit dem Handbuch für Lehrer, in dem es heißt: »Es liegt immer etwas Gutes in jedem Gedanken, der die Idee stärkt, dass das Leben und der Körper nicht dasselbe sind.«[3]

Während die Jahre einander ablösten, fing ich an, die Dinge, die mir widerfuhren, wie auch die, die mir nicht widerfuhren, ganz einfach als Karma zu sehen. Wenn jemand mich in diesem Leben anzugreifen schien, dann deshalb, weil ich ihn in einem anderen Leben angegriffen hatte. Wenn ich bestimmten Menschen gegenüber in diesem Leben nicht nett gewesen war, dann deshalb, weil sie zu mir in einer Vergangenheit, der ich mir nicht immer bewusst war, aber die das Unbewusste nie vergisst, auch nicht nett gewesen waren. Der Unterschied lag jetzt darin, dass ich die Werkzeuge hatte, über die illusorische Ursache und ihre Wirkungen, die als Karma betrachtet werden, hinauszuwachsen. Wahre Vergebung lässt Karma dahinschmelzen. Sowohl die Ursache als auch die Wirkung werden aufgelöst. Wenn die Lektion gelernt und durch Vergebung aufgelöst wird, gibt es keine Notwendigkeit für eine Wiederkehr derselben Lektion in einem zukünftigen Traumleben mehr. Schlechtes Karma verschwindet.

Wahre Vergebung lässt Karma dahinschmelzen.

Die scheinbaren Ursachen und Wirkungen gelten auch für Lebenssituationen und zeigen sich auf der Leinwand als Dualität. Wenn Menschen dieses Mal reich sind, sind sie ein anderes Mal im selben Maße arm gewesen. Sind sie arm, sind sie vorher reich gewesen. Sind sie gesund, dann sind sie in einem früheren Leben kränklich gewesen. Sind sie krank, dann haben sie sich zu einer anderen Zeit blühender Gesundheit erfreut.

Die Gedanken der Menschen sind schon immer dafür verantwortlich gewesen, wie sie ihr Leben erfahren, aber *nicht immer* dafür, was ihnen widerfuhr oder was sie an materiellen Dingen bekamen. Vor langer Zeit hörte ich einmal Woody Allen über seine Angst vor dem Fliegen sprechen. Er hasst es, zu fliegen. Einer der Wege, wie er es übersteht, ist, sich die zehn schlimmsten Dinge auszudenken, die passieren können, und wenn sie nicht eintreffen, fühlt er sich besser. Es hilft ihm auch dabei, seine Angst zu reduzieren, weil ihm dann klar wird, dass die meisten Dinge, vor denen Menschen Angst haben, nie geschehen. Aber Moment mal ... Wenn das New-Age-Dogma doch besagt, dass unsere Gedanken die Ereignisse und materiellen Dinge in unser Leben ziehen, dann hätte unser Freund Woody von den negativen Gedanken, auf die er sich konzentrierte, schon lange umgebracht oder zumindest ruiniert werden müssen. Stattdessen hat er ein sehr erfolgreiches Leben gehabt und viele Dinge erreicht, von denen die meisten Menschen nur träumen können!

Es gibt weltweite Ereignisse, die zeigen, dass das Drehbuch schon geschrieben ist und die Menschen im Osten Recht haben, wenn sie zu dem Schluss kommen, dass was auch immer einem passiert Karma ist. Manche Menschen sind Opfer, und die Welt meint, sie hätten ihr Schicksal nicht verdient, und manchen geht es extrem gut, von denen andere denken, sie hätten es nicht verdient. Das Leben ist nicht fair. Natürlich nicht. Aber es gibt einen Grund dafür, warum die Dinge so sind, wie sie sind. Der *Kurs* würde wahrscheinlich sagen, dass es kein sehr guter Grund ist und die ausgleichende Gerechtigkeit des Karmas das Problem eher beschreibt als löst. Unsere wahre Freiheit liegt darin, über die Welt der Illusion hinwegzusehen und zur wahren Welt zu erwachen. Ich hatte das Gefühl, den Wendepunkt erreicht zu haben und durch nichts mehr von meinem Ziel abgehalten werden zu können.

Seit dem Tag in Las Vegas, an dem ich das erste Mal mit Cindy gesprochen hatte, blieben wir in Kontakt. Sie hatte mir gesagt, dass ich sie über ihre Internetseite erreichen könne. Ich machte auf cool und wartete drei Tage lang ab. Ich habe immer noch die ersten E-Mails, die wir einander schrieben. Da lag etwas »Großes« in ihnen, als hätten wir uns schon immer gekannt und als folgten unsere Schicksale einem Plan, der vor langer Zeit festgelegt wurde. Ich sagte ihr allerdings nicht, für wen ich sie hielt.

Im Laufe der Zeit war ich erstaunt darüber, wie viel wir gemeinsam hatten. Mir gefiel Cindys CD mit Originalliedern, die sie in Kalifornien aufgenommen hatte. Sie konnte nicht nur Lieder schreiben, sondern auch noch wundervoll singen und Klavier spielen. Wenn wir uns über *Ein Kurs in Wundern* unterhielten, war sie schon sehr fortgeschritten darin, ihn zu verstehen. Wie bereits erwähnt, hatte sie *Die Illusion* gelesen, und ihre Beziehung zu ihrer Mutter und ihrer Schwester sowie ihre Gespräche über den *Kurs* hatten ihr enorm geholfen.

Auf der Ebene der Form kam Cindy aus einem starken Genpool. Nicht nur hatte ihre Mutter jeweils einen Doktortitel in Musik und Psychologie, zwei Gebiete, auf denen auch Cindy glänzte, sondern ihr Vater war obendrein ein preisgekrönter Geschichtsprofessor in Toledo, Ohio, wo Cindy aufgewachsen war. Ich konnte ihren vielen Geschichten entnehmen, dass sie eine glückliche Kindheit gehabt hatte. Zu manchen Zeiten war sie sogar gern zur Schule gegangen, und sie hatte viele Freunde gehabt, was ich von mir definitiv nicht sagen konnte.

Ich machte meinen Schulabschluss an der Beverly High in Beverly, Massachusetts, nur ein paar Meilen vom Atlantik entfernt. Cindy machte ihren Schulabschluss auch an einer Beverly High, wie die Einheimischen sie nennen, beziehungsweise der Beverly Hills High, nur ein paar Meilen vom Pazifik entfernt. Ihre Familie war nicht reich, aber ihre Mutter hatte eine schöne Wohnung in einem Teil von Beverly Hills gefunden, der zwar nicht voller Herrenhäuser stand, aber eine gute Mittelklassegegend für die Neuankömmlinge aus Ohio war. Sie würden zwar nicht Gegenstand der TV-Doku-Show *Lifestyles of the Rich and Famous*[1] werden, aber das schien ihnen auch nicht wichtig zu sein.

Ich traf Cindy im Mai 2006, und im August desselben Jahres kam mein zweites Buch *Unsterblich: Wie wir den Kreislauf von Leben und Tod durchbrechen* heraus. Eines der Kapitel trug die Überschrift »Wer ist Arten?« Cindy kannte den Teil der Geschichte von Arten und Pursah, der im ersten Buch erzählt wird. Aus unseren Gesprächen und dem, was sie im zweiten Buch las, fing sie an, die Teile des Puzzles zusammenzusetzen. Cindy konnte sich wie die meisten Menschen – einschließlich vieler spirituell fortgeschrittener – nicht an frühere Leben erinnern. Ich wollte ihr nicht sagen, sie sei Arten. Das klang wie eine weitere dämliche Anmache: »Heh, Süße, du bist Arten.« Doch sie war schlau. Sie

---

[1] Eine der ersten Lifestyle-Shows, die 1984 bis 1995 im US-Fernsehen lief, aber nie nach Deutschland kam. Sie zeigte den extravaganten Lebensstil reicher Künstler, Sportler und Wirtschaftsgrößen. – *Die Red.*

ist schlauer als ich, aber das habe ich ihr vergeben. Im Herbst des Jahres gingen wir miteinander aus, und bei einem Abendessen sprachen wir es praktisch gleichzeitig aus. Es gab keinen Grund, es zu verleugnen. Cindy war Arten, genauso wie sie vor 2.000 Jahren Thaddäus gewesen war und ihr letztes Leben mit mir erleben würde, wenn ich in 100 Jahren in Chicago mein letztes Leben als Pursah erlebte. Außer dass wir uns in dieser Phase des Traumes erst etwas später im Leben finden würden. A&P sagten mir, dass sie zuerst mit anderen Menschen verheiratet, ihre Ehepartner aber gestorben waren. Dann fanden sie einander und lebten für den Rest ihres Lebens zusammen. Ich fragte mich, ob sie mir über jene Beziehungen und das dazugehörige Leben noch mehr erzählen würden. Und ich beschloss, sie irgendwann danach zu fragen.

Am 18. Juni 2007 kam ich zum ersten Mal als neuer Einwohner in Kalifornien an, und Cindy holte mich am Flughafen von Los Angeles ab. Es war eine neue, aufregende Welt für mich. An meinem ersten Abend dort brachten unsere Freunde Jerry und Rochelle, die ich ein paar Monate vorher auf Hawaii kennen gelernt hatte, uns zu Freunden in Laurel Canyon, wo wir einem Guru aus Indien zuhörten und eine berühmte Schauspielerin mir den »Segen der Einheit« gab. Es fühlte sich surreal an, plötzlich im Herzen der Filmindustrie zu sein und zu erleben, wie eine Berühmtheit meinen Kopf streichelte. Ich war nicht mehr in Maine.

Der Segen der Einheit war ein perfektes Beispiel dafür, wie Menschen selbst entscheiden, was für sie auf der Ebene des Geistes hilfreich sein oder sie sogar heilen wird. Der Segen der Einheit bewirkt gar nichts, aber der Geist des Empfangenden kann alles bewirken. Zwei Jahre nach diesem Segen erlebte ich zum Beispiel einen Heiler im Agape International Spiritual Center in Culver City. Er kam auf die Bühne und sah zehn Minuten lang einfach nur das Publikum an. Weder dieses »Ansehen« noch seine Präsenz heilten irgendjemanden, aber es war durchaus möglich, dass jemand im Publikum eine Heilung erlebte, wenn dieser Mensch auf der Ebene des Geistes entschieden hatte, gesund zu werden.

Im Herbst meines ersten Jahres in Südkalifornien organisierten Jerry und Rochelle einen Workshop für mich an der UCLA, der Universität von Kalifornien in Los Angeles. Während des Mittagessens dort trafen Cindy und ich die Produzentin und Autorin Elysia Skye, die mit mir zusammenarbeiten würde, um meine Bücher als Film oder Fernsehserie herauszubringen. Wenn ich Jerry und Rochelle nicht früher in diesem Jahr getroffen hätte, wäre ich vielleicht nie Elysia begegnet. Ich wusste nicht, was aus dieser Zusammenarbeit entstehen würde. Meine Lehrer erzählten mir nur selten etwas über meine persönliche Zukunft. Sie wollten mich nicht meiner Erfahrungen oder meiner zukünftigen Vergebungsmöglichkeiten berauben. Aber allein Elysia zu begegnen und Freunde zu werden war schon Belohnung genug.

Die Antwort liegt immer darin, ob man etwas wahr macht oder nicht.

Auf derselben Reise nach Hawaii, auf der ich Jerry und Rochelle kennen gelernt hatte, traf ich auch Dain. Es stellte sich heraus, dass er der Nachbar zweier Freunde von uns in Mount Shasta war, Michael und Raphaelle Tamura. Es ist nicht nur so, dass die Welt klein ist. Alles ist miteinander verbunden.

Michael ist ein begabtes Medium, ein spiritueller Lehrer, Heiler und Autor. Und noch dazu ist er eine »Abspaltung« von mir. Arten und Pursah hatten ja erklärt, dass manchmal mehr als ein Mensch berechtigte Erinnerungen an ein bestimmtes früheres Leben hatte, denn bevor der Geist dieser Person sich aufgrund des Trennungsprinzips weiter aufteilte, waren alle Menschen mit diesen Erinnerungen diese Person gewesen.

Es ist selten, dass sich zwei solche Abspaltungen je begegnen, denn definitionsgemäß haben sie sich ja getrennt und gehen in verschiedene Richtungen. Aber Michael und ich sind uns begegnet und gute Freunde geworden. Michael ist Japaner, verfügt über einen großartigen Sinn für Humor und lächelt fast immer. Seit unserer ersten Begegnung bewundere ich seine Persönlichkeit und seine Fähigkeit, über das Leben zu lachen. Es gibt einige »intellektuelle« spirituelle Lehrer, darunter auch Lehrer des *Kurses*, die das Lachen vergessen haben. Sie haben keinerlei Sinn für Humor, aber Michael denkt daran, zu lachen. Wie Goethe einst schrieb: »Der Verständige findet fast alles lächerlich, der Vernünftige fast nichts.«

Zu den großartigen Geschenken, die ich dafür erhielt, ein internationaler Redner zu sein, gehörten die beeindruckenden Orte, die Cindy und ich in den nächsten Jahren zu sehen bekamen, wie auch die Menschen, die wir trafen. Menschen, die *Ein Kurs in Wundern* machen, ähneln sich in allen Teilen der Welt. Die Sprache mag eine andere sein, aber die Liebe und der Frieden sind immer augenscheinlich. In Paris freundeten wir uns mit Sylvain an, einem wunderbaren Lehrer des *Kurses*, und er und seine Freundin Caroline zeigten uns die ganze Stadt. Sylvain hat eine Parkerlaubnis, die nicht leicht zu bekommen ist, ein großer Vorteil für uns. Während unserer drei Besuche dort im Laufe von vier Jahren brachte ich Cindy dazu, mit mir auf den Eiffelturm zu kommen. Cindy mag im Gegensatz zu mir keine Höhen, aber sie übte Vergebung und es ging gut. Wir waren im Rodin Museum, machten eine Fahrt auf der Seine, besichtigten den Louvre, amüsierten uns in einer Show des Moulin Rouge, bestiegen den Arc de Triomphe, besuchten Versailles und bewunderten die herrlichen Springbrunnen und aßen auf der Champs-Élysées zu Abend. Ich hatte erwartet, dass die Stadt interessant war, aber nicht, dass sie uns den Atem rauben würde. In Paris kann man sich nicht umdrehen, ohne irgendetwas Erstaunliches zu sehen. Glorifizierten wir Illusionen, oder waren wir einfach nur normal? Die Antwort liegt immer darin, ob man etwas wahr macht oder nicht. Natürlich kann man etwas wahr machen und sich amüsieren und sich dann immer noch später daran erinnern, es zu vergeben. Das ist keine schwere Vergebungslektion, es ist eine der einfachsten. Man braucht es nur zu merken, wenn man sich daran erinnert, und dann die Illusion im Geist durch die Wahrheit ersetzen.

Eines der faszinierendsten Erlebnisse hatte ich in Paris, als wir im Louvre die *Mona Lisa* anschauten. Nachdem wir in der langen Warteschlange gestanden hatten, kamen wir endlich zu dem Bild, das unter unzerbrechlichem Glas eingeschlossen ist. Die *Mona Lisa* war mir trotz ihres Rufes nie als wichtiges Gemälde erschienen. Wenn ich Abbildungen davon in Büchern gesehen hatte, war es für mich immer nur ein hübsches, feinsinniges Gemälde einer rätselhaften Frau gewesen. Das Original zu sehen war allerdings eine ganz andere Sache. Sprachlos bemerkte ich die Einzelheiten des Gesichts. Mir wurde klar, was da Vinci getan hatte: Er hatte das Gesicht eines erwachten Menschen gemalt. Das sanfte Lächeln, von dem der *Kurs* erzählt, war perfekt eingefangen, und die durchscheinenden Augen waren unverwechselbar. Mir liefen Schauer über den Rücken, als ich begriff, dass da Vinci selbst erleuchtet gewesen sein musste. Wie sonst hätte er wissen können, wie man dieses Bild auf Leinwand festhielt? Und war es vielleicht in irgendeiner Weise ein Selbstporträt? Hatte er sich selbst als Frau dargestellt? Ob die Antwort nun ja oder nein lautete: Das Gemälde ist für mich seitdem eine ganz großartige und außergewöhnliche Meisterleistung.

Am Samstag, dem 7. Juli 2007 – also am 07.07.07 –, wurde in Las Vegas der Rekord an Hochzeiten gebrochen. Cindy und ich waren in der Stadt, um uns zu amüsieren. Hin und wieder hat man so einen perfekten Tag. Egal, was man tut, es läuft einfach. Wir machten einen phänomenalen Hubschrauberrundflug über den Vegas Strip und die Westseite des Grand Canyon, bei dem wir sogar im Canyon landeten, um mit Aussicht über den Colorado River zu picknicken. Es waren 48 Grad, doch es machte uns nichts aus. Als wir zurückkamen, war es zwar noch hell draußen, wurde aber schon langsam dunkel. Der Strip war hell erleuchtet und einfach wunderschön. Alles erschien uns wie ein glücklicher Traum.

Mit einer Braut an jeder Ecke schlugen wir uns zum *Palms Hotel* und der *Ghostbar* durch, die eine der besten Aussichten in ganz Vegas hat. Auf dem Balkon draußen fand gerade eine Trauung statt. Wir waren zwar nicht eingeladen, aber der Vater der Braut fragte trotzdem, ob wir dazukommen wollten, und so wurden wir Teil der Hochzeitsgesellschaft. Es war ein freudiger Anlass.

Als es Zeit zum Abendessen war, beschlossen wir, nach oben in ein französisches Restaurant namens *Alizé* zu gehen, in dem man eigentlich vorher Plätze hätte reservieren müssen. Wir rechneten nicht damit, hineinzukommen, wollten es aber wenigstens versuchen. Wir fragten nach einem Tisch, und es gab noch einen. Man begleitete uns wie VIPs hinein, und wir hatten ein wundervolles Essen. Ich spiele nicht um Geld, und ich weiß auch gar nicht, wie das geht. Aber wenn ich an jenem Abend gespielt hätte, hätte ich wahrscheinlich gewonnen.

Viele der Vergebungslektionen, die sich uns während unserer Abenteuer präsentierten, standen in Zusammenhang mit unseren Bemühungen, von einem Ort zum anderen zu gelangen. Reisen an sich kann bereits eine Herausforderung sein, aber wenn man dann auch noch zu einer bestimmten Zeit an einem bestimmten Ort sein soll, wird es sogar erheblich schwieriger. In meinem Fall ist es so, dass ich es vielleicht nicht mehr zum Workshop schaffe, wenn ich einen Anschluss nicht bekomme und in die Mühlen des Systems gerate. Schon so manches Mal hetzte ich in dem Bemühen, einen Flug zu erwischen, über einen Flughafen und musste daran denken, wie enttäuscht die Leute wären, wenn wir nicht kämen. Dann dachte ich an die Zeichnung von J, die in unserem Wohnzimmer hing. Er lachte, wie J vor 2.000 Jahren lachte, und in der Bildunterschrift hieß es: »Du hast *wovor* Angst?« Ich musste immer lächeln, wenn ich daran dachte, egal wo ich gerade war oder was ich gerade tat, auch wenn ich über einen Flughafen eilte. Das ist der Heilige Geist in Aktion.

Wenn wir an unserem Ziel ankamen, lohnte es sich immer. Ja, ganztägige Workshops zu halten erforderte Arbeit, aber weil ich mich mit dem Heiligen Geist verband und auch von der Energie der Teilnehmer etwas abbekam, fühlte ich mich am Ende des Tages oft besser als am Anfang. Ich bin kein Morgenmensch, aber dafür lohnt sich das Aufstehen.

Als die Illusion der Zeit voranschritt, gestaltete Cindy meine Workshops allmählich mit. Anfang 2010 fingen wir an, zusammen Musik zu machen und drei oder vier Lieder zu singen, die wir über den Tag verteilten. Cindy hatte schon ihre zweite CD aufgenommen, und in dem Jahr nahmen wir gemeinsam eine auf. 2012 gaben wir eine Meditations-CD heraus. Ich war seit den 1980ern in keinem Aufnahmestudio mehr gewesen. Es machte Spaß, und außerdem war es ziemlich genial, neue Tricks zu lernen. Cindy war voll in ihrem Element und fühlte sich in dieser Umgebung sehr wohl. Ich musste die ganze Sache erst einmal vergeben und brauchte einige Durchläufe, um wieder in Schwung zu kommen. Ich wollte nicht wieder Musik machen, um meinen Lebensunterhalt zu verdienen, aber ich entdeckte den Grund wieder, warum ich überhaupt mit der Musik angefangen hatte. Aus Freude.

Cindy, die ihren Bachelor in Psychologie an der California State University in Northridge gemacht hatte, entschied sich, an der Universität von Santa Monica (USM) ihren Master in Spiritueller Psychologie zu machen. Die USM ist einer der wenigen Orte auf der Welt – vielleicht der einzige –, an dem man einen derartigen anerkannten Abschluss bekommen kann. Die Universität wurde von John-Roger[m] gegründet, und seit über 30 Jahren wird sie von Dr. Ron Hulnick und Dr. Mary Hulnick geleitet, die auch die *Kurse* halten. Ron und Mary sind hervorragende Dozenten, und

---

[m] Ein spiritueller Lehrer, der seit den 1960ern das Bewusstsein des Menschen als Seele und dessen Einssein mit Gott betont. Er schrieb fast 60 Bücher, darunter einige US-Bestseller, gab über 6.000 Seminare und produzierte auch mehrere spirituelle Filme. – *Die Red.*

ich machte sie mit meinem amerikanischen Verlag bekannt, der ihr neuestes Buch herausbrachte.[n]

Im April 2009 arbeitete Cindy am Empfang von *National Lampoon* auf dem Sunset Strip in Hollywood. Es machte ihr Spaß, dort zu arbeiten und alle möglichen interessanten Menschen zu treffen, darunter auch Filmstars. Cindy selbst war schon viele Male im Fernsehen gewesen, wo sie als eine Art Nebenjob Auftritte in Serien wie *Eine schrecklich nette Familie* und *Das Leben und Ich* bekam. Sie drehte auch ein Weihnachtsvideo für *National Lampoon,* das von über einer Million Menschen gesehen wurde. Sie blieb diesem Nebenjob bis heute treu und hatte 2013 einen Auftritt in der Serie *Wedding Band* des Fernsehsenders TBS.[o]

Als ich geschieden wurde, hatte ich nicht die geringste Absicht, in absehbarer Zeit wieder zu heiraten. Es gibt viele Menschen, die behaupten, dass sie nicht heiraten oder wieder heiraten wollen. Aber dann triffst du den richtigen Menschen, und alles ist anders. Ich bat den Heiligen Geist um Führung, und was ich bekam, fühlte sich richtig an. Ich bat Cindy, mich zu heiraten. Wir sahen keinen Grund zu warten und beschlossen, noch im selben Sommer den Bund fürs Leben zu schließen, am 11. Juli 2009.

Ich sagte Cindy auch, sie könne ihre Arbeit kündigen, wenn sie wolle, um den besten Weg zu finden, ihre musikalische und spirituelle Begabung zu nutzen. Nachdem sie ihren Abschluss an der USM gemacht hatte, sollte sie schon bald zu fast allen

---

[n] Darin geht es um die spirituelle Lebenseinstellung. Auf Deutsch erschien es als *Mein Seelenauftrag: Die Essenz spiritueller Psychologie* im Goldman Verlag, München 2012; das Vorwort schrieb Neale Donald Walsch. – *Die Red.*

[o] Das Satiremagazin *National Lampoon* wurde 1968 von drei Harvard-Studenten gegründet und erreichte bis zu einer Million Auflage; ab 1978 entstanden auch Filmkomödien unter diesem Namen. *Eine schrecklich nette Familie* entstand 1987 bis 1997 mit 259 Episoden und lief erstmals in Deutschland 1992 bis 1997 zunächst auf RTL, später auf ProSieben. *Das Leben und ich* entstand 1993 bis 2000 und behandelt die Pubertätsprobleme eines Elfjährigen; RTL strahlte es erstmals 1996 bis 2002 aus. *Wedding Band* schildert das bewegte Leben von vier Freunden, die in ihrer Freizeit in einer Hochzeitsband spielen. Es wurde in den USA von November 2012 bis Januar 2013 ausgestrahlt, aber nach der ersten Staffel mit zehn Episoden abgesetzt. – *Die Red.*

meinen Workshops mitkommen, um Musik zu machen. Nach und nach fing sie auch an, mehr zu sagen und mit mir gemeinsam zum Publikum zu sprechen. Es war eine gute Mischung aus männlicher und weiblicher Energie, und den Leuten gefiel es. Ich sprach immer noch am meisten, aber Cindy fügte eine angenehme Note hinzu. Sie war ja keine Anfängerin. Sie war ein sehr fortgeschrittenes spirituelles Wesen, eine ausgebildete und erfahrene Beraterin, auch im spirituellen Bereich, und eine bewanderte Schülerin des *Kurses*.

Unsere Hochzeit fand auf Hawaii im vertrauten Kreis enger Freunde und Familienmitglieder statt, an einem wundervollen Ort an der Windseite Oahus, den Haiku-Gärten. Die Hochzeitszeremonie wurde von unseren Freunden, meiner »Abspaltung« Michael Tamura und seiner Frau Raphaelle, abgehalten. Durch die ganze Aufregung, alles zu planen und alle zu begrüßen, stellten Cindy und ich erst am Morgen der Trauung fest, dass wir vergessen hatten, uns eine Heiratserlaubnis zu besorgen. Zum Glück waren unsere Freunde Jerry und Rochelle da und fuhren uns in Honolulu herum, wo wir versuchten, jemanden ausfindig zu machen, der uns die Erlaubnis ausstellen konnte. Das Gericht hatte geschlossen, aber irgendwie machten wir einen Friedensrichter ausfindig.

Cindy und ich hatten beschlossen, dass wir füreinander singen würden, ohne zu verraten, welches Lied wir ausgesucht hatten, damit es eine Überraschung würde. Sie sang *The First Time Ever I Saw Your Face,* und ich sang und spielte auf der Gitarre *When I'm Sixty-Four.* Cindy war so von Gefühlen überwältigt, dass sie kaum ein Wort herausbekam. Wir hatten noch niemals gemeinsam in der Öffentlichkeit gespielt, und für mich war es das erste Mal in fast zwanzig Jahren. Ich war ziemlich eingerostet, aber es gelang uns beiden, uns während der Hochzeitsfeier durch die Musik auszudrücken, was ja unsere Absicht gewesen war.

Die Zeremonie und der Empfang waren wunderschön, abgehalten draußen im Paradies. Cindy und ich hatten *vor* der Hochzeit sozusagen als Flitterwochen fünf Tage auf der eindrucksvollen, mystischen Insel Kauai verbracht, und danach hatten wir uns für ein paar Tage in der Schildkrötenbucht an der Nordküste von Oahu einquartiert.

Auf Kauai besuchten wir einen hinreißenden Ort namens Smiths Tropisches Paradies. Dort durfte ich unmittelbar miterleben, welchen Draht Cindy zu Tieren hatte. In einem der entzückenden Gärten stand ein Pfau knapp zehn Meter von uns entfernt. Cindy fing an, ihm leise *Amazing Grace* vorzusingen. Zuerst streckte der Pfau seinen Kopf in die Luft. Er schien überrascht zu sein von den schönen Klängen. Dann drehte er sich langsam um und stolzierte vorsichtig, Schritt für Schritt, auf Cindy zu, in die Richtung, aus der die Klänge kamen. Während Cindy sang, kam der Pfau mit kleinen Schritten immer näher zu ihr, bis er direkt vor ihr stand. Er hörte der Musik zu, als sei er fasziniert, und schaute Cindy mitten ins Gesicht. Das war nur das erste von vielen Malen, dass ich sah, welche Wirkung Cindy auf Tiere haben konnte.

> *Es kommt nicht darauf an, was man weiß, sondern darauf, was man mit seinem Wissen anfängt.*

Wir schwimmen auch gern mit Delfinen und nutzten auf Hawaii mehrmals eine solche Gelegenheit. Wenn ich mit diesen faszinierenden Geschöpfen im Wasser bin, habe ich nicht den Eindruck, dass ich das schlaueste Wesen dort bin. Die Hawaiianer glauben, dass Delfine unsere Gedanken lesen können, und ich fand keinen Grund, daran zu zweifeln. Die Delfine sind so schnell und so klug, und sie lieben es, Extraschauspiele für uns Menschen hinzulegen. Sie scheinen echt ihren Spaß daran zu haben. Das bestätigte sich wieder, als wir auf der Großen Insel China Mike kennen lernten. Er ist eine Legende unter den Delfinkennern, und die Delfine kennen ihn. Er hat vielen von ihnen Namen gegeben und erkennt sie an ihren Markierungen und

Dellen. Wir fuhren mit ihm an einem herrlichen Tag hinaus, um mit den Spinnerdelfinen zu schwimmen.

Bei den Delfinen hat ein Tag drei verschiedene Phasen. Es gibt die Arbeitsphase, in der sie Fische fangen. Darauf folgt die Spielphase, in der sie sich ununterbrochen paaren. Delfine sind sehr soziale Tiere und leben in Schwärmen zusammen, sind allerdings nicht monogam. Die dritte Phase dient dem Ausruhen. Wenn sie in der Nähe einer Insel und nicht im offenen Meer sind, suchen sie sich normalerweise eine Bucht, in der sie es langsam angehen lassen und träge umherschwimmen.

Delfine sind Säugetiere und müssen alle paar Minuten an die Oberfläche kommen, um Luft zu holen. Sie können nicht einschlafen, denn sonst würden sie ertrinken. Wie ruhen sie sich also aus? Sie versetzen eine Hälfte ihres Gehirns in Schlaf, während die andere Hälfte wach bleibt. So können sie weiterhin funktionieren und Luft holen, wenn sie müssen. Nach ein paar Stunden versetzen sie die andere Hälfte ihres Gehirns in Schlaf und nutzen die ausgeruhte Hälfte dazu, an die Oberfläche zu kommen, sobald es nötig wird. Ich möchte einmal einen Menschen sehen, der das versucht.

Wir Menschen treffen alle möglichen Annahmen. Sie beruhen auf Glaubenssätzen, die auf subtile Weise alles im Universum wahr machen. Eines von tausend Beispielen dafür ist, dass wir annehmen, der Körper eines Menschen sei wertvoller als der eines Tieres – und Menschen seien wichtiger. Wenn Körper aber nicht wirklich sind, dann *kann* es nicht wichtiger sein, einen bestimmten Körper zu haben. Und Tiere können denken. Eines der besten Dinge am Internet und Seiten wie YouTube ist, dass man Videos sehen kann, die deutlich zeigen, dass Tiere viel klüger sind, als wir Menschen ihnen jemals zugestanden haben. Als ich noch zur Schule ging, wurde uns beigebracht, dass Tiere nicht in der Lage seien, abstrakt zu denken. Das ist nicht wahr. Tiere haben ihren eigenen Weg, um zu lernen, und der Heilige Geist wird sie nach Hause führen. Jeder scheinbar getrennte

Geist kehrt nach Hause an denselben Ort zurück, aber nicht als die Körper, von denen wir denken, wir seien sie.

Für uns Menschen bedeutet zurückzukehren, die Lehren auch anzuwenden und nicht nur zu kennen. Die meisten Menschen kennen sie nicht einmal, und selbst wenn wir sie kennen: Es kommt nicht darauf an, was man weiß, sondern darauf, was man mit seinem Wissen anfängt. Es kommt auf die Anwendung an, und deshalb steht die Geistesschulung im *Kurs* an erster Stelle. Ohne etwas anzuwenden, ist es nur eine weitere Theorie. Wie der *Kurs* selbst sagt: »Dies ist kein Kurs in philosophischer Spekulation, noch befasst er sich mit einer präzisen Terminologie. Er befasst sich nur mit der SÜHNE oder der Berichtigung der Wahrnehmung. Das Mittel der SÜHNE ist die Vergebung.«[4] Ohne Hilfsmittel zu benutzen, würde es nie ein Ende des Egos geben.

Einmal sprach ich auf einer dieser Körper-Geist-und-Seele-Veranstaltungen, die die ganze Sache wahr machen. Sie fand in London statt, und ich präsentierte den Menschen die Lehre ohne Zugeständnisse, wie immer. Während der Pause kam ein rau aussehender Bursche zu mir, der sichtlich wütend war. Er sagte: »Du redest und redest! Mir wird ganz schlecht davon. Ich kenne dieses ganze Zeug schon!« Ich übte Vergebung. Sein Auftreten als rauer Bursche machte mir keine Angst. Ich sah ihm direkt in die Augen und entgegnete: »Wenn du dieses ganz Zeug schon kennen würdest, wärst du nicht wütend.« Ich wusste, er wollte mir eine reinschlagen, aber er ließ es. Das wäre für seinen Ruf auf dieser Körper-Geist-Seele-Veranstaltung nicht gut gewesen! Also ging er wieder, unglücklich. Er wandte die Lehren nicht an, und so konnten sie für ihn auch nicht funktionieren.

Deshalb sage ich den Menschen immer, sie sollen nicht länger damit warten, zu vergeben. Warte nicht bis nächstes Jahr. Warte nicht bis zu deinem nächsten Leben. *Das Lied des Gebets* verspricht, dass es nur wahrer Heilung bedarf, die bei der Anwendung von wahrer Vergebung definitionsgemäß stattfindet, damit sogar die Erfahrung des Todes schöner wird. Wenn man den

Körper zu verlassen scheint, wird man eine wundervolle Freiheit erfahren.[5]

❧ • • ❧

Nach der Hochzeit freute ich mich darauf, Arten und Pursah wiederzusehen. Ich wusste nie wirklich, worüber sie sprechen würden, aber es half mir immer. Ich hätte ihre Gesellschaft und ihren Rat auch dann sehr geschätzt, wenn niemand je die Bücher gelesen hätte. Die Menschen vergessen, dass zwischen ihrem ersten Auftauchen in Maine und dem Zeitpunkt, als das erste Buch fertig war und herausgegeben werden konnte, zehn Jahre vergingen. Manche Leute denken, dass ich das Buch des Geldes wegen geschrieben habe. Sie machen sich nicht klar, dass ich während des ganzen Jahrzehnts, in dem ich in Neuengland in der Versenkung gelebt hatte, keinerlei Garantie dafür hatte, dass dieses Buch je erscheinen würde. Was, wenn meine Lehrer nur für mich erschienen, weil das die Form war, für die ich bereit war? Nach allem, was ich weiß, hätte das Buch auch für den Rest meines Lebens auf meinem Regal enden können – als weitere Vergebungsgelegenheit. Und selbst dann wäre ich noch sehr glücklich darüber gewesen, es geschrieben zu haben. Es war eine Herzenssache.

Seit meinem Umzug nach Südkalifornien rief ich manchmal im Computer den Wetterbericht auf, um zwischen dem Ort, an dem ich jetzt lebte, und dem Ort, den ich verlassen hatte, zu vergleichen. An einem Winternachmittag, an dem es zwanzig Grad im sonnigen Südkalifornien und 14 Grad im grauen Maine waren, kehrten meine aufgestiegenen Lehrer in mein Wohnzimmer zurück.

ARTEN: Heh, Bruder, Glückwunsch! Wir waren bei der Hochzeit dabei. Wir haben uns nicht gezeigt, denn es sollte ja euer Tag sein. Ihr habt euch wirklich einen wundervollen Ort ausgesucht, und auch die Zeremonie war großartig. Schön für dich. Du hast es dir verdient.

GARY: Vielen Dank. Ich freue mich sehr, dass ihr hier seid. Ich habe gefühlt, dass ihr da wart, ich fühle euch oft, besonders wenn ich ein Interview im Radio oder einen Workshop gebe.

PURSAH: Ja, wir sind immer dabei. Wie du weißt, sind wir ja der Heilige Geist. Auch wenn wir keine menschliche Form annehmen, werden wir oft auf gewisse Weise mit dir kommunizieren, und du hörst uns normalerweise als Stimme oder als Idee. Und ich möchte dir auch noch gratulieren. Ich hoffe, du bist dem gewachsen, Kumpel. Cindy ist zwanzig Jahre jünger als du.

GARY: Neunzehneinhalb.

ARTEN: Uns gefällt, wie es mit deinen Workshops läuft. Ist dir schon aufgefallen, wie sich im Laufe der Jahre dein Publikum verändert hat?

GARY: Klar habe ich das gemerkt. Als ich vor zehn Jahren angefangen habe, bestand es zu 90 Prozent aus Frauen. Das war toll, aber nachdem *Die Illusion* sich nun verbreitet hat, sehe ich mehr und mehr Männer. Normalerweise sind es jetzt um die 40 Prozent. Das ist fantastisch. Unsere Bücher sprechen offensichtlich sowohl Männer als auch Frauen an. Und es kommen mehr Paare. Beide Partner lesen die Bücher und fangen den *Kurs* an oder kehren zu ihm zurück.

Und es kommen auch jüngere Leute. Als ich anfing, kamen hauptsächlich ältere Menschen, die sich für den *Kurs* interessierten und schon eine Weile dabei waren. Aber das hat sich wirklich verändert. Es kommen immer noch Senioren, die im Geiste alterslos sind, aber ich sehe mehr Menschen im Studentenalter und sogar Teenager. Das Denken der Bevölkerung verändert sich. Die Jugendlichen wachsen mit Filmen wie *Matrix* und dem Holodeck von *Star Trek* auf. Die Vorstellung, dass das, was sie sehen, nicht wirklich ist, ist für sie leichter zugänglich als für die Generation vor ihnen. Dann lesen sie *Die Illusion* und verstehen, was Sache ist. Das bezieht sich jetzt auf alle Altersgruppen.

ARTEN: Sehr gut. Das ist einer der Gründe, warum wir zu dir gekommen sind – um die Botschaft mit Menschen zu teilen, die nicht unbedingt den *Kurs* in die Hand nehmen und ihn lesen würden, von denen wir aber wussten, dass sie dafür bereit sind, wenn man ihnen das Material erst auf lineare Weise und in alltäglicherer Sprache präsentieren würde. Dann können sie den *Kurs* in die Hand nehmen und ihn früher anwenden, als sie es sonst getan hätten, was ihnen mehr Zeit lässt, um das Ego aufzulösen. Natürlich können die Menschen in jedem Alter anfangen, und die ineinandergreifende Kette der Vergebung, von der im *Kurs* die Rede ist, schließt alle Altersgruppen mit ein. Und dann ist da noch die himmlische Beschleunigung.

GARY: Ich wollte euch schon danach fragen. Was ist das?

PURSAH: Es wird himmlische Beschleunigung genannt, weil alles, was auf der Erde passiert, der Bewegung der Himmelskörper durch das Universum und euer Sonnensystem entspricht, die wiederum dem Drehbuch entspricht. Die scheinbare Bevölkerung fängt an, die Wahrheit schneller zu lernen, auch wenn du darüber nicht viel in den Fernsehnachrichten erfahren wirst. Dort machen sie sich immer noch über alles lustig, was nicht zur etablierten Religion gehört. Aber so richtig hat es mit der Erfindung der Druckerpresse angefangen.

GARY: Der Druckerpresse?

PURSAH: Bedenke, dass die Menschen den größten Teil der Geschichte hindurch die Heiligen Texte nicht lesen durften. Die Kleriker – Rabbis, Priester und so weiter – konnten es, aber Laien waren nicht willkommen. Wie sollen die Menschen entscheiden, woran sie glauben oder nicht glauben möchten, wenn sie es nicht einmal sehen dürfen? Mit Erfindung der Druckerpresse begann sich das zu ändern – nicht schnell, aber allmählich. Es dauerte noch bis zum 18. Jahrhundert, dass genug Menschen lesen konnten, um die Gesellschaft zu verändern.

Und es gab bis vor 100 Jahren keinen Freud oder Jung. Sie eröffneten ein neues Verständnis des Geistes und seiner Funktionsweise und machten so ein späteres Verstehen von Js *Kurs* überhaupt erst möglich. Dann war da die Entdeckung der Schriftrollen von Nag Hammadi in Ägypten mit den verlorengegangenen Evangelien. Obwohl sie erst in den 1970ern ins Englische übersetzt wurden, vermittelten sie den Menschen eine neue, alternative Sichtweise auf J. Jetzt hatten sie einen Eindruck von J als dem erleuchteten Weisheitslehrer anstatt dem leidenden Typen, mit dem sie aufgewachsen waren. Und dann gab es die Quantenphysik. Sie bewies ihre Berechtigung schon in der ersten Hälfte des 20. Jahrhunderts, wurde aber erst in den 1970ern breiten Kreisen zugänglich.

> *Der reine Geist ist weder männlich noch weiblich.*

GARY: Ja, ich weiß noch, wie es bei mir anfing. Ich nehme an, das war die Zeit, als die himmlische Beschleunigung wirklich in Schwung kam. Auf einmal begeisterten sich die Menschen für diese ganzen Ideen. Disziplinen des Ostens wurden im Westen integriert. Auf einmal gab es eine große Zahl von Menschen, die sich für das Erwachen interessierten anstatt für Religion. Dan Millmans Buch *Der Pfad des friedvollen Kriegers* faszinierte die Leute. Übrigens auch ein guter Film. Es hat 30 Jahre gedauert, ihn auf die Beine zu stellen. Der Roman hieß *The Way of the Peaceful Warrior,* der Film dann einfach nur *Peaceful Warrior.* Nick Nolte wollte eigentlich den jungen Dan Millman spielen, spielte aber am Ende den älteren Mann und Lehrer Socrates. Und er hat es sehr gut hingekriegt. Die Quantenphysik wurde außerdem durch Gary Zukavs Buch *Die tanzenden Wu Li Meister* bekannt gemacht. Ich erinnere mich daran, die Audioversion angehört zu haben.

PURSAH: Vergiss nicht, dass der Papst den Katholiken einschließlich der Gelehrten im Vatikan 1965 erlaubte, sich mit dem Thomas-Evangelium und den anderen verlorenen Evangelien zu beschäftigen. Im selben Jahr fing J an, Helen den *Kurs* zu diktieren. Die

Menschen waren schon fast bereit. Wie du weißt, kommen Ideen aus dem Unbewussten an die Oberfläche, wenn genügend Einzelne für sie bereit sind. Heute bezeichnen sich 85 Prozent aller Menschen als spirituell und nicht religiös, auch die, die in die Kirche gehen. Sie erkennen, dass ihre Beziehung zu Gott oder wie man es nennen will, eine persönliche Sache ist.

Nebenbei bemerkt benutzen manche das Wort *Gott* nicht gern. Das liegt daran, dass sie ein Thema mit Gott haben, das sie vergeben müssen. Du wirst die Idee der Trennung von Gott nicht aufgeben können, ohne Gott anzuerkennen.

GARY: Nun ja, Gott ist kein Er oder eine Sie. Im Grunde ist Gott ein Es. Aber das klingt nicht so gut. Wenn der *Kurs* das Wort *Er* für Gott, Christus oder den Heiligen Geist benutzt, ist es auf jeden Fall als Metapher gedacht. Wie sowohl das Thomas-Evangelium als auch der *Kurs* ganz deutlich sagen, ist der reine Geist weder männlich noch weiblich, weil es in ihm keine Unterschiede, Gegenteile oder Gegensätze gibt. Es gibt in ihm nur vollkommenes Einssein.

ARTEN: Sehr gut. Weißt du, der *Kurs* wurde ja 1976 herausgegeben. Heute würde dich jemand fragen, warum J uns den *Kurs* nicht früher gegeben und das Christentum korrigiert hat. Der Grund für sein Abwarten lag darin, dass die Menschen seine Aussage nicht auf der tiefen Ebene hätten verstehen können, auf der sie es heute tun, weil die ganzen Dinge, über die wir gerade gesprochen haben, sich noch nicht verbreitet hatten. Selbst heute verstehen die meisten Menschen sie nicht, aber immer mehr lernen dazu, und je mehr Menschen die Lehren annehmen, desto mehr nimmt die Beschleunigung zu. Das liegt daran, dass sie die Wahrheit mit anderen teilen, entweder indem sie sie in der Stille anwenden und andere Geister damit berühren, oder indem sie sie auf herkömmliche Weise lehren. Manche tun auch beides, so wie du. Ein Teil der Schönheit von allem liegt darin, dass niemand etwas tun *muss*. Der Geist ist dabei, zu erwachen, und die Art, wie dies abläuft, ist nur die Folge.

GARY: Aber nicht jeder ist für den *Kurs* bereit.

PURSAH: Das stimmt. Den besten Zugang zur Spiritualität haben schon immer Dichter und andere Künstler gehabt. Rumi, Goethe – Menschen, die in der Lage sind, diese großen abstrakten Ideen zu erfassen. Der *Kurs* spricht auf einer viel größeren Ebene, als die meisten Menschen zunächst erkennen. Ja, er wird von einem scheinbaren Individuum angewendet, aber die Männer und Frauen, die ihn verstehen, müssen einsehen, dass es so etwas wie ein Individuum überhaupt nicht gibt, außer in einem Traum. Deshalb kommen Künstler, Musiker, Autoren oder solche, die es gern wären, oft so gut mit dem *Kurs* klar. Natürlich gibt es immer auch Ausnahmen. Einstein war Wissenschaftler und konnte wie einer denken. Er hatte allerdings genauso den Geist eines Künstlers. Er liebte Musik und konnte wie kein anderer in abstrakten Begriffen denken, sie verstehen und anderen Menschen erklären, die bereit waren, ihr Bewusstsein zu erweitern.

GARY: Noch einmal zur himmlischen Beschleunigung: Ihr habt mir einmal erzählt, dass es eines Tages einen Präsidenten geben würde, der in der Lage wäre, den Heiligen Geist zu hören, und dass dies die Dinge gewaltig verändern würde. Ist Obama dieser Präsident?

PURSAH: Nein. Obama ist ein guter Mann, aber nicht der, den wir meinten.

GARY: Verstehe. Ich mag ihn und seine Familie. Ich habe ihn gewählt. Die Leute denken, dass ich Demokrat bin, aber im Grunde bin ich parteilos. Ich finde es toll, dass er versucht, für jeden eine bezahlbare Gesundheitsversorgung zu bekommen, aber manche nennen ihn deshalb einen Sozialisten. Dabei ist Amerika die einzige große Industrienation auf der Welt, die das nicht bietet. Heißt das jetzt nicht, dass die ganze Welt außer uns bisher im Sozialismus gelebt hat?

PURSAH: Ich nehme mal an, dass das eine rhetorische Frage ist. Es hat schon eine gewisse Ironie, dass euer Gesundheitssystem unzählige Milliarden dadurch einsparen wird, dass jeder versichert ist. Was ist eine allgemeine Gesundheitsversorgung? Sie ist praktisch und dazu noch menschlich. Die Leute sollten die Sache vergeben und darüber hinwegkommen.

GARY: Irgendwie ist es seltsam. Ich hätte bei Obamas Wahl eigentlich viel aufgeregter sein sollen. Ich freute mich für ihn und seine Familie und fand es cool, dass ein Schwarzer zum Präsidenten gewählt wurde. Ich glaube auch, dass es mal an der Zeit für eine Frau wäre. Aber ich schätze, dass mich Politik inzwischen wohl einfach viel weniger interessiert als früher. Dafür gibt es, glaube ich, zwei Gründe. Erstens mache ich sie nicht mehr wahr, wie ich es früher getan habe. Zweitens habe ich, auch wenn ich mich über das Ergebnis gefreut habe, nicht wirklich erwartet, dass sich etwas ändert. Das Blatt ist ausgereizt. Um die Art und Weise zu ändern, wie die Welt hinter den Kulissen gesteuert wird, bedürfte es einer gewaltigen Revolution; sonst ist kein echter, wahrer Wandel möglich.

ARTEN: Ich merke, dass dich dieser Film auf der Ebene der Form beeinflusst hat.

ANMERKUNG: Kurz vor unserem Gespräch hatte ich im Internet einen faszinierenden Film gesehen, *Thrive*. Er wurde von einem sehr reichen Whistleblower gedreht, einem Mann, der zu den Wissenden und Besitzenden gehört, nicht zu den Habenichtsen. Das verlieh dem Film mehr Glaubwürdigkeit. Nachdem ich ihn gesehen hatte, dachte ich, dass es für den Mann gefährlich gewesen sein dürfte, all diese Geheimnisse über die Vorgänge hinter den Kulissen der Öffentlichkeit zu offenbaren, und ich bewunderte seinen Mut und seine Entschlossenheit.[p]

---

[p] Sie können sich von diesem Film gern auch selbst einen Eindruck verschaffen. Unter dem Titel *Gedeihen: Was auf der Welt wird es brauchen* gibt es eine mit deutschem Voiceover versehene Fassung, die gratis und in voller Länge auf YouTube angesehen werden kann. – *Die Red.*

GARY: Ja, toller Film. Der Typ ist wahrscheinlich bald weg vom Fenster. Aber man weiß nie, vielleicht hat er Glück. Es könnte zu auffällig sein, ihn kaltzumachen.

ARTEN: Lass uns kurz über Cindy sprechen, die früher Thaddäus war und in der windigen Stadt Chicago einmal ich sein wird. Thaddäus sang, wie Cindy, und spielte Trommeln, auch wie sie. Er hatte noch andere musikalische Sachen drauf, wie Cindy, und sogar mit einigen derselben Vergebungslektionen zu tun wie sie.

GARY: Zum Beispiel?

ARTEN: Wir möchten nicht in Cindys Privatsphäre eindringen, wenn es um ihre Vergebungslektionen geht. Außerdem möchte sie später vielleicht selbst darüber sprechen oder schreiben. Aber eines der Themen, mit denen sie konfrontiert war, als sie und ich Thaddäus waren, war Angst. Bei Thaddäus zeigte sie sich in zwei Bereichen: bei öffentlichen Auftritten und wenn er alleine mit jemandem war, an dem er Interesse hatte. Das ist nicht die Form, in der sie Cindy begegnet. Bei ihr zeigt sie sich bei Menschenansammlungen. Sie lernt bereits, wahre Vergebung darauf anzuwenden, und im Gegensatz zu Thaddäus, der nur wenige Jahre nach Thomas starb, wird sie diese Vergebungslektion in diesem Leben erfolgreich abschließen.

GARY: Toll! Kann ich ihr das sagen?

ARTEN: Sie wird doch sowieso dieses Buch lesen, oder nicht?

GARY: Ach ja, stimmt.

PURSAH: Bist du sicher, dass du das Zeug dazu hast, dieses Buch zu schreiben?

GARY: Eindeutig. Ich bin Fachidiot.

PURSAH: Gut. Für einen Moment habe ich mir Sorgen gemacht. Kleiner Scherz. Wir machen uns keine Sorgen.

ARTEN: Cindy und du habt allen Grund, guten Mutes zu sein. Erstens habt ihr euch in diesem Leben nicht viel zu vergeben. Wie wir schon gesagt haben, wenn doch Dinge zum Vergeben hochkommen, wisst ihr jetzt beide, wozu sie dienen, und ihr wisst auch beide, wie man mit ihnen umgeht. Das wird euch den Weg für euer letztes gemeinsames Leben bereiten – als uns. Dort werden sich eure letzten Lektionen abspielen, und darüber werden wir euch ein bisschen erzählen. Wir möchten mit dir auch noch mehr über die Aussage des *Kurses* reden. Du bist gut dabei, auch wenn du es nicht so empfindest.

GARY: Manchmal habe ich einfach den Eindruck, dass ich dieselben Dinge immer und immer wieder vergebe.

PURSAH: So geht es vielen mit dem *Kurs,* und in solchen Momenten musst du dem Heiligen Geist vertrauen. Es mag immer wieder wie dieselbe Lektion aussehen, aber es ist nicht dieselbe Schuld. Jedes Mal, wenn du vergibst, vollbringt der Heilige Geist eine Heilung und entfernt wieder etwas *neue* unbewusste Schuld, die zum ersten Mal an die Oberfläche gekommen ist. Diese Schuld wird dann auf der Ebene des unbewussten Geistes geheilt. Du kannst es zwar nicht sehen, aber es gibt keine Ausnahmen. Denke daran, dass ein Wunder niemals verloren geht,[6] auch wenn du denkst, dass nichts geschieht.

Du musst dir merken, dass jede Phase, die du mit dem *Kurs* durchmachst, vorübergehend ist. Deine Stimmung wird von einem Extrem ins andere fallen, wenn das Ego versucht, sich zu verteidigen, es kann aber nicht über den Heiligen Geist siegen, und seine Angriffe werden schließlich schwächer werden und versiegen. Das ist beschlossene Sache.

GARY: Oh! Das letzte Mal dachte ich, ihr sagt, es sei eine beschränkte Sache.

PURSAH: Sei lieb, oder wir holen Steve. Kleiner Spaß nochmal.

ANMERKUNG: In meinen ersten Jahren in Kalifornien begegneten Cindy und ich vier Mal »zufällig« ihrem Exmann Steve. Nicht, dass er sie verfolgte. An einigen Orten, an denen wir ihn trafen, war er schon vor uns da. Offensichtlich teilten wir alle eine Umlaufbahn. Einmal sahen wir Steve in San Francisco, Hunderte von Meilen von unserem Wohnort entfernt. Am Empfang des Hotels, in dem wir übernachteten, empfahl uns jemand ein nettes italienisches Restaurant um die Ecke. Wir reservierten einen Tisch und bekamen einen schönen Platz am Fenster.

Mitten beim Essen sagte Cindy: »Steve ist hier!« Ich sagte nur: »Du willst mich wohl auf den Arm nehmen.« Sie ging hinaus, um Hallo zu sagen, und ich folgte ihr. Ich konnte nicht fassen, dass wir ihm schon wieder über den Weg liefen, besonders dieses Mal, wo wir doch Hunderte von Meilen von den Orten entfernt waren, an denen wir ihn sonst getroffen hatten. Und die Frau, mit der er unterwegs war, konnte vermutlich nicht glauben, dass sie Cindy begegnet waren. Die Gespräche zwischen mir und Steve verliefen immer kurz, aber angenehm.

GARY: Er ist in Ordnung. Wir scheinen keine Probleme miteinander zu haben.

PURSAH: Das ist wahr. Und er ist auch ein ziemlich offener Mensch. Er macht ebenfalls Fortschritte.

GARY: Schön. Heh! Ich habe einen *Kurs-in-Wundern*-Witz für euch, und davon gibt es ja noch nicht so viele.

ARTEN: In Ordnung, erzähl ihn rasch und gut. Wir haben einen Tisch auf der Venus reserviert.

GARY: All meine Arbeit ist gut. Ich muss einen gewissen Standard aufrechterhalten. Wie soll ich sonst meinen Ruf ruinieren?

PURSAH: Dann mach weiter, ich bitte darum.

GARY: Okay. Also, da sind drei Typen in der Hölle. Sie machen nichts Besonderes, schmoren einfach so vor sich hin. Einer von ihnen sagt: »Wie es aussieht, werden wir wohl eine ganze Weile hier sein. Vielleicht sollten wir einander vorstellen.« Alle halten das für eine gute Idee.

Also sagt der erste: »Hallo. Ich heiße Jakob und bin Rabbi. Und ich bin hier in der Hölle, weil ich meine Frau betrogen habe.«

Der zweite sagt: »Das ist ja interessant. Ich heiße Bill, bin katholischer Priester, und ich bin hier in der Hölle, weil ich eine Frau *habe*.«

Der dritte aber sagt: »Hallo. Ich bin Joe, Schüler von *Ein Kurs in Wundern,* und ich bin gar nicht hier.«

PURSAH: Der ist gut. Du bist rehabilitiert.

ARTEN: Das mit der Venus war nur ein Witz, aber wir gehen jetzt trotzdem. Mach's gut.

GARY: Ich tue mein Bestes. Sagt mal, heute Morgen habe ich dieses Zitat im Übungsbuch gelesen. Kann ich es noch kurz vorlesen, bevor ihr geht?

ARTEN: Wir freuen uns immer, etwas von J zu hören. Und auch wenn du all diese Zitate bereits gelesen hast, verstehst du sie doch ein ums andere Mal auf einer tieferen Ebene. Die Worte haben sich zwar nicht verändert, aber du. Wenn das Ego immer mehr aufgelöst wird, siehst und fühlst du die Inhalte der Zitate von einem anderen Ort aus.

GARY: Toll, danke. Es hat damit zu tun, was ihr bereits über das Vertrauen zum Heiligen Geist gesagt habt. Es steht ja eine Menge über die Entwicklung des Vertrauens im Handbuch, aber dieser Abschnitt stammt aus dem Übungsbuch:

Das Wunder wird zuerst durch Glauben angenommen, weil darum bitten implizit besagt, dass der Geist vorbereitet worden ist, sich das vorzustellen, was er nicht sehen kann und nicht versteht. Doch wird der Glaube seine Zeugen bringen, um zu zeigen, dass das, worauf er beruhte, auch wirklich da ist. Und also wird das Wunder deinen Glauben an es rechtfertigen und zeigen, dass es auf einer wirklicheren Welt beruhte als das, was du vordem sahst, auf einer Welt, die von dem erlöst ist, wovon du dachtest, es sei dort.[7]

8

Die letzten Lektionen
von Pursah

Wenn der **HEILIGE GEIST** alles, was **ER** wahrnimmt, mit Liebe betrachtet, dann ist es vollkommen offensichtlich, dass **ER** dich mit Liebe betrachtet. Wie **ER** dich bewertet, beruht auf **SEINER** Erkenntnis dessen, was du bist, und daher bewertet **ER** dich wahrheitsgemäß. Diese Bewertung muss in deinem Geist sein, weil **ER** dort ist.[1]

I n dieser Welt der Illusionen weißt du nie, wo Vergebung und Heiliger Geist dich hinführen. Sie können die unerwartete Lösung von Konflikten bewirken, deren Lösbarkeit sich niemand auch nur hätte träumen lassen. Sie können zur Begegnung mit vielen Menschen führen, die Teil deines Lebens werden und dir helfen, Dinge zum Wohle aller zu vollbringen – nicht weil sie es müssen, sondern weil sie es möchten. Und durch deine Bereitschaft hinzuhören, wirst du dank der Gnade des Heiligen Geistes vielleicht an eine Weggabelung geführt. Entscheidest du dich dort für den richtigen Weg, wird er zur Heilung des Geistes und zur Rettung der Menschheit beitragen. Und natürlich sind da noch die alltäglichen Situationen in deinem Leben, die der Menschheit egal sind, dir aber Frieden bringen, wenn du sie vergibst.

Als Karen im Januar 2008 nach Oahu zog, fing sie an, mit einem netten Kavalier japanischer Herkunft auszugehen, David Tasaka. Sie hatten sich durch mich kennen gelernt – die Verbindungen hörten nicht auf. Meine Buchungsagentin organisierte für mich ab und zu Workshops auf Hawaii, und einige davon hielt ich in der Diamond-Head-Unity-Gemeinde. David, ein *Kurs*-Schüler, kam zu einem der Workshops und schloss sich mir, Karen und ein paar weiteren Teilnehmern an, als wir hinterher Essen gingen. Der Same war gesät worden, und als Karen nach Oahu zog, fingen sie und David an, sich regelmäßig zu treffen. Sie wurden ein festes Team.

Nach unserer Scheidung blieben Karen und ich in Kontakt. Unsere Beziehung entwickelte sich zu einer guten Freundschaft, aber sie sprach nicht mit Cindy, und ich erwartete das auch nicht für die nahe Zukunft. Karen kannte keine Einzelheiten über mich und Cindy, und es wäre wohl ein bisschen viel verlangt gewesen, zu erwarten, dass sie Cindy gegenüber die Initiative ergriff oder Cindy gegenüber ihr. Aber wir vier waren alle Schüler des *Kurses,* und Vergebung ist die Heimstatt von Wundern, denn die Vergebung *ist* das Wunder.

Als ich schon ein paar Jahre in Kalifornien lebte, bekam ich eine E-Mail von Karen. Sie und David wollten aufs Festland kommen. Nach einem Besuch bei ihrer Familie in Maine wollten sie nach Florida fliegen, wo David am Finale eines Toastmasters-Wettbewerbs[q] teilnehmen würde. Sie planten, danach noch etwas Zeit in Orange County zu verbringen, bevor sie nach Hawaii zurückflogen. Karen fragte, ob Cindy und ich Lust auf ein gemeinsames Mittagessen hätten.

Ich war überrascht und freute mich. Ich musste noch klären, ob Cindy einverstanden war, und sie meinte: »Na klar doch!« An einem warmen Sommertag trafen wir also Karen und David auf einer

---

[q] »Toastmasters International« ist mit rund 300.000 Mitgliedern weltweit bekannt für die Entwicklung von Führungskräften. Sie sind für jeden Interessenten offen und veranstalten jährlich eine Weltmeisterschaft, auf der Redner aus beliebigen Bereichen um den ersten Preis konkurrieren. – *Die Red.*

Olivenplantage, die auf halbem Weg zwischen unserem Wohn- und ihrem Aufenthaltsort lag. Wir begrüßten uns, umarmten einander und setzten uns. Karen war Cindy gegenüber erst etwas zögerlich, aber ich staunte, dass die beiden sich nach gut und gern zehn Minuten benahmen, als seien sie alte Freundinnen. Ich hatte kein Problem damit, mich mit David zu unterhalten. Er hat einen wunderbaren Charakter und erinnert mich an meinen Freund Michael Tamura, nicht nur, weil sie beide japanischer Herkunft sind, sondern auch wegen des breiten Lächelns, das sowohl David als auch Michael fast immer auf dem Gesicht zu haben scheinen.

Alles, was Gott will, ist, dass sein Sohn glücklich ist.

Als wir so zusammen saßen, schaute ich kurz zu Cindy und Karen hinüber, die einander über den Tisch hinweg angeregt unterhielten. Es war echt der Hammer. Ich dachte im Stillen: *Oh mein Gott, diese Sache mit der Vergebung funktioniert wirklich.* Es war eine Szene, von der ich nie gewusst hatte, ob ich sie jemals erleben würde, aber hier waren wir, vier *Kurs*-Schüler, die alle wussten, wozu es diente. Ich wurde von Dankbarkeit geradezu überwältigt.

Alles, was ich mir immer für Karen gewünscht hatte, war ihr Glück, und ich denke, das ist es auch, was sie sich für mich wünscht. Und ich wünsche es Cindy und David ebenfalls. Ich dachte:

Möge der Heilige Geist uns alle in Gottes Tempo in das Zuhause führen, das wir nie wirklich verlassen haben und zu dem zu erwachen unser Schicksal ist.

Und alles, was Gott will, ist, dass sein Sohn glücklich ist. Gott ist vollkommene Liebe. Sogar Paulus und das Johannes-Evangelium sagen das. Und wie das Magazin *Newsweek* im Dezember 2007 in einem Artikel mit dem Titel »Die Gemäßigten stürmen das religiöse Schlachtfeld« berichtete, findet auch innerhalb des Christentums eine stille Revolution zu diesem Thema statt.

Der Artikel aus *Newsweek* wurde mir von Rogier Fentener van Vlissingen geschickt, dem Autor von *Closing the Circle.*[r] In seinem Buch zeigt Rogier, auf welche Weise *Die Illusion* eine Brücke zwischen dem Thomas-Evangelium und dem *Kurs* bildet. Er untersucht darin eingehend die von Pursah in *Unsterblich* vorgelegte Version des Evangeliums und merkt an, dass sie intuitiv mehr Sinn ergibt und in sich stimmiger ist als die Version, die 1945 in Nag Hammadi entdeckt wurde. In ihrer Version ließ Pursah 44 Sprüche aus, von denen sie sagte, sie seien in den über 100 Jahren zwischen der Kreuzigung und der Entstehung des Manuskripts entweder stark verfälscht oder später von anderen hinzugefügt worden. Sie kürzte außerdem einige der verbliebenen Sprüche und fügte zwei von ihnen zusammen, um ihre Bedeutung hervorzuheben und zu zeigen, dass sie auf eine Art zusammenpassen, die sofort einleuchtet. Dabei herausgekommen ist Pursahs Version vom Kern des Thomas-Evangeliums – eine, die den Weisheitslehrer J von vor 2.000 Jahren ins Leben zurückbringt und ganz klar zeigt, dass seine Stimme damals dieselbe war wie die, die wir heute in *Ein Kurs in Wundern* finden.

Besagter Artikel zitierte Bart Ehrman, einen fleißigen Bibelwissenschaftler, der hauptsächlich für seine Arbeit zum historischen Jesus bekannt ist. Laut *Newsweek* kann Ehrman trotz seiner christlichen Ausbildung nicht länger an den christlichen Gott glauben. Nach Jahren des Ringens kam er zu dem Schluss, dass ein allliebender und allmächtiger Gott nicht so viel Leiden verursachen würde. In der Theologie ist dies ein altbekanntes Problem, man nennt es Theodizee. Ehrmans Buch *God's Problem*[s] kommt allerdings mit so viel aufrichtiger Bescheidenheit daher, dass er auch unter Gläubigen ihm zugeneigte Leser findet. Er schreibt:

---

[r] 2008 bei John Hunt Publishing erschienen; bisher nicht übersetzt. – *Die Red.*

[s] Mit *Jesus im Zerrspiegel* und *Abgeschrieben, falsch zitiert und missverstanden* liegen zwei Bücher von Bart D. Ehrman über die verborgenen Widersprüche in der Bibel auf Deutsch vor. Das genannte Buch von 2009 darüber, »warum wir leiden«, blieb aber bisher unübersetzt. – *Die Red.*

»Manche Menschen denken, sie wüssten die Antworten. Oder sie lassen sich von den Fragen nicht beunruhigen. Ich gehöre zu keiner von beiden Gruppen.«

Für jene, die sich von den Fragen beunruhigen lassen, kann ich vielleicht bescheiden anmerken, dass es eine Quelle *gibt,* an der man Antworten finden kann. Aber nur der Heilige Geist weiß, wann Ort und Zeit dafür passend sind.

2011 sprach ich auf der internationalen *Ein-Kurs-in-Wundern-*Konferenz in San Francisco. Es war das vierte Mal in Folge, dass ich auf dieser alle zwei Jahre stattfindenden Konferenz auftrat. Die Organisatoren hatten ihr diesmal das Motto »Zuhören, Lernen und Tun« gegeben, und als ich ankam, fiel mir auf, dass viele der Teilnehmer einander fragten: »Was sollen wir denn tun? Was sollen wir tun?« Als ich aufstand, um zur Menge zu sprechen, konnte ich nicht anders, als sie daran zu erinnern: »Der Kurs sagt: ›Vergebung ist meine Funktion als Licht der Welt.‹[2] Nun, wenn Vergebung eure Funktion als Licht der Welt ist, was zum Teufel denkt ihr denn, was ihr tun sollt?«

Ich wollte mit A&P noch ein bisschen mehr über ihre Zukunft und ihr abschließendes Leben zusammen in Chicago sprechen. Sie enttäuschten mich nicht. Bei diesem Besuch sprach die ganze Zeit über Pursah, während Arten ruhig dasaß und aufmerksam zuhörte.

GARY: Also, was gibt's Neues aus Chicago? Ich kann's kaum abwarten, es zu erfahren. Auf jeden Fall darf ich mal ein echter Feger sein. Das dürfte interessant werden.

PURSAH: Ist es auch. Aber noch interessanter ist es, erleuchtet zu sein. Wenn es ein Leben gibt, für das es wert wäre, zurückzukommen, dann das letzte. Nicht dass irgendetwas so gut wäre wie der Himmel, aber wenn du erleuchtet bist, bist du dem Himmel schon so nah wie möglich. Du erfährst ihn fast die ganze Zeit. Dein Körper fühlt sich so leicht an, als wärst du in einem Traum. Du kannst hier funktionieren, aber es ist so einfach, so ganz und gar nicht wie das Leben in einem Körper, das die meisten Menschen gewohnt sind. Ich war 11 Jahre lang erleuchtet, länger als die meisten. Es spielt keine Rolle, wie lange du erleuchtet bist, ob 11 Jahre oder 11 Minuten. Wenn du erleuchtet bist, bist du erleuchtet und wirst es auch bleiben, bis du deinen Körper sanft ablegst. Wenn ich vom sanften Ablegen des Körpers spreche, dann meine ich damit, wie es sich anfühlt, weil man keinen Schmerz mehr spüren kann. An diesem Punkt wird die Ursache deines Todes bedeutungslos – wie Js Tod am Kreuz. Die Menschen nahmen an, es müsse grauenhaft gewesen sein, aber für ihn war es nichts.

GARY: Bevor wir zum Ende kommen, musst du mir noch verraten, wie dein Leben aussah.

PURSAH: Ich werde dir ein paar Dinge verraten, aber den Rest findest du besser selbst heraus. Du hast ja schon von den größten Vergebungslektionen gehört, die dir bevorstehen werden. Was die Einzelheiten meines Lebens mit Arten angeht, so war es ziemlich normal. Ich war hochintelligent und wurde Professorin für Psychologie. Dein Interesse an den psychologischen Aspekten des *Kurses* und des Geistes sind Vorläufer davon. Arten und ich wurden beide in Chicago geboren, liefen uns aber erst über den Weg, als wir schon älter waren. Ich war 21 Jahre lang mit einem wundervollen Mann verheiratet. Er wurde bei einem Unfall getötet, und das war meine erste richtig große Vergebungslektion. Du kennst diesen Mann auch in diesem Leben, nur dass er dieses Mal kein Mann ist, sondern eine Frau.

GARY: Kannst du mir sagen, wer es ist?

PURSAH: Ich glaube, es ist in Ordnung, es dir zu sagen, vor allem jetzt, da du geschieden bist. Der Mann, mit dem du als Frau in deinem nächsten und letzten Leben verheiratet sein wirst, ist deine ehemalige Frau aus diesem Leben, Karen.

GARY: Du willst mich verarschen.

PURSAH: Nein. Ihr werdet tolle Dinge zusammen erleben, und dein Mann, Benji, wird alles Notwendige für seine Erleuchtung im darauffolgenden Leben lernen. Und da sich alles immer so schön fügt, wird sein Unfalltod dir als Vergebungslektion dienen, die dir als mir wiederum helfen wird, zur richtigen Zeit zu erwachen. Wann die richtige Zeit ist, wurde von uns und dem Heiligen Geist an jenem Punkt am *Ende* der Zeit festgelegt, als beschlossen wurde, was für alle am besten wäre.

GARY: Weil sich alles immer so schön fügt.

PURSAH: Ganz genau.

GARY: Hattest du Kinder?

PURSAH: Nein. Es ist nicht ungewöhnlich für Menschen in ihrem letzten oder sogar vorletzten Leben, keine Kinder zu haben. Die Produktion weiterer Körper hat an Anziehungskraft eingebüßt. Und ich sage damit bestimmt nicht, dass erleuchtete Menschen keine Kinder haben. Es ist einfach nur nicht so verbreitet wie bei anderen Paaren. Es kann immer einen guten Grund dafür geben, ein Kind zu haben, zum Beispiel weil es in die ineinandergreifende Kette der Vergebung passt. Es ist immer die Frage, wozu du es nutzt und wozu das Kind es letzten Endes nutzt.

Benji und ich waren große Baseballfans – noch eine Konstante aus deinem jetzigen Leben. Wir liebten die Cubs, und wir liebten es, ins neue Stadium zu gehen.

GARY: Werden die Cubs endlich die World Series, das Profiligafinale, gewinnen, so wie die Red Sox?

PURSAH: Das werden sie.

GARY: In welchem Jahr? *In welchem Jahr?!*

PURSAH: Tut mir leid, Gary. Das kann ich dir nicht sagen. Wenn ich es täte, würden all die Glücksspieler zu Beginn der Saison Wetten in Vegas abschließen.

GARY: Oh. Was hast du sonst noch gern gemacht?

PURSAH: Genau wie du war ich ein Kinofan. Mir gefiel jede Art von Film. Da spielt ein voyeuristischer Zug mit, der in diesem Leben Teil deiner Persönlichkeit ist und Teil meiner Persönlichkeit in jenem Leben. Benji und ich hatten eine riesige Holoeinheit in unserem Penthouse.

GARY: Penthouse? Ihr müsst Geld gehabt haben.

PURSAH: Benji hatte großes Glück, weil seine Eltern Geld hatten. Karma, weißt du. Also hatte ich auch Glück. Ich war eine kluge, wunderschöne Frau, und er liebte das. Aber ich möchte dir noch sagen, dass Filme in 100 Jahren ziemlich anders sein werden als heute.

GARY: Besser, hoffe ich.

PURSAH: Ja und nein. Die Technologie schreitet so schnell voran. In 100 Jahren wirst du nicht mehr einfach ins Kino gehen, um dir einen Film anzusehen, du wirst im wahrsten Sinne des Wortes *in* einen Film gehen können. Sie werden holografisch sein – vollkommen lebensecht. Du wirst in der Lage sein, Menschen zu begegnen und mit ihnen zu interagieren, auch wenn sie eigentlich gar nicht da sind, wie in deinem jetzigen Leben. Und sie werden dir völlig echt erscheinen, bis hin zur Berührung. Ihr habt schon heute die Technik dazu, Dinge zu fühlen, die gar nicht da sind. In Zukunft wird es Filme geben, die die Realität so täuschend echt nachahmen, dass du nicht mehr zwischen der echten und der falschen Illusion unterscheiden kannst.

GARY: Beeindruckend. Kann man beispielsweise im Film auch Sex haben und so?

PURSAH: Ja, aber es wird natürlich eine riesige moralische Debatte darüber geben. Die christliche Rechte wird ausrasten, und es wird solche Art von Filmen nicht überall geben.

GARY: Stellt euch die Versuchung vor, sich für einen Körper zu halten und immer wiederzukommen, damit man seine Fantasien ausleben kann!

PURSAH: Ganz ruhig, Junge. Denk an eines, Gary: Wenn du Schüler des *Kurses* bist, dann macht es nichts, ob das Bild vor deinen Augen aus einem vollkommen echt erscheinenden Film ist oder aus deinem vollkommen echt erscheinenden alltäglichen Leben. Man kann beide gleichermaßen vergeben, weil sie beide gleichermaßen unwahr sind. Auch wenn du vergisst, wo du bist, musst du doch nie etwas anderes tun, als das zu vergeben, was unmittelbar vor dir ist.

GARY: Ich verstehe. Aber ich gehe als du immer noch ins Kino, richtig?

PURSAH: Ja. Ich wiederhole jetzt nicht den Teil der Geschichte, den ich dir während unserer ersten Besuche erzählt habe. Du erinnerst dich gut daran und kannst ihn jederzeit nachschlagen. In der *Illusion* steht er ungefähr auf den Seiten 250 bis 253. Artens Geschichte unseres abschließenden Lebens steht auf den Seiten 294 bis 296 der englischen Ausgabe. Wir wissen, dass das Buch in 22 Sprachen erschienen ist und die Leser die entsprechenden Seitenzahlen selbst herausfinden müssen, oder zumindest die Übersetzer.

> *Du musst nie etwas anderes tun, als das zu vergeben, was unmittelbar vor dir ist.*

GARY: Also, auf Englisch ist es auf Seite 294 und auf Spanisch auf Seite 487.

PURSAH: Witzig. Du hast immer eine gute Zeit in Mexiko und Südamerika, was?

GARY: Ich liebe es dort. Die Menschen sind so warmherzig, sie adoptieren dich praktisch. Und Orte wie Rio oder Bogotá ... Ich sage euch, dort wissen sie, wie man das Leben genießt!

PURSAH: Das ist eine Kunst an sich. Meine erste große Lektion in dem Leben war, Benjis Tod zu vergeben. Er sah einen Unfall und versuchte, jemandem zu helfen, der in einem Auto gefangen war. Der Boden war voller Pfützen, und Benji hatte nicht gemerkt, dass ein Kabel ins Wasser gefallen war, als das Auto einen Strommast getroffen hatte. Er setzte einen Fuß ins Wasser und bekam einen tödlichen Stromschlag.

GARY: Du liebe Güte. Du musst völlig fertig gewesen sein.

PURSAH: Ja, ich habe ihn schrecklich vermisst, aber ich hatte J und seinen *Kurs* und habe alles vergeben. Es brauchte aber immer noch ein Jahr, bevor ich völlig vergeben hatte. Die Menschen sollten sich die nötige Trauerzeit nehmen. Es werden so viele Erinnerungen in deinem Geist sein, vor allem, wenn du eine lange Beziehung hattest, und du musst mit allem ins Reine kommen. Benji half mir dabei. Er kam manchmal in meinen Träumen zu mir, und wir machten Liebe.

GARY: War er wirklich da?

PURSAH: War er vorher wirklich dagewesen?

GARY: Hab's kapiert. Es ist alles deine Projektion, auch wenn es sich manchmal um den Heiligen Geist handelt, der eine Form annimmt. Aber letzten Endes ist es immer ein abgespaltener Teil deiner selbst. Mir gefällt, was Cindy darüber gesagt hat – die Menschheit ist eine einzige, riesige gespaltene Persönlichkeit.

PURSAH: Sie ist eine kluge, wunderschöne Frau, und das gefällt dir.

GARY: So wie Benji *dich* geliebt hat.

PURSAH: Diese Geschichte an der Universität – als ein gestörter Student mich beschuldigte, Sex als Gegenleistung für eine gute Note von ihm gewollt zu haben, was meine Karriere als Professorin ruinierte ... Das war meine zweite große Lektion. Ich nenne das einen Schwelbrand, denn so etwas geht immer über einen langen Zeitraum, und du musst mit der Vergebung dranbleiben, immer und immer wieder, bis du es hinter dir hast. Nach einigen Jahren schaffte ich es. Es klingt hart, aber wenn du es schaffst, machst du so große spirituelle Fortschritte, dass du dir ganze zukünftige Leben ersparst. Ich habe es getan.

GARY: Man könnte also sagen, sie Pur-sah-siegte.

PURSAH: Sag das nie wieder. Die letzten zwei Lektionen meines Lebens kamen beide auf einmal, und es waren gar keine richtigen Lektionen, weil ich ja schon erleuchtet war. Aber ich hatte meine Rolle zu spielen, um Arten seinerseits zur Erleuchtung zu verhelfen.

Seine letzte große Vergebungsgelegenheit war der Tod meines Körpers. Mein Teil bestand darin, ihn als Christus zu sehen, auch wenn ich sehen konnte, dass er von der Aussicht, dass ich meinen Körper ablegen würde, sehr mitgenommen war. Wenn du jemanden in dieser Situation auf spirituelle Weise siehst, hilft es ihm dabei, zu lernen, in Zukunft dasselbe zu tun. Und ich wollte ihn ermutigen, indem ich ihm versicherte, dass wir nie getrennt sein würden. Wir sind eins. Außerdem hatte ich keine Schmerzen, wodurch er sich besser fühlte. Ich war in völligem Frieden. An meinem letzten Tag zitierte ich das hier für ihn aus dem *Kurs*, ich kannte die Stelle auswendig:

Lehrer GOTTES, deine einzige Aufgabe könnte auf folgende Weise ausgedrückt werden: Akzeptiere keine Kompromisse, in denen der Tod eine Rolle spielt. Glaube nicht an Grausamkeit, noch lass Angriff die Wahrheit vor dir verbergen. Was zu sterben scheint, ist nur fehlwahrgenommen und zur Illusion getragen worden. Jetzt wird es zu deiner Aufgabe, die Illusion zur Wahrheit tragen zu lassen.[3]

GARY: Das klingt, als ob du es wirklich drauf hattest.

PURSAH: Jahrzehntelange Übung. So, wir gehen jetzt und geben dir Gelegenheit, über all dies nachzudenken. Das nächste Mal übernimmt Arten das Reden. Einstweilen möchte ich dir gern den Rest dieses Zitats aus dem *Kurs* geben, denn es ist sehr wichtig. Mach's gut, lieber Bruder.

Sei standhaft nur in diesem: Lass dich nicht von der »Wirklichkeit« irgendeiner sich verändernden Form täuschen. Weder bewegt sich die Wahrheit, noch schwankt oder sinkt sie zum Tod und zum Zerfall dahin. Und was ist das Ende des Todes? Nichts außer diesem: die Einsicht, dass der SOHN GOTTES jetzt auf ewig schuldlos ist. Nur dies. Aber lass nicht zu, dass du vergisst, dass es nicht weniger ist als dies.[4]

9

Die letzten Lektionen
von Arten

Die besondere Beziehung hat den imposantesten und täuschendsten Rahmen aller Abwehrmechanismen, deren das Ego sich bedient. Sein Denksystem wird hier angeboten, von einem Rahmen umgeben, der derart schwer und kunstvoll ist, dass das Bild durch seine imposante Beschaffenheit beinahe ausgelöscht wird. In den Rahmen sind vielerlei Arten phantastischer und fragmentierter Liebesillusionen eingeflochten, eingefasst in Opferträume und Träume der Selbsterhöhung, verwoben mit Goldfäden der Selbstzerstörung. Das Glitzern des Blutes leuchtet wie Rubine, die Tränen sind geschliffen, Diamanten gleich, und funkeln in dem trüben Licht, in dem die Gabe dargeboten wird. Sieh dir das <u>Bild</u> an. Lass nicht zu, dass dich der Rahmen ablenkt. Diese Gabe wird dir zu deiner Verdammnis gegeben, und wenn du sie nimmst, wirst du glauben, dass du verdammt <u>bist</u>. Du kannst den Rahmen nicht ohne das Bild haben. Was du schätzt, ist der Rahmen, denn dort siehst du keinen Konflikt. Der Rahmen ist aber nur die Verpackung für die Gabe des Konflikts. Der Rahmen ist nicht die Gabe. Lass dich durch die oberflächlichen Aspekte dieses Denksystems nicht täuschen, denn diese Aspekte umfassen das Ganze, das in jedem seiner Aspekte vollständig ist. Der Tod liegt in dieser glitzernden Gabe. Lass deinen Blick nicht auf dem hypnotischen Glanz des Rahmens haften. Sieh das Bild an und begreife, dass der Tod dir angeboten wird. Deshalb ist der heilige Augenblick bei der Verteidigung der Wahrheit derart wichtig. Die Wahrheit selbst braucht keine Verteidigung, du aber brauchst Verteidigung dagegen, dass du des Todes Gabe angenommen hast.[1]

••

Seit ich mit Pursah über ihr abschließendes Leben gesprochen hatte, wollte ich auch mit Arten über seines sprechen. Ich war mit Arten warm geworden. Erst hatte ich eine Art naturgegebene Abneigung gegen ihn, weil er – groß, dunkelhäutig und gut aussehend – etwas von einem griechischen Gott hatte. Ich war eifersüchtig, besonders weil Pursah in den 1990ern zum Objekt meiner Fantasie geworden war. Angesichts der Tatsache, dass die beiden aufgestiegene Meister sind, war das natürlich dumm von mir. Aber manchmal weiß man, dass etwas dumm ist, und es hält einen trotzdem nicht davon ab. Und auch wenn man die Dummheit des Egodenksystems begreift, hält es einen nicht davon ab, sich wie ein Ego aufzuführen. Das braucht eine Menge Arbeit und eine Menge Vergebung.

Im Herbst 2012, fast zwanzig Jahre nach der ersten Begegnung mit meinen Lehrern, empfand ich tiefen Respekt vor Arten wie auch vor Pursah, und ich liebte sie beide.

In dem Jahr wurden mein Leben und mein Terminkalender auch langsam wieder ausgewogener. Die fast drei Jahre dauernde Steuerprüfung durch den IRS war vorbei. Sie hatten von mir rund 150.000 Dollar gewollt. Am Ende zahlte ich ungefähr 6.000 Dollar, plus weitere 5.000 Dollar an meine hervorragende Wirtschaftsprüferin. Nicht schlecht, wenn man von dem Lösegeld ausgeht, das die Regierung ursprünglich gefordert hatte, um mit ihrer Erpressung aufzuhören.

Wenn Pursah zu ihrem Wort stand, was sie immer tat, dann würde beim nächsten Besuch Arten das Reden übernehmen. Ich hatte so ein Gefühl, dass sie an dem Nachmittag auftauchen würden, weil Cindy beim Friseur war und einige Stunden weg sein würde. Seit ich nach Kalifornien gezogen war, kamen meine Lehrer immer zu Zeiten, in denen Cindy nicht zu Hause war, oder sie besuchten mich in einem Hotelzimmer unterwegs, wenn Cindy nicht dabei war.

Ich fragte mich, ob sie jemals vor meiner Frau auftauchen würden. Immerhin war Arten ja Cindy in ihrem nächsten und letzten Leben, so wie Pursah ich war. Das einzige Dilemma war das Versprechen, das sie mir 2004 gegeben hatten. Sie hatten gesagt, dass sie *nur* mir erscheinen würden. Dafür gab es einen Grund, und der lag nicht in meiner etwaigen Besonderheit. Sie wollten eine Verfälschung ihrer Botschaft verhindern.

Es wäre einfach für andere, zu behaupten, Arten und Pursah seien ihnen erschienen und hätten dies und jenes gesagt. Und wenn sie auch nur ein wenig Ähnlichkeit mit den Channelmedien hatten, die sich ihre eigene Version des *Kurses* ausgedacht hatten, dann würde die Botschaft die wichtigsten Teile auslassen und eben nicht zur Auflösung des Egos führen. Ich hatte einige solcher Menschen getroffen und auf denselben Veranstaltungen wie sie gesprochen. Sie wurden von ihren Fans verehrt, und obwohl sie ab und zu den *Kurs* zitierten, als lehrten sie ihn oder etwas Ähnliches wie ihn, war ich von ihrem Mangel an Verständnis des *Kurses* und darüber, warum er funktioniert, schockiert. Sie lehrten Methoden, die ihren Anwendern nichts brachten außer einem vorübergehenden Wohlgefühl und sie unweigerlich vom Ziel der Erlösung abhielten.

Der ältere Herr in Wisconsin, der sich bescheiden »Meisterlehrer von *Ein Kurs in Wundern*« nannte und mir einmal öffentlich eine gelangt hatte, verkündete seinen Anhängern 2006, dass Arten und Pursah ihm erschienen und er ihre Botschaft besser kommunizieren könne als ich. Zum Glück war gerade mein zweites Buch herausgekommen, und einige Leute sagten ihm, Arten und Pursah hätten klargestellt, dass sie definitiv niemandem erscheinen würden außer mir. Der »Meisterlehrer« hörte auf zu behaupten, dass A&P ihn besuchten. Meine Lehrer wussten, was sie taten. Dieser Mann ist teilweise der Grund dafür, warum ich den Menschen ganz deutlich sage, sie sollten sich fernhalten, wenn ein Lehrer des *Kurses* von ihnen will, dass sie zu ihm kommen, um mit der Gruppe zu leben. Das ist dann eine Sekte. *Ein Kurs in Wundern* ist aber ein Selbstlernprogramm, und das steht auch ganz klar im Vorwort: »Er ist nicht als Grundlage für einen weiteren Kult gedacht.«[2] Wenn jemand eine »*Kurs*-Gemeinschaft« gründet – ob in Nordamerika, Südamerika, Dänemark oder sonstwo auf der Erde – und von dir möchte, dass du dazukommst und mit oder in der Nähe von anderen *Kurs*-Schülern lebst, tu's nicht. Sie werden dich in irgendeiner Weise von der Gemeinschaft abhängig machen und vielleicht sogar subtil überreden, ihnen dein Geld, dein Auto und selbst dein Haus zu »spenden«. Wie der *Kurs* schon sagt: »Die Zeit kann verschwenden, wie sie auch verschwendet werden kann.«[3] Wer Ohren hat zu hören, der höre!

An Cindys Friseurnachmittag kamen Arten und Pursah also wieder einmal zu mir.

ARTEN: So, du siehst heute ein bisschen müde aus. Du solltest mal deinen Riesenfernseher ausschalten und früher ins Bett gehen. Wir möchten, dass du für unsere Gespräche fit bist.

GARY: Es ist nicht meine Schuld. Ich bin ein Opfer Gottes.

ARTEN: Oh, tut mir leid. Das wusste ich nicht. Du möchtest wohl etwas über mein letztes Leben hören? Ich glaube, das wäre gut.

GARY: Meinst du nicht, es wäre nur fair, wenn Cindy es auch hören würde? Ich meine, überhaupt, du bist doch sie. Es ist auch ihr letztes Leben.

ARTEN: Nicht dass ich denken würde, dass sie es nicht verdient. Aber sie wird über ihr letztes Leben genauso viel wissen wie du, wenn sie das Buch liest, an dem wir gerade arbeiten. Sie braucht uns nicht in dem Maße, wie du uns gebraucht hast, als

wir anfangs zu dir kamen. Du bist Franzose. Sie ist unabhän-
giger. Sie ist Schweizerin.

GARY: Das reicht jetzt mit den internationalen Stereotypen. Soll
das etwa heißen, dass ihr nie vor ihr erscheinen werdet?

ARTEN: Nein, das sage ich nicht. Wir wissen, dass wir ihr vertrau-
en können und sie die Botschaft nicht abändern würde, also
weiß man nie. Wenn es passiert, passiert es. Was hältst du davon, wenn wir zum nächsten Thema übergehen?

GARY: Na schön. Pursah, die so attraktiv ist, wenn sie still ist, hat
mir etwas verraten, ich rieche jetzt den Braten. Ich kann mir
nicht helfen, ich bin Musiker. Würdest du gern von Cindys und
meiner Zukunft erzählen?

ARTEN: Sicher, du musikalische Pappnase. Pursah hatte in jenem
Leben übrigens kein Talent für Musik. Ihr Fokus lag auf Psychologie und Spiritualität. Deine Musikalität hat sich wohl
irgendwie aus deinem Genpool verabschiedet. Ich erbte dagegen etwas musikalisches Talent von Cindy und Thaddäus und
nutzte es, als ich noch jünger war. Auf dem College spielte ich
Schlagzeug, und die Mädels standen ziemlich auf mich.

GARY: Ich wusste doch, dass du ein scharfer Hund bist. Und ein
Schlagzeuger ist ja fast ein Musiker. Warst du ein Naturtalent,
oder musstest du Unterricht nehmen?

ARTEN: Ich war ein Naturtalent, und ich konnte auch singen. Und
du weißt ja, wenn du singen kannst, wirst du als Musiker gleich
doppelt wichtig. Ich konnte mich bei Cindy und Thad, wie wir
ihn in unserem Geschäft nennen, dafür bedanken. Als ich älter
wurde, dachte ich dann darüber nach, Psychiater zu werden. Kein
Psychologe wohlgemerkt, sondern Arzt, so dass ich meinen Patienten Medikamente verschreiben konnte, wenn ich wollte.

GARY: Damit kann man eine Menge Geld verdienen. Wie oft hast
du das gemacht?

ARTEN: Nicht sehr oft. Ich war kein typischer Psychiater. Ich war
kein großer Fan der Pharmaindustrie. Geld ist dieser Industrie
wichtiger als Leben, und Heilmittel werden unter Verschluss

gehalten. Mit 25 war ich schon Schüler des *Kurses*. Als ich anfing, seine Bedeutung zu verstehen, kam mir die Idee, zu versuchen, meine Patienten zur Änderung ihres Denkens zu bewegen, indem ich ihren Geist trainierte, anstatt sie zu dopen.

GARY: Wow, Kumpel. Ich nehme alles zurück, was ich über dich gedacht habe, von wegen dass du mich nur fertig machen willst.

ARTEN: Danke. Denke daran: Die Gaben, die du gibst, werden für dich bewahrt.

GARY: Nettes Resümee. Du wurdest also Psychiater, hast dann aber versucht, deine Patienten dazu zu bewegen, zur Verbesserung ihrer Stimmung ihr Denken zu ändern, anstatt ihnen Medikamente zu geben. Du hast gesagt, du hättest nicht viele Medikamente verschrieben. Hat es denn funktioniert?

Denke daran: Die Gaben, die du gibst, werden für dich bewahrt.

ARTEN: Meine Erfolgsrate war so hoch wie die von anderen, manchmal höher. Wenn ein Patient dafür bereit war, machte ich ihn auf den *Kurs* aufmerksam. Wenn nicht, übte ich an ihnen Vergebung. Ich habe mich immer sehr für die Ergänzung zum *Kurs* mit dem Titel *Psychotherapie: Zweck, Prozess und Praxis* interessiert.

GARY: Genau. Ich nenne sie kurz den Psychoteil.

ARTEN: Beachte, dass J dem Therapeuten darin nirgendwo sagt, er solle eine andere Methode verwenden. Er ermuntert den Therapeuten dazu, das zu tun, wozu er ausgebildet worden ist, und dabei gleichzeitig Vergebung zu üben. So gesehen könntest du beim Lesen jedes Mal ganz einfach das Wort *Therapeut* durch das ersetzen, was deine Arbeit ist, und es würde immer noch Sinn ergeben.

Ich benutzte den *Kurs* sowie Vergebung, und denen, die noch nicht für den *Kurs* bereit waren, aber sich mit einer eher weltlich klingenden Disziplin anfreunden konnten, half ich durch ein Trainingsprogramm für ihren Geist, das ihr Denken veränderte. Wie du weißt, kannst du den größten Teil der Depressionen auf der Welt heilen, wenn du den Menschen beibringst, sich die Kraft ihres Geistes zunutze zu machen und aufzuhören, den Müll über sich und andere zu denken, an dem sie ihr ganzes Leben lang festgehalten haben. Es geht darum, das bisherige Denkmuster zu durchbrechen und den Menschen etwas zu geben, durch das sie es ersetzen können.

Einen Teil meiner Fähigkeit, diese Arbeit zu tun, verdanke ich Cindy, was ich ihr hoch anrechne. Sie ist dabei, eine großartige Therapeutin zu werden, ein Geschenk, dass sie mit ins nächste Leben nehmen wird.

GARY: Echt toll. Heh, die Leute fragen mich manchmal nach dieser Vergebungsmethode namens Ho'oponopono. Hast du die auch angewendet?

ARTEN: Nein. Sie führt nicht bis ans endgültige Ziel. Außerdem gefiel mir der Teil mit dem »Es tut mir leid« nicht.

GARY: So wird also die Zukunft sein. Hat sich deine Methode verbreitet?

ARTEN: Ein Anfang ist gemacht. Ich hatte den Eindruck, vielleicht einen neuen Trend gesetzt zu haben. Ich veröffentlichte einige meiner Schriften, und sie wurden durchaus gelesen, so wie deine Bücher.

GARY: Lustig. Auf jeden Fall finde ich toll, was du gemacht hast. Wie sahen denn die anderen Teile deines Lebens aus, und wie wurdest du erleuchtet?

ARTEN: Mit 30 war ich verheiratet. Ich sollte Pursah nicht vor Anfang 60 treffen. In 100 Jahren ist 60 zu sein so, wie es heute ist, 40 zu sein. Um die nächste Jahrhundertwende herum wird es normal sein, dass Menschen 120 Jahre alt werden. Die durchschnittliche Lebenserwartung beträgt 100 Jahre. Es ist auch nicht weiter ungewöhnlich, drei oder vier Mal zu heiraten. Pursah und ich lebten monogam, seit wir unsere ersten Partner geheiratet hatten, sie in ihren Vierzigern und ich in meinen Dreißigern.

Gary: Und mit wem warst *du* verheiratet? Ich fürchte, ich kenne die Antwort vielleicht schon, wenn ich mir überlege, mit wem Pursah verheiratet war.

Arten: Du hast es kapiert. Guter Schüler. Cindys beziehungsweise mein erster Ehemann aus meinem Vorleben, Steve, war in diesem nächsten und abschließenden Leben eine Frau – meine Ehefrau. Du siehst also, dass Prüfungen *in der Tat* Lektionen sind, die dir noch einmal präsentiert werden. Nicht dass wir eine Menge Lektionen gehabt hätten; ganz im Gegenteil, wir kamen gut miteinander aus. Ich wäre bis ans Ende meines Lebens mit Charlene – so hieß sie – glücklich gewesen. Noch einige Jahre nach ihrem Tod hatte ich nicht die Absicht, wieder zu heiraten.

Gary: Kinder?

Arten: Nein. Ich hasse Kinder, die kleinen Biester. War nur Spaß. Meine Geschichte verlief so ähnlich wie die von Pursah. Wir trafen uns, als es uns bestimmt war, und wussten innerhalb von zwei Tagen, dass wir vermutlich den Rest unseres Lebens zusammen verbringen würden.

Gary: Großartig. Und ich weiß, dass du jeden liebst, auch Kinder und Tiere.

Arten: Sie sind sogar am leichtesten zu lieben. Jedenfalls ... Abgesehen davon, dass ich einige meiner Patienten zum *Kurs* brachte, war ich in jenem Leben nicht als Lehrer tätig, ebenso wenig wie Pursah. Zumindest lehrten wir nicht im herkömmlichen Sinn. Wir lebten es. Wie der *Kurs* sagt:

Lehren ist Aufzeigen. Es gibt nur zwei Denksysteme, und du zeigst die ganze Zeit hindurch deinen Glauben an die Wahrheit des einen oder des anderen auf. Von dem, was du aufzeigst, lernen andere – und du ebenso.[4]

Wir nahmen keine traditionelle Lehrerrolle an wie du. Du wurdest dahin geführt, weil es hilfreich sein würde. Aber du lehrst auch durch deine Vergebung.

GARY: Ich bin eine zweifache Bedrohung. Deshalb mache ich ja das große Geld und du nicht.

ARTEN: Da, wo ich lebe, braucht man kein Geld. Und deine Zeit wird kommen. Dann wird es keine Zeit mehr geben.

Charlene starb, als ich 52 war. Sie war auf dem Weg in einen Supermarkt, um ein paar Lebensmittel zu kaufen. Es gab einen Kampf zwischen Mitgliedern einer Jugendbande, und sie bekam eine verirrte Kugel in den Kopf. Als ich das hörte, dachte ich, ich würde sterben. Mir war unsere gemeinsame Zeit sehr wertvoll gewesen, und ich fühlte mich, als sei mein Leben zu Ende, *Kurs* hin oder her. Aber langsam vergab ich und versuchte, wieder zu lernen, zu leben, nur war ich nicht mit dem Herzen dabei.

In meinen Sechzigern traf ich dann Pursah, und durch sie war alles wieder wie neu. Unsere Beziehung begann als besondere Liebesbeziehung, aber innerhalb weniger Monate wurde sie zu einer heiligen Beziehung. Acht Jahre später wurde Pursah erleuchtet. Wir beide wussten es. Aber niemand, der uns auf der Straße oder in einem Restaurant sah, hätte es sagen können. Der einzige Unterschied, der anderen vielleicht auffiel, war, dass Pursah öfter lächelte als die meisten Menschen, so wie der *Kurs* es sagt.

Ungefähr ein Jahr nach ihrer Erleuchtung fingen wir an, geistig zu reisen. Mein Geist hatte nicht so viel Macht wie ihrer, aber wir wussten, dass ich auf einem guten Weg war. Wenn dein Gewahrsein zunimmt, weil die Störungen durch das Ego vollkommen aufgelöst worden sind, vermag dein Geist alles zu tun. Wir bemühten uns, damit nicht aufzufallen. Meistens versetzten wir uns an Orte, an denen keine anderen Menschen waren. Wenn dein unbewusster Geist voll und ganz vom Heiligen Geist geheilt worden ist, dann gibt es keine Blockaden oder Hindernisse mehr, nichts, was dich zurückhalten könnte. Du denkst einfach, und schon bist du da. Am Anfang hätte ich es nicht tun können, ohne mich mit Pursahs Geist zu verbinden.

Als wir dich transportierten, hatten wir unsere Geister schon mit deinem verbunden.

Wir levitierten auch manchmal, aber mir machte das geistige Reisen mehr Spaß. Dabei wird dir natürlich erst richtig klar, dass jeder Ort derselbe ist, was du zwar vorher schon gewusst hattest, aber es ist eine weitere Bestätigung für deine neue Wahrnehmung. Du *gehst* niemals wirklich irgendwo hin. Es ist alles eine Projektion.

Nach Pursahs Übergang wurde ich schließlich ebenfalls erleuchtet. Durch sie war es mir möglich geworden, wahrhaft zu vergeben und meine letzte Lektion zu lernen – den Tod ihres Körpers. Sie hatte großartige Arbeit dabei geleistet, mich während ihres Übergangs zu coachen. Jetzt sind wir Manifestationen des Heiligen Geistes. Unsere Abbilder werden nur noch zum Lehren verwendet, für nichts sonst. Wenn wir nicht mit dir kommunizieren, sind wir zu Hause in Gott. Es ist eine herrliche Existenz, Gary. So etwas wie Mangel, Probleme, Tod oder Einsamkeit gibt es nicht. Da ist eine solche Fülle und Ganzheit. Es ist vollkommen. Die Liebe ist schier unerträglich! Das Glas quillt über, so voll ist es. Wenn du wüsstest, welche Freude auf dich wartet, würdest du schon auf- und abspringen vor Ungeduld.

Du und Cindy, ihr werdet in euch in eurem letzten Leben als Arten und Pursah an gerade genug erinnern, um die Puzzleteile aus eurem letztem und vorletztem Leben zusammenzusetzen. Aber ihr werdet auch gerade genug *vergessen*, damit ihr immer noch die wenigen Vergebungslektionen nutzen könnt, die ihr zu eurer Erleuchtung braucht. Aus diesem Grund hat der Heilige Geist diesen Zeitpunkt für euch ausgewählt, um in die Offenbarung und die Ewigkeit erlöst zu werden.

Es war schön, mit dir zusammen zu sein, Bruder. Sag es niemandem weiter, aber mir gefällt deine Arbeit. Mach weiter so. Wir verlassen dich heute, wie so oft, mit einem wundervollen Zitat unseres geistigen Führers. Zu Lehrzwecken werden wir immer seine Jünger sein, auch wenn wir im Himmel eins mit ihm sind. Gott segne dich und viel Glück.

GARY: Vielen Dank, ihr beiden. Ich liebe euch.

ARTEN: Wir lieben dich auch, Gary. Übrigens bezieht sich der erste Satz dieses Zitats auf den Körper:

Der Ast, der keine Früchte trägt, wird abgeschnitten werden und verwelken. Sei froh! Das Licht wird aus dem wahren FUN-DAMENT des Lebens leuchten, und dein eigenes Denksystem wird berichtigt sein. Anders kann es nicht bestehen. Du, der du die Erlösung fürchtest, wählst den Tod. Leben und Tod, Licht und Dunkelheit, Erkenntnis und Wahrnehmung sind unversöhn-bar. Zu glauben, sie ließen sich versöhnen, heißt glauben, GOTT und SEIN SOHN ließen sich *nicht* versöhnen. Allein die Einheit der Erkenntnis ist frei von Konflikt. Dein REICH ist nicht von dieser Welt, weil es dir von jenseits dieser Welt gegeben wurde.[5]

10

Die Liebe vergisst niemanden

Wir sind die Bringer der Erlösung. Wir nehmen unsere Rolle als Erlöser dieser Welt an, die durch unsere gemeinsame Vergebung erlöst ist. Und diese unsere Gabe wird daher uns gegeben. Auf jeden schauen wir so wie auf einen Bruder und nehmen alle Dinge als freundlich und als gut wahr. Wir suchen keinerlei Funktion, die jenseits von des HIMMELS Pforte liegt. Die Erkenntnis wird wiederkehren, haben wir unseren Teil getan. Wir kümmern uns nur darum, der Wahrheit das Willkommen zu entbieten.

Unsere Augen sind es, durch welche die Schau CHRISTI eine Welt sieht, die von jedem Gedanken der Sünde erlöst ist. Unsere Ohren sind es, die die STIMME FÜR GOTT verkünden hören, dass die Welt sündenlos ist. Unsere Geister sind es, die sich miteinander verbinden, indem wir die Welt segnen. Und aus dem Einssein, das wir erlangt haben, rufen wir zu allen unseren Brüdern und bitten sie, dass sie unseren Frieden mit uns teilen und unsere Freude vollenden.[1]

Für das Ego ist es Ketzerei zu denken, dass das eigene Tun nicht wichtig ist. *Natürlich ist das, was ich tue, wichtig! Natürlich ist es extrem wichtig, was in meinem Leben passiert!* Warum? Weil wir das Leben für echt halten. Würden wir nicht daran glauben, wäre es auch nicht wichtig.

Wenn ein Wissenschaftler in einem Labor ein Hologramm erstellt, kann es sehr beeindruckend und komplex sein. Es kann analysiert und gut geplant werden, ganz dazu da, jeden umzuhauen, der es sieht. Aber da ist gar kein Bild. Da ist nichts – nichts, von dem es beeindruckt zu sein gilt, und nichts, an das zu glauben gerechtfertigt wäre. Erst wenn der Erfinder einen Laserstrahl durchs Hologramm schickt, zeigt es sich und sieht echt aus. Ohne die Macht des Laserstrahls gibt es nichts, von dem man umgehauen werden könnte.

Die Macht, die das Universum von Zeit und Raum zum Leben erweckt und es so echt aussehen lässt, ist die Macht unserer Überzeugung. Aus sich selbst heraus ist das Universum nichts. Es ist eine Projektion, die aus den tiefen Schluchten unseres eigenen kollektiven unbewussten Geistes kommt. Und wir als ein scheinbar getrennter Egogeist sind seine Ursache. Es war keine gute Idee, um keinen Deut besser als die Idee des verlorenen Sohnes in Js tief greifendem Gleichnis über Fehlschöpfung, sein Zuhause zu verlassen. Es war das Verhalten eines Volltrottels. Er fand nichts außer Mangel.

Im vollkommenen Einssein kann es keinen Mangel geben, denn dort haben wir definitionsgemäß alles.

Und auch wenn er vorübergehend eine Menge bekam, war es doch nicht alles, und so war es immer noch Mangel. Bedenkt aber: Im vollkommenen Einssein kann es keinen Mangel geben, denn dort haben wir definitionsgemäß alles. Der einzig logische Schritt für jemanden, der von zu Hause weggegangen ist, wenn er es nicht hätte tun sollen, besteht also darin, zurückzukehren.

Diese Welt hat Macht über uns, weil wir an sie glauben und sie für den wichtigsten Teil dieses Universums halten, weil sie alles zu sein scheint, was wir haben. Unser Glaube ist es, der ihr seine Macht verleiht und uns ihr ausliefert.

Wenn du lernen kannst, deinen Glauben an die Welt zurückzunehmen und ihn auf das zu richten, woran zu glauben gerechtfertigt ist, dann kannst du erfolgreich das Gedankensystem auflösen, das diesen Glauben überhaupt erst hat entstehen lassen. Du kannst zur Ursache zurückkehren und anderen Geistes werden.

Und dann kannst du auch das tun, was der *Kurs* so klar auf den Punkt bringt: »Wähle noch einmal, ob du deinen Platz unter den Erlösern der Welt einnehmen möchtest oder ob du in der Hölle bleiben und deine Brüder dortselbst halten möchtest.«[2]

Du triffst diese Wahl, indem du dich für die spirituelle Sicht anstelle der »Sicht« des Egos entscheidest. Und das geschieht, wenn du deinen Glauben in den vollkommen unschuldigen, reinen Geist überall legst, anstatt ihn darauf zu richten, was die falschen Augen des Körpers dir als Erscheinung vorgaukeln. Dadurch schaust du durch das hindurch, was dir gezeigt wird, und denkst stattdessen an die Wahrheit.

Nun kannst du mit Fug und Recht fragen: »Wie kann ich das schaffen, wenn die Welt mich immer so schlecht behandelt?« Das wäre eine völlig berechtigte Frage. Du bist einfach von einem Experten hereingelegt worden. Vom Augenblick deiner scheinbaren Geburt bis zum Augenblick deines scheinbaren Todes wirst du mit einer endlosen Folge von Problemen konfrontiert. Diese Probleme sind alle dazu gedacht, deine Aufmerksamkeit auf die von dir betrachtete Leinwand der Illusionen zu richten, und zwar hoffentlich für immer, und deine Aufmerksamkeit von dem Ort fernzuhalten, an dem die *Antwort auf das Leben* liegt: in dem Geist, der das falsche Universum überhaupt erst projiziert und dich dann davon überzeugt hat, dass es voll und ganz wahr ist.

Du wirst Wachsamkeit brauchen, um anderen Geistes zu werden, aber diese Wachsamkeit ist das Einzige, das dich zum Glück führen wird. Nichts auf dieser Welt wird es sonst tun. Heißt das, dass du die Welt nicht haben kannst? Ironischerweise *kannst* du sie haben. Du darfst sie nur nicht *für echt* halten. So gibst du die Welt auf, und du musst sie aufgeben. Aber du gibst sie lediglich geistig auf, nicht körperlich, es sei denn, du fühlst dich vom Heiligen Geist dazu geführt, um Disziplin zu üben. Diese Führung ist individuell und für jeden anders.

Glück kann nicht von äußeren Umständen abhängen. Wenn es das tut, bist du geliefert, denn das Einzige, worauf du dich in einer Welt der Veränderung und des Wandels verlassen kannst ist, dass sie sich verändern und wandeln wird. Wenn du das Gesetz der Anziehung befolgst und bekommst, was du willst, was anhand von Beobachtungen bei ungefähr einem von 100 Menschen, die das versuchen, zu passieren scheint, wird es trotzdem nicht andauern.

Hier ist nichts von Dauer. Was im einen Moment scheinbar lebt, kann schon im nächsten Moment ausgelöscht sein. Das soll dich jetzt nicht entmutigen; es soll einzig dazu dienen, dich auf etwas Unveränderbares hinzuweisen – auf etwas, das dich auf Dauer glücklich machen kann, weil es eben nicht davon abhängig ist, was passiert. Das ist echte Spiritualität, und sie steht dir zur Verfügung ganz unabhängig davon, was zu passieren scheint. Und du kannst trotzdem noch dein Leben leben. Du betrachtest es jetzt nur anders, von einem Ort über dem Schlachtfeld. Du betrachtest das Leben – und alles und jeden, was und den du siehst – aus spiritueller Sicht.

Selbst die Anwendung des Gesetzes der Anziehung und anderer beliebter Selbsthilfemethoden würde zu einer völlig anderen Erfahrung führen, und es würde auch viel öfter funktionieren, wenn du es mit dem Heiligen Geist tätest. Der Vergebungsprozess, der zu wahrer Fülle führt, ist bei diesen Methoden der fehlende Bestandteil. Wenn du mit dem Heiligen Geist arbeitest, bist du nicht allein. Wenn du allerdings auf eigene Faust Entscheidungen triffst und Dinge unternimmst, bist du in der Trennung. Und das ist ein Desaster. »Aster« bedeutet astral. *Desaster* heißt, dass du nicht mit diesem höheren Ort verbunden bist, der es besser weiß. Der beste Weg, um sich damit zu verbinden, ist die Auflösung des Egostörfunks, der dich von deinem wahren Wesen, dem reinen Geist, getrennt hält. Dann kannst du zu dem geführt werden, was für alle das Beste ist, anstatt zu dem, was für dein Ego am besten ist – dieses Etwas, das dich davon überzeugen möchte, ein Körper zu sein, um sein irrsinniges Spiel der Trennung weiter am Laufen zu halten. Mit dem Heiligen Geist kann alles, was du tust, ein Ausdruck von Liebe sein. Dann zählt nicht mehr, was du tust – sondern die Liebe. Wenn du aus einer liebevollen Haltung heraus handelst, wirst du keine schlechten Dinge tun. Du wirst gute Dinge tun. Die das Ego auflösende Vergebung führt automatisch zu Liebe, weil Liebe und reiner Geist synonym sind. In deinem Geist, der Ursache für alles, ist dann Liebe anstelle des Egos. Die Liebe braucht nichts, weil sie im Zustand des Einsseins mit dem reinen Geist schon alles hat. Du musst von niemandem mehr etwas versuchen zu bekommen. Du kannst eine heilige Beziehung haben. Du kannst aus der Fülle heraus leben. Wie ironisch, dass du mit größerer Wahrscheinlichkeit zu Fülle geführt wirst, wenn du sie schon hast.

Wir müssen unseren Glauben an das Universum von Zeit und Raum zerstreuen. Der *Kurs* benutzt den Begriff *zerstreuen* 26 Mal. Wenn wir aufhören, mit dem Ego zu denken, und anfangen, mit dem Heiligen Geist zu denken und durch die Augen Christi zu sehen, kann dieser Glaube wieder zu Gott und Seinem Reich zurückgeführt werden. Werden uns vom Ego immer noch Körper gezeigt werden? Ja, bis wir unsere Körper endgültig sanft ablegen und nach Hause gehen. Aber wir können wählen, nur eine Realität durch unseren Glauben an sie anzuerkennen. Wie der *Kurs* uns sagt: »Die Erlösung verlangt nicht, dass du den reinen Geist erblickst und den Körper nicht wahrnimmst. Sie bittet lediglich darum, dies solle deine Wahl sein.«[3] In dem Wissen, dass wir über uns selbst denken werden, was wir über ihn denken,[4] kann es eigentlich nicht anders kommen, als dass unserem Geist dämmert: Wir sind alle eins in Christus, der die vollkommene Liebe ist, die wir wirklich sind.

∂··∾

Mittlerweile war es die erste Januarwoche 2013. Ich hatte weitere Fragen an Arten und Pursah, und ihr letzter Besuch lag schon viel länger zurück als sonst. Ich hatte einen Film aus dem Kabel-Fernsehen aufgenommen, den ich schon ewig hatte sehen wollen, und schaltete ihn gerade ein, als die beiden plötzlich bei mir waren. Sie wirkten glücklich, und ich war es auch. Pursah, die beim letzten Besuch nichts gesagt hatte, eröffnete das Gespräch.

Pursah: Hallo Kumpel, entschuldige die Störung. Was wolltest du gucken?

Gary: *Vampyros Lesbos.*[t]

Pursah: Nun, tut uns leid, dass wir dich von deinen sozialen Forschungen abhalten, aber wir würden gern über ein paar Dinge reden. Unser Buchprojekt *Die Liebe vergisst niemanden* ist so gut wie abgeschlossen. Es wird die Trilogie der *Illusion* vervollständigen.

Gary: Wow. Ich hatte gar nicht daran gedacht, dass es eine Trilogie darstellen könnte, aber es ist wohl eine.

Arten: O ja. Alles passt wie in einem Hologramm zusammen. Du hast gute Arbeit geleistet. Du hast für dieses Buch länger gebraucht, als wir dir nahegelegt haben, aber es hat sich ja herausgestellt, dass du mit vielen Extralektionen zu tun hattest, und du warst bereit für sie. Dein Leben wird jetzt wieder etwas ruhiger werden, was heißt, dass du mehr Zeit zum Schreiben bekommst.

Gary: Werden wir also gemeinsam weitere Bücher machen?

Pursah: Die Entscheidung liegt immer bei dir und dem Heiligen Geist, Gary. Du weißt das. Du wirst allerdings auch andere Sachen schreiben. Also belassen wir es hierbei: Wenn du

---

[t] Eine erotische Filmfassung von Bram Stokers *Dracula,* stark vom Surrealismus beeinflusst (Spanien/Deutschland 1970). Laut Regisseur und Drehbuchautor Jesus Franco besteht der Sinn des Films darin, »den weiblichen Körper nackt zu zeigen«. Also verlegte er die Handlung ans Mittelmeer und ersetzte den blutrünstigen Grafen, seinen devoten Diener Renfield und den englischen Anwalt Jonathan Harker durch leicht bis gar nicht bekleidete Damen. Der Soundtrack des Films wurde 1995 zu einem weltweiten Hit in Danceclubs. – *Die Red.*

jemals möchtest, dass wir zurückkommen und dich wieder besuchen, frag einfach. Wir hören dich und suchen dann einen Zeitpunkt aus, an dem es für alle am besten passt. Ganz egal, welche Arbeit du machst – ob mit Cindy oder jemand anderem, ob du ein Drehbuch schreibst, was auch immer – wir werden immer für dich da sein, *wenn* du das möchtest. Und natürlich kannst du auch immer auf unsere Führung in deinem Geist zurückgreifen.

GARY: Großartig! Wenn ich euch lange nicht sehe, werde ich euch vermissen. Ich meine, ich weiß, dass es alles nur Bilder sind und so, aber ihr seid meine Freunde.

ARTEN: Und du bist unser Freund. Wir sind das *RAP*-Team.

GARY: Und das steht wofür?

ARTEN: *RAP* – Renard, Arten und Pursah.

GARY: Ich glaube, ihr solltet euch lieber um die Erlösung kümmern, und die Verkaufsförderung mir überlassen.

ARTEN: Damit kann ich leben. Wir wissen, dass du ein paar Fragen hast, die du uns gern stellen wolltest.

GARY: Genau. In den Nachrichten ist in letzter Zeit sehr bildreich über einige Tragödien berichtet worden, und bei meinen Workshops und im Internet fragen mich die Leute oft nach den Opfern. Klar sage ich ihnen, sie sollen vergeben, aber habt ihr vielleicht noch einen genaueren Hinweis?

PURSAH: Das ist für viele Menschen eine harte Nuss. Wahre Vergebung ist *immer* die Antwort. Wir wissen, dass du das kannst, aber für Anfänger ist es schwer, mit einer Tragödie mit vielen Opfern klarzukommen. Zuerst müssen sie versuchen, zu akzeptieren, dass der Grund, warum sie sich schlecht fühlen, der ist, dass sie die Situation mit dem Ego betrachten.

ARTEN: Ja. Einige Menschen haben sich daran gewöhnt, ihre Gedanken zu beobachten und es zu merken, wenn sie negativ denken. Aber wie du weißt, beobachten nur wenige auch ihre Gefühle. Wenn die Menschen außer sich sind, kommt es zu Streit und Gewalt. Du und die anderen, ihr müsst es einfach merken, sobald ihr anfangt, euch schlecht zu fühlen, verurteilend, verletzt, voller Reue oder auf irgendeine Weise unwohl. Ob es sich um ein ganz leichtes Gefühl oder regelrechte Wut handelt, es ist alles dasselbe, und dahinter steckt immer das Ego. Und sobald du etwas in der Richtung bemerkst, musst du *die Bremse ziehen*. Du musst aufhören, mit dem Ego zu denken. Wenn du fernsiehst und in den Nachrichten eine schreckliche Meldung kommt – wie über einen Tsunami oder ein Erdbeben, das irgendwo Menschen tötet –, dann musst du innehalten und zum Heiligen Geist wechseln. Denke an den Heiligen Geist in deinem Geist. In solchen Situationen ist Disziplin gefragt. Das musst du einfach tun. Deshalb ist das Übungsbuch so wichtig. Es wird den Menschen helfen, ihren Geist zu trainieren, auf diese Weise zu denken.

PURSAH: Wenn du erst einmal mit dem Heiligen Geist denkst, dann kannst du dich daran erinnern, dass das, was du in einer Tragödie oder Naturkatastrophe siehst, einen Trick darstellt. Durch diesen Trick sollst du verleitet werden, die Opfer als Körper anstatt als reinen Geist zu sehen, und so auch dich für einen Körper und nicht für reinen Geist zu halten. Aber jetzt weißt du es ja besser und kannst stattdessen das Wunder des Heiligen Geistes wählen. J sagt:

Ein Wunder ist eine Berichtigung. Weder erschafft es, noch verändert es tatsächlich überhaupt. Es schaut lediglich auf die Verwüstung und erinnert den Geist daran, dass falsch ist, was er sieht.[5]

Dann kannst du den dritten Schritt machen und außerhalb des Systems denken. Denke an die Wahrheit hinter dem Schleier, und diese Wahrheit ist die Sühne. Erinnerst du dich, was das volle Gewahrsein der Sühne ist?

GARY: Sicher. Es ist, dass die Trennung nie stattgefunden hat.[6]

PURSAH: Richtig. Wenn die Trennung, die sich das Ego vorstellt, nie passiert ist, kannst du dich entscheiden, dem Ego *nicht* zu glauben, sondern stattdessen dem Heiligen Geist, und dich an das Licht der Wahrheit hinter dem Schleier zu erinnern. Wie J gegen Ende des Textbuches so eindringlich betont:

Ich strecke meine Hand in freudigem Willkommen zu jedem Bruder aus, der sich mit mir verbinden möchte, um über die Versuchung hinauszugelangen, und der mit fester Entschlossenheit zum Licht schaut, das vollkommen konstant dahinter leuchtet.[7]

GARY: Ich verstehe. Es braucht allerdings große Entschlossenheit, das auch zu tun.

PURSAH: Ja, du musst es wollen.

ARTEN: Was sagt der *Kurs* doch gleich über die Worte »Ich will den Frieden Gottes«?

GARY: Ich weiß. »Diese Worte zu sagen ist nichts. Doch diese Worte zu meinen ist alles.«[8]

PURSAH: Ja. Und da hast du es. Die Wahrheit wird sich nicht verändern, Gary. Aber du musst bereit sein, sie anzunehmen. Am Anfang brauchst du die kleine Bereitschaft, auf den Heiligen Geist zu hören. Später brauchst du die *völlige* Bereitschaft, den Frieden Gottes mehr zu wollen als alles andere scheinbar Existierende, und das erfordert Hingabe. Bist du dem gewachsen?

GARY: Ja, mehr als jemals zuvor.

PURSAH: Ich glaube dir. Also mach es, und das Ergebnis wird Liebe sein.

GARY: Ich erfahre die Gegenwart von Liebe immer mehr. Wenn ihr gegangen seid, habe ich mich früher immer allein gefühlt – außer bei ein paar großartigen Erlebnissen, die ich ab und zu hatte, auch wenn ihr schon nicht mehr da wart. Jetzt fühle ich mich nie allein. Ich weiß, dass ich nicht allein sein *kann*, weil der Heilige Geist immer bei mir ist.

ARTEN: Prima. Die meisten Menschen fühlen sich von Zeit zu Zeit allein, aber genauso wie Thaddäus dir erzählt und J ihm vor 2.000 Jahren beigebracht hat, lautet die Wahrheit, dass sie niemals allein sein *können*.

GARY: Das erinnert mich an ein Zitat, das ich besonders mag. Ich suche es kurz heraus.

ARTEN: Du bist ziemlich gut darin, Zitate zu finden.

GARY: Ihr habt mir ja auch genug Gelegenheit zum Üben gegeben, besonders in den ersten zehn Jahren. Hier ist es. Pursah hat ja gerade davon gesprochen, nicht dem Ego zu glauben, und jetzt sprichst du davon, dass man nicht allein sein kann. Das hier bringt Js Einstellung dazu wirklich auf den Punkt:

Dieser Kurs bezweckt einzig und allein, dich zu lehren, dass das Ego unglaubhaft ist und für immer unglaubhaft sein wird. Du, der du das Ego dadurch gemacht hast, dass du an das Unglaubhafte geglaubt hast, kannst dieses Urteil nicht alleine fällen. Indem du die SÜHNE für dich annimmst, entscheidest du dich gegen den Glauben, dass du allein sein kannst, zerstreust auf diese Weise die Idee der Trennung und bejahst deine wahre Identifikation mit dem ganzen HIMMELREICH als buchstäblich einem Teil von dir.[9]

GARY: Gigantisch, oder?

ARTEN: Gigantisch, Bruder.

PURSAH: Wenn die vom Ego kommenden Blockaden aufgelöst werden und dein Gewahrsein des reinen Geistes zunimmt, wird Liebe nicht nur etwas sein, das du tust – sie wird etwas sein, das du bist und mit Gott teilst. Es ist nicht arrogant zu denken, dass du Gott gleich bist. Das ist ganz einfach die Wahrheit. Arroganz ist, zu denken, du könnest von Gott *getrennt* sein. Das ist die Arroganz des Egos.

Dehne deine Liebe in die Welt hinein aus, die nicht da ist. Es macht nichts, dass sie nur eine Illusion ist. Worauf es ankommt, ist Liebe. Jetzt bist du Gottes Botschafter in einem fremden Land, aber du wirst nie aufhören, genau das zu sein, was ER ist.

Der *Kurs* beschreibt dich folgendermaßen, und es könnte kein besseres Abschlusszitat von unserem Bruder geben:

Geheiligt werde dein NAME. Deine Herrlichkeit sei für immer unentweiht. Und deine Ganzheit jetzt vollständig, wie GOTT es festgesetzt hat. Du bist SEIN SOHN und vervollständigst SEINE Ausdehnung in deiner eigenen. Wir üben nur eine alte Wahrheit, die wir kannten, bevor die Illusion Anspruch auf die Welt zu erheben schien. Und wir erinnern die Welt jedesmal daran, dass sie von allen Illusionen frei ist, wenn wir sagen:

Gott ist nur LIEBE, und daher bin ich es auch.[10]

GARY: Ja. Ich liebe das. Danke. Danke in alle Ewigkeit.

ARTEN: Weiter so. Hau sie um!

PURSAH: Verbinde dich jetzt mit uns. Unsere Körper werden verschwinden, die Welt wird verschwinden, und du wirst ganz reiner Geist sein. Für eine Weile wirst du noch die Stimme für Gott hören, dann nichts mehr. Die strahlende Abstraktheit des völligen Einsseins wird an ihre Stelle treten und dir einen weiteren Vorgeschmack darauf geben, was für immer dein sein wird und was du nie verlieren kannst. Irgendwann wirst du für eine Weile in die Welt der Form zurückkehren, aber du wirst dir deines liebenden Schicksals noch sicherer sein. Dein Geist wird die Herrlichkeit deines wahren ewigen Lebens fühlen, denn der Heilige Geist wird dich ermuntern und in Gott schützend halten.

*Du kannst nur ermutigt werden und
deinen Brüdern nach Hause helfen.
Du fühlst dich nicht müde, denn du hast Schwingen an den Füßen.
Du kannst nicht leidenschaftslos sein mit Feuer in deiner Seele.
Du verurteilst andere nicht, du hast ein liebendes Herz.
Du sprichst nur die Wahrheit,
denn der reine Geist ist deine Stimme.
Du kannst dich nicht fürchten, denn ich bin hier bei dir.
Und alles ist eins im Himmel.
Man hat sich an dich erinnert,
denn die Liebe vergisst niemanden.*

PURSAH

Quellenangaben

Bei den nachstehenden Quellenangaben sind alle Verweise auf und Zitate aus *Ein Kurs in Wundern* sowie seinen Ergänzungen *Psychotherapie: Zweck, Prozess und Praxis* und *Das Lied des Gebets* aufgeführt und für jedes Kapitel jeweils bei 1 beginnend durchnummeriert. Zur möglichst leichten Auffindbarkeit der Textstellen haben wir bei jedem Verweis sowohl die Textstelle als auch die Seitenzahl angegeben. Alle Angaben beziehen sich auf die deutschen, im Greuthof Verlag erschienenen Ausgaben der jeweiligen Werke. Die Abkürzungen stehen für:

T: Textbuch
Ü: Übungsbuch
H: Handbuch für Lehrer
B: Begriffsbestimmung
P: Psychotherapie: Zweck, Prozess und Praxis
L: Das Lied des Gebets

Alle Seitenangaben gelten für die 10. deutsche Auflage des *Kurses*, deren Seitenzahlen mit den früheren Ausgaben übereinstimmen, und für die 5. Auflage der Ergänzungen *Psychotherapie: Zweck, Prozess und Praxis* und *Das Lied des Gebets*.

Vorwort & einleitendes Motto
[1] T-S176/T-9.VII.4:6-8; [2] H-S66f/H-27.4:7-8; [3] T-S38/T-3.II.1:1-5

Kapitel 1: Was wärst du lieber?

[1] T-S670/T-31.VIII.6:1-3; [2] Ü-S13/Ü-I.8.2:1; [3] H-S9/H-4.I., H-S13/H-4.V.; [4] T-S142/T-8.III.4:5; [5] Ü-S443/Ü-289.1:6; [6] T-S98/T-6.II.10:7; [7] Ü-S48/Ü-I.31; [8] Ü-S1/Ü-Einl.1:1; [9] T-S248/T-13.V.3:5; [10] Ü-S282/Ü-I.152.6; [11] T-S45/T-3.V.5:7; [12] B-S75/B-Einl.3:5-10; [13] T-S142/T-8.IV.4:4; [14] Ü-S298/Ü-I.158.4:5; [15] T-S589/T-27.VIII.6:2; [16] T-S350/T-16.VII.12; [17] T-S448/T-21.I.8:1-9:3; [18] T-Einl.1:7; [19] T-S307/T-15.III.4:10; [20] T-S327/T-15.XI.3

Kapitel 2: Ausflug ins Zwischenleben

[1] T-S345/T-16.V.17; [2] T-S59/T-4.II.10:5; [3] T-S669/T-31. VIII.3:1; [4] Ü-S58/Ü-38.1:1-2; [5] H-S61/H-24.5:7; [6] T-S389/T-18. VII.3:1; [7] T-S446/T-21.Einl.1:5; [8] L-S95f/L-3.II.2:1-3:5; [9] H-S64/H-26.2:6; [10] T-S128/T-7.VII.7:7; [11] P-S54/P-3.III.1:8-10; [12] T-S352/T-17.I.5:4-5; [13] Ü-S291/Ü-I.155.2:1-4; [14] Ü-S291/Ü-I.155.3:1-5:2; [15] T-S291/T-14.IX.2; [16] T-S336/T-16.III.7:7-8

Kapitel 3: Das Drehbuch ist geschrieben, aber nicht in Stein gemeißelt – Dimensionen

[1] T-S335/T-16.III.4:1-2; [2] B-S75/B-Einl.2:5-6; [3] T-S4/T-1.I.25:2; [4] T-S21/T-2.III.3:3; [5] ebd./T-2.III.3:1-2; [6] T-S11/T-1.IV.2:4

Kapitel 4: Körperliche Heilung für einen erleuchteten Geist

[1] T-S104f/T-6.V-A.2; [2] T-S84/T-5.V.5.1; [3] H-S18/H-5.II.3:2; [4] T-S104/T-6.V.A.1:3-4; [5] T-S498/T-23.IV.2:5-6; [6] T-S495/T-23.II.19.1-2; [7] T-S101f/ T.6.V.5:1-6:8

Kapitel 5: Die Lektionen von Thomas und Thaddäus

[1] T-S37/T-3.I.5; [2] B-S86/B-6.1:4-5; [3] T-S94/T-6.1.13:2-14:1; [4] T-S566/T-26.X.4:1-3; [5] T-S90/T-5.VII.6:6; [6] T-S669/T-31. VIII.3:1; [7] L-84/L-2.II; [8] T-S372f/T-18.I.4; [9] H-S76/H.I.1:1; [10] Ü-S216/Ü-I.121.13:6-7

Kapitel 6: Die Lektionen des Gary

[1] Ü-S73/Ü-I.43.1:5; [2] H-S7/H-3.1:6-8; [3] T-S5/T-1.I.35; [4] T-S6/T-1.I.45; [5] T-S474/T-22.II.10:1; [6] T-S5/T-1.I.29:2; [7] T-S29/T-2.VI.4:6; [8] T-S108/T-6.V.C; [9] T-S570/T-27.II.2:4; [10] T-S477/T-22.III.5:3-5; [11] H-S11f/H-4.II.1:5-9; [12] T-S84/T-5.V.5:1; [13] Ü-S324/Ü-I.169.8:2; [14] T-S670/T-31.VIII.3:5; [15] Einl.-S1/Einl.-1:8; [16] T-S3/T-1.I.1:1; [17] Ü-S324/Ü-I.169.9:3; [18] Ü-S324/Ü-I.169.10:1; [19] T-S303/T-15.I.10:1-4; [20] B-S75/B-Einl.2:3; [21] Ü-S58/Ü-I.38.2:1-3; [22] Ü-S264/Ü-I.138; [23] T-S498/T-23.IV.; [24] T-S468/T-22.I.2; [25] T-S468/T-22.I.3; [26] T-S670/T-31.VIII.5:6; [27] Ü-S474/Ü-II.13.2:1-3:5

Kapitel 7: Arten in diesem Leben

[1] H-S60/H.24.1:2-6; [2] H-S61/H.24.5:7; [3] H-S60/H.24.2:8; [4] B-S75/B-Einl.1:1-3; [5] L-S95/L-3.II.3:1; [6] T-S6/T-1.I.45; [7] Ü-S474/Ü-II.13.4:1-3

Kapitel 8: Die letzten Lektionen von Pursah

[1] T-S175f/T-9.VII.3:1-3; [2] Ü-S104/Ü-I.L62; [3] H-S67/H-27.7:1-4; [4] ebd./H-27.7:5-10

Kapitel 9: Die letzten Lektionen von Arten

[1] T-S359f/T-17.IV.8:1-10:2; [2] Vorwort Sxvi; [3] T-S12/T-V.2:2; [4] H-S1/H-Einl.2:1-3; [5] T-S51/T-3.VII.6:1-9

Kapitel 10: Die Liebe vergisst niemanden

[1] Ü-S480/Ü-II.14.3:1-4:4; [2] T-S669/T-31.VIII.1:5; [3] T-S664/T-31.VI.3:1-2; [4] T-S142/T-8.IV.4:4; [5] Ü-S474/Ü-II.13.1:1-3; [6] T-S98/T-6.II.10:7; [7] T-S671f/T-31.VIII.11:1; [8] Ü-S348/Ü-II.185.1:1-2; [9] T-S131/T-7.IX.7:1-3; [10] Ü-S331/Ü-I.5.Wiederholung.Einl.10:2-8

Gary R. Renard erlebte Anfang der 1990er Jahre ein massives spirituelles Erwachen. Über einen Zeitraum von neun Jahren schrieb er unter Anleitung zweier Aufgestiegener Meister, die ihm in körperlicher Gestalt erschienen, seinen ersten Bestseller *Die Illusion des Universums*. Anschließend wurde er dazu inspiriert, öffentlich aufzutreten, und gilt seitdem als einer der interessantesten und mutigsten spirituellen Lehrer der Welt. Auch Garys folgende Bücher – *Deine unsterbliche Realität, Die Liebe vergisst niemanden, Als Jesus und Buddha sich kannten* – wurden zu Bestsellern.

Im Laufe der letzten fünfzehn Jahre hat Gary in vierundvierzig Staaten der USA und einunddreißig Ländern Vorträge und Workshops gehalten und war einer der Hauptredner auf zahlreichen Konferenzen zu *Ein Kurs in Wundern*®. Außerdem hat er den *Infinity Foundation Spirit Award* erhalten, eine Auszeichnung für Menschen, die einen bedeutenden Beitrag zu persönlichem und spirituellem Wachstum geleistet haben. Zu den Preisträgern vor ihm gehörten unter anderen Dan Millman, Ram Dass, Gary Zukav, James Redfield, Byron Katie und Neale Donald Walsch.

In letzter Zeit hat Gary Vorträge und Workshops zu *Ein Kurs in Wundern*® auf der ganzen Welt gehalten (und den Kurs manchmal überhaupt erst bekannt gemacht). Er hat Hunderte von Radio- und Zeitungsinterviews gegeben, ist in neun Dokumentarfilmen aufgetreten, hat zusammen mit Gene Bogart sechzig Podcasts aufgenommen, Dutzende von Videos auf YouTube veröffentlicht, drei Audio-CDs für Sounds True gemacht (eine davon enthält über sieben Stunden unbearbeitetes Material), jeweils eine Musik- und eine Meditations-CD mit Cindy Lora-Renard veröffentlicht, selbst etliche DVDs aufgenommen und arbeitet gerade an einer auf seinen Büchern beruhenden Fernsehserie. Außerdem hat er zu sieben Büchern das Vorwort verfasst, Zehntausende von eMails beantwortet und die weltweit größte Studiengruppe zu *Ein Kurs in Wundern*® ins Leben gerufen (die englischsprachige D.U. Discussion Group zu *Die Illusion des Universums*). Seine Bücher wurden bisher in zweiundzwanzig Sprachen übersetzt. Für seine wachsende treue Leserschaft ist Gary der Ansprechpartner schlechthin, wenn es um neueste Erkenntnisse auf dem Gebiet der Spiritualität geht.

Seine Website lautet *www.garyrenard.com*.

> »Nur in deiner Wahrnehmung glaubst du,
> du bist von allem getrennt. Es geht also darum,
> deine Wahrnehmung zu ändern und die Welt
> so zu sehen, wie der reine Geist sie sieht. Dann
> kannst du vergeben – der Welt und dir.«
> *Gary R. Renard*

DEINE UNSTERBLICHE REALITÄT
Wie wie durch wahre Vergebung unsere Welt neu gestalten
320 Seiten, Hardcover mit Leseband, € 22,99 [D]
ISBN 978-3-95447-193-5 (auch als eBook erhältlich)

Wie können wir unsere Realität frei und positiv gestalten? Wie können wir uns selbst und anderen verzeihen? Die Antwort ist eine Art Quantenvergebung, im Gegensatz zur herkömmlichen Variante. Sie ermöglicht einen völlig neuen Umgang mit der Welt, außerhalb des zerstörerischen Kreislaufs von Schuld und Sühne.

Der Klassiker »Unsterblich« in neuer Ausstattung!

ONLY LOVE IS REAL
Music for Making the Universe Disappear
61 Minuten, Amra Records, € 19,99 [D]
ISBN 978-3-95447-181-2 (mit Lyrics im Booklet)

Fünfzehn Songs, darunter die Titelmusik der geplanten TV-Serie »Die Illusion des Universums«, gesungen von Cindy Lora-Renard. Zwei davon entstanden gemeinsam mit ihrem Ehemann Gary. Mal kristallklar, mal melancholisch, dann wieder schamanisch und irisch, aber immer mit einer gehörigen Portion Pop!

INNERER FRIEDEN DURCH
LIEBE & VERGEBUNG
Ulrich Bohnefeld im Gespräch mit Gary R. Renard
85 Minuten, Amra Cinema, DVD-Box, € 19,99 [D]
ISBN 978-3-95447-173-7 (einzige deutsche Produktion)

Liebe und Vergebung sind die zentralen Themen unserer Zeit. Was ihrer Umsetzung im Wege steht und wie man sie dennoch erreichen kann, davon spricht Gary R. Renard auf seine unnachahmlich humorvolle Weise. Dabei vertieft er die wesentlichen Inhalte seiner bisherigen drei Bücher.

Gary R. Renard, geboren in Massachusetts, USA, war ein erfolgreicher Profi-Gitarrist, bevor er Anfang der 1990er durch ein Erweckungserlebnis auf den spirituellen Weg geführt wurde. Nach Erscheinen seines ersten Bestsellers »Die Illusion des Universums« trat er zunehmend als Vortragsredner, Kursleiter und spiritueller Lehrer in Erscheinung.

Textauszüge und Hörproben auf www.AmraVerlag.de • Überall im Handel!